福建省律师协会 主编

温暖边地 情洒八闽
——福建律师风采录

编委会

主　　编：郑新芝

副 主 编：徐　军　杨新华　于宁杰　游东亮
　　　　　吴　旭　廖爱清

执行主编：刘瑞兰

编　　辑：刘　葳　孙孝东　张　燕　陈　莉
　　　　　陈宇航　王晶晶　唐　蕾　戴方雷
　　　　　罗　琳

厦门大学出版社　国家一级出版社
XIAMEN UNIVERSITY PRESS　全国百佳图书出版单位

图书在版编目(CIP)数据

温暖边地　情洒八闽/福建省律师协会主编.—厦门:厦门大学出版社,2017.1
ISBN 978-7-5615-6314-4

Ⅰ.①温… Ⅱ.①福… Ⅲ.①法律援助—概况—福建 Ⅳ.①D926

中国版本图书馆 CIP 数据核字(2016)第 285760 号

出 版 人	蒋东明
责任编辑	邓　臻
封面设计	李嘉彬
责任印制	许克华

出版发行　**厦门大学出版社**

社　　址　厦门市软件园二期望海路 39 号
邮政编码　361008
总 编 办　0592-2182177　0592-2181406(传真)
营销中心　0592-2184458　0592-2181365
网　　址　http://www.xmupress.com
邮　　箱　xmupress@126.com
印　　刷　厦门集大印刷厂

开本　787mm×1092mm　1/16
印张　17.5
插页　8
字数　426 千字
版次　2017 年 1 月第 1 版
印次　2017 年 1 月第 1 次印刷
定价　60.00 元

本书如有印装质量问题请直接寄承印厂调换

厦门大学出版社　　厦门大学出版社
微信二维码　　　　微博二维码

福建律师风采录

○ 温暖边地 情洒八闽

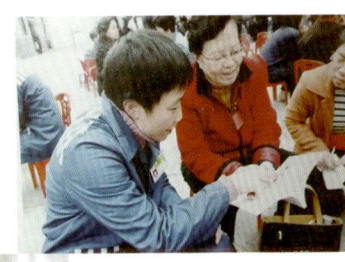

温暖边地 情洒八闽 ——福建律师风采录

福建省司法厅聘请福建建达律师事务所担任常年法律顾问。图为省司法厅党委书记、厅长陈勇（右一）向福建建达律师事务所主任郑新芝授牌。

我省许永东（左一）、蒋方斌（左二）、金惠敏（左三）、杨新华（左四）、涂崇禹（左五）五名律师当选政协第十一届福建省委员会委员。

温暖边地 情洒八闽 —— 福建律师风采录

▲ 2015年11月26日,福建省专业人士服务民营企业公共平台启动。

▼ 2016年3月21日,省法院联合省司法厅、省律师协会正式启动律师参与化解和代理涉诉信访案件工作。

温暖边地 情洒八闽 —— 福建律师风采录

郭国文 ▶

我省郭国文律师（右三）当选"十大优秀中国法律援助志愿者"。

▶ "1+1"志愿律师张秋生（左一）

◀ "1+1"志愿律师夏飞龙（左一）

温暖边地 情洒八闽 —— 福建律师风采录

◀ "1+1"志愿律师为当地干部开设法制讲座。

"1+1"志愿律师深 ▶
入当地村民家中普法。

"1+1"志愿律师为 ▶
小学生上普法课。

温暖边地 情洒八闽 —— 福建律师风采录

▲ 我省林志钦（左一）、吴剑萍（左二）、陈向伟（左三）、吴德梓（左四）、吴善宽律师自愿报名参加司法部、中华全国律师协会组织的"2014年服务无律师县活动"，并被分别派遣到西藏阿里地区、日喀则地区进行为期一年的法律援助工作。

▼ 我省在服务西部无律师县活动中做出突出贡献，受到中华全国律师协会嘉奖。

温暖边地 情洒八闽 ——福建律师风采录

温暖边地 情洒八闽 —— 福建律师风采录

▶ 1999年1月28日,福建厦门律师希望小学在龙岩市上杭县大东村落成。

▶ 2000年6月,第三所福建律师希望小学在寿宁县下党村落成。

感恩 感动

温暖边地 情洒八闽 —— 福建律师风采录
WENNUAN BIANDI QINGSA BAMIN

◀ 1999年9月,第二所福建律师希望小学在南平市政和县洋舍村落成。

◀ 2004年9月25日,大洋沪闽律师希望小学在霞浦县水门乡大洋村落成。

▲ 截至2004年9月,全省律师共捐建了四所律师希望小学。
▲ 截至2016年8月,福建省律师协会明媚助学基金共捐助了130名家庭困难的大学生,帮助他们完成了四年大学学业。

温暖边地 情洒八闽 —— 福建律师风采录

▲ 陈炳玉、周学伦等十位律师长期坚持定期前往监狱、未管所等开展法律宣传活动

▼ 普法进校园

温暖边地 情洒八闽 ——福建律师风采录

◀ 普法进企业

普法进乡村 ▼

◀ 普法进社区

温暖边地 情洒八闽

摄影/徐明忠

序

《民主与法制》周刊总编辑　刘桂明

　　福建省律师协会汇编成册的《温暖边地 情洒八闽——福建律师风采录》一书书稿摆到了我的案头,相当于一个有关律师投身于公益事业的话题进入了我的心头。由此,我看到了中国律师业的奔头。

　　在社会上一些人看来,律师似乎永远是一个与孔方兄挂钩、和商业化牵手,没有公益心、毫无责任感的职业。其实,我国律师制度恢复重建30多年来,许许多多律师在有效地维护当事人的权利和司法正义之余,还为社会、为弱者、为未成年人做了数不胜数的专业贡献。此次,福建省律师协会展现的律师参与公益事业的形象风貌与成就业绩,我相信实际上这也是中国律师积极参与公益事业的一个缩影。由此可见,在我国30万人的律师队伍里,还活跃着一批不能忽视、必须点赞的公益律师。

　　有人可能会问:律师投入公益诉讼、参与公益事业是一种必然还是一种自然?

　　通过考察律师制度恢复重建30多年来的历史进程,我们可以发现,在我国律师业从《律师暂行条例》的制定到《律师法》的修改完善的发展脉络中,律师职业的定位曾经几次出现变化。作为一种职业,首先,律师在刚刚恢复重建时被当成"国家法律工作者",更多的是代表国家提供法律服务,为此使律师享受了公权力的职业优势;然后,律师被视为"社会法律工作者",强调为社会提供法律服务,从而使律师一下子全部由天上掉进了"海"里,律师从此没有了铁饭碗,没有了行政级别,没有了公权力的职业庇护;此后,律师则被理解成"市场中介工作者",因为其商业性的中介定位,又使律师仿佛回到了现实中;后来,律师还被定位成"新社会阶层",从而使律师与民营企业家、注册会计师等职业被统战部门规划到了同一个平台。最后,2007年新修订的《律师法》对律师作出了全新的定位。

　　《律师法》第2条规定:"本法所称律师,是指依法取得律师执业证书,接受委托或者指定,为当事人提供法律服务的执业人员。律师应当维护当事人合法权益,维护法律正确实施,维护社会公平和正义。"如果说,其中第一款是告诉我们"律师是什么";那么,第二款就是告诉我们"律师做什么"。在"做什么"的"三个维护"中,我们可以看出,第一个"维护"应为律师执业的本职,第二个"维护"属于律师执业的专职,第三个"维护"则是律师执业的天职。从某种意义上说,关注公共利益,进行公益诉讼,最终目的还是维护社会的公平和正义。

　　我国有关律师法学学者认为,当今世界存在三种不同的律师职业定位模式:一是提倡扩大选择的范围,通过竞争的市场原理本身来淘汰不道德的营利行为,即"商业主义";二是加强国家干预,通过免费服务的方式来保障业务活动的伦理,即"国家主义";三是依靠职业内部的同志式结合和团体自律来维持信念和纲纪,即"职业主义"。其中,根据公共责任的不同,职业主义又可分为公共性倾向的职业主义和技术性倾向的职业主义。

　　从律师的视角来看,当然希望这三个方面都能兼而有之。换言之,希望既有"商业主义"的对价道德，也有"国家主义"的权贵地位，还有"职业主义"的技术垄断。因为这三种职业定位模式，正好呼应了中国律师制度恢复重建30多年来的发展脉络。当年，我们欢呼将"国家法律工作者"转为"社会法律工作者"的职业定位。今天，我们同样要欢呼从"为社会服务"到"为当事人服务"的与时俱进。尤其是最近中央深改小组通过的关于推进法律顾问制度及公职律师公司律师的意见发布之后，我们更加深刻地体会到，社会发展的多元化自然会导致社会需求的多元化，社会需求的多元化又必然影响到服务主体的多元化，服务主体的多元化最终则形成了律师业发展的多元化。当法律服务日益成为社会发展的重要一环、成为社会需求的重要一面时，律师服务的对象将不再是千人一面、万人同声。所以，律师只为私权力代言的传统职业定位将彻底打破，为公权力代言的政府律师或公职律师将顺理成章地成为律师队伍中的新兵种，平衡公权力与私权力或完全协调私权力之间利益关系的职业组合将日益加强和完善。

通过近几年来我国律师参与公益事业的实践，我们感到特别欣慰的是，在许多律师表现出追逐最大利润的机会主义倾向时，更多的律师表现出对公共利益的追求，也就是有学者概括的律师职业对哈贝马斯提出的"市民公共领域"概念的关注。于是，一个以监督公共权力、关注公共政策、关心公共事件、关怀公众利益为己任，同时又积极参与支援西部建设、主动投身社区服务管理、热心组织捐资助学、依法从事法律援助的法律职业群体出现了。

在我看来，所谓公共利益，是指不特定多数人、不确定多数人和弱势群体的各种物质与精神需要。这种需要在宪法和法律的范围内，必然指向为权利，也就是自己可做或不做某种行为，或者要求国家和其他人做或不做某种行为。于是，公益诉讼的概念就出现了。所谓公益诉讼，是指为了公共利益了解权利、主张权利、实现权利、维护权利的法律手段和方式。其法律特征主要表现为：一是诉讼主体即原告既可能是个人，也可能是团体；二是诉讼目的不一定只让个人受益；三是诉讼内容既有损害赔偿，也有预防受损的诉求；四是诉讼效力覆盖不特定多数人；五是诉讼结果往往输多赢少。

就公益诉讼来看，他们的具体表现主要有：一是面对政府权力存在瑕疵而提起的诉讼（如错误的行政行为、不履行法定权力的行为、滥用职权的行为）；二是面对消费侵权而提起的诉讼（主要是指我国《消费者权益保护法》规定的9种情形，现在存在争议的是医疗卫生和房地产买卖中的侵权是否属于消费侵权）；三是面对环境侵权而提起的诉讼（如空气污染、噪音污染、水污染等）；四是面对垄断行业侵权而提起的诉讼（如铁路、公路、航空、通信公司、自来水公司、银行等涉及公民食、用、看、听等消费行为）；五是面对有关侵害平等权、受教育权、生命权、健康权、人格权等行为而提起的诉讼（如侵害未成年人、妇女、残疾人、农民等弱势群体）；六是面对有关国家利益被侵权而提起的诉讼。

于是，为了公共利益，为了弱势群体，为了西部地区，在庞大的社会律师、神秘的军队律师、稳定的公职律师、平和的公司律师、牛气的商业律师之外，开始出现并活跃着一支饱含责任感、深负使命感的公益律师队伍。这支队伍尽管人数不多，尽管收入不高，尽管名声不大，但他们始终在以自己专业的知识、专业的智慧、职业的技能、职业的水平、事业的激情、事业的责任和使命，一个一个案子，一步一步台阶，一点一滴努力，在平衡社会利益、完善社会管理、影响社会思维、推进社会进步、促进社会和谐。同时，他们还在以自己的实际行动不断丰富律师职业的专业内涵、完善律师职业的社会形象。可以说，他们是我们律师界最可敬的人，他们是最值得我们律师界关注的人，他们是我们律师界最让社会感动的人。

在本书中所报道与介绍的律师，无论是志愿律师还是援藏律师，不论是投身法律援助还是捐资助学的律师，不管是参与社区服务还是公益服务的律师，都是可敬可亲可爱的律师。于是，他们被称为公益律师，他们被叫作志愿律师，他们被誉为"人民律师"。

更重要的是，本书所反映的福建律师参与公益事业所展现出的精神风貌，可以证明，无论是我国法律规定的律师职业要求，还是我国律师自身发展的实际需要，律师投入公益事业、进行公益诉讼、维护公共利益，既是一种必然，更是一种自然。

常言说，"送人玫瑰，手有余香"。作为公益律师，他们通过自己的专业智慧，通过自己的职业情怀，在为他人、为多数人争取合法权益、谋取正当利益的同时，也让自己分享了快乐。我们也常说要"无私奉献"，作为一种精神指引，如此倡导显然是没有异议的。但是，从道德层面上讲，我们不仅应该要求"无私奉献"，其实更应该看到"有私奉献"的一面。所谓"有私奉献"，包括以下两个方面：一是说我们通过公益诉讼能不能获得一定的回报，我认为为了公共利益，从事公益诉讼，投身公益事业，应当获得某种回报；二是通过投身于公益事业而获得精神上的快乐。

由此看来，所有公益律师，同样都是快乐的律师。他们的快乐，不仅可以共享，而且还可以分享。

祝贺福建律师！祝福中国律师！祝愿所有的公益律师，在依法治国的大路上走得更好、走得更远！

是以为序。

2016年7月7日于北京皂君庙

目 录

第一部分　温暖边地

3　来自"1+1"志愿律师的报告

3	穿行于生命禁区的法律援助	/ 郭国文
8	心系群众　情洒边疆	/ 蔡友玳
11	我愿做一名不退役的志愿者	
	——盐边县法律援助"1+1"志愿行动工作笔记	/ 张秋生
14	不惧偏远入新疆	/ 江玉基
16	只身入川为法援	/ 林天文
18	做好"1+1"法援　铸就精彩人生	/ 夏飞龙

21　来自援藏律师的报告

21	用一年志愿行动　赢一生相互感动	/ 吴善宽
25	留念那雪山环绕的地方	
	——赴藏参加无律师县法律援助志愿活动随感	/ 吴德梓
30	高原红柳花正开	
	——西藏阿里行杂记	/ 林志钦
34	我在阿里的那些日子	/ 陈向伟
37	边　地	
	——赴藏参加无律师县法律服务随感	/ 吴剑萍

第二部分　情洒八闽

45　奉献社会　不忘初心

45	社会责任高于一切　福建律师服务海西五年大事回顾
50	我省律师事业 30 年来发展迅速
51	福建第一代律师的 30 年
54	福建律师"七·五"社会责任报告

62	福建全面持续推进律师法律服务工作

63　社区服务　温润人心

63	律师服务进入寻常百姓家 ——南平市成立首个律师法律服务志愿者队伍
64	康廷键：社区居民的"老娘舅"
66	福建邱宁江律师受聘担任"法制今报专家顾问团成员"
67	厦门启动"百名律师联百村"
68	57名律师助力厦门翔安村（居）换届选举
69	漳州龙文区：一村一律师，点亮基层法制明灯
72	福建省涉台律师法律服务实现全覆盖
73	10名女律师赴屏南开展帮扶活动
75	"法律诊所"进社区　基层群众不再望"法"兴叹
76	居民有免费"私人律师"
77	律师进村送法　福建闽荣律所与安溪参山村结对子
78	厦门：党员律师让法律服务更亲民
81	侧重公益维权　拟推微信平台
86	厦门市海沧区"一村（社区）一律师"将法律服务送到家
87	福州市鼓楼区推进律师公益普法　实现律师进社区全覆盖
88	邵武：法治讲堂进社区　提升群众法律意识
89	厦门思明区为每个社区聘请法律顾问　接上法律服务"最后一千米"
92	碰到纠纷　先找驻村律师"问诊"

94　定分止争　助力和谐

94	省总工会请律师坐"班"
94	医患纠纷起波澜　律师介入促和谐
95	福建省首个律师调解工作室成立
95	泉州成立市消委会律师团　10位公益律师助力市民维权
96	莆田组建反家暴公益律师团　由18名律师组成
97	福建律师促矛盾化解　成社会稳定器
100	龙海建立律师参与诉前调解工作制度
101	厦门警方首建维权"律师团"　公职律师自愿无偿当顾问
105	首颁"值班律师工作证"　福建推动律师参与化解涉诉信访案
106	福建首个法援律师工作室开进法院
108	龙岩市中院推进律师参与涉诉信访化解

109　法律援助　义无反顾

109	专为"穷人"打官司　法律援助让律师深入贫弱者生活

111	全心全意为农民工提供法律服务
	——记省律协农民工维权(厦门)工作站
113	法律援助平息上访　职工权益得到保障
115	法律援助志愿者为煤场工赢得社会保障
117	法律援助进漳州监狱　60名服刑人员得到帮助
118	"免费律师"为宁德43万职工提供各类法律援助
120	放弃10多万年薪　漳州律师支援青海2年
122	福建律师首次获评全国维护职工权益杰出律师
123	中国法律援助志愿者张秋生赢得盐边困难群众高度赞誉
125	我省五位律师赴西藏开展志愿服务
126	省律协"1+1"法律援助工作受到司法部等单位表彰
127	法律援助助力维权　成效显著
128	法援律师为民维权　打造"民心工程"品牌
131	法律援助送暖　构建和谐社会

133　参政议政　建言献策

133	李玉珍代表:构筑保护职工的"安全网"
134	建言献策:为农民工提供住房保障
135	"最高产"律师代表　一人提交6件议案
138	省政协委员蒋方斌:完善森林生态效益补偿机制
139	我省重视推动律师参政议政
140	三位律师的参政议政故事
144	律师参政呼唤社会环境
146	参政议政履好职　建言献策促跨越
148	福建省五名律师参加福建省政协十一届一次会议
149	省政协委员杨新华建议:鼓励民营资本进入养老市场
150	杨新华:福建落实依法治省　要有中纪委反腐的决心和力度
152	政协委员杨新华:福建法治政府要依法行政　不能"有钱任性"
153	多方参政议政　助力法治福建

155　扶贫救灾　捐资助学

155	福建省律师为灾区捐款达150.94万元
155	福建省律师为社会捐款达950万元
157	蒋文斌:播撒法治阳光　热心公益事业
163	真情回报
	——来自福建律师捐建希望小学的报告
167	省律协向全省律师发出捐建律师希望小学倡议书
169	福建厦门律师希望小学落成

172	第二所福建律师希望小学在政和县落成
174	第三所福建律师希望小学在寿宁县下党村落成
176	沪闽律师希望小学落成
180	红十字会的常客　青年律师10年每月捐款不求回报
181	福州一律师捐赠50个爱心红书袋
181	龙岩市律师心系灾区　踊跃捐款献爱心
182	慈善捐助　支教助学献爱心
	——福建建达律师事务所长期坚持慈善捐助
183	爱心资助春蕾女童
184	泉州律协为贫困母亲募捐10多万元
186	省司法厅赴顺昌县开展"关爱留守儿童暨法治进校园、进乡村"活动
187	福建泉中律师事务所为汶川灾区捐款36200元
188	福建簪华律师事务所捐款2万元
188	雅安雅安　祝愿平安
	——福建宇凡律师事务所所党支部联合团支部组织全所员工为雅安灾区捐款
189	福建旭丰律师事务所与厦大法学院合作设立"旭丰奖、助学金"
190	赈灾送暖　拓维在行动
191	国浩福州办公室发起赈灾助学倡议　带头向福建台风受灾地区捐款
192	爱心助学　走进坂东
	——福建宇凡律师事务所爱心捐款活动
193	福建联合信实律师事务所向厦大法学院"法学教育事业发展基金"捐赠100万元
194	福建拓维律师事务所与厦门大学法学院合作成立"拓维财税法教育发展基金"
195	福建重宇合众律师事务所分别在厦门大学法学院、厦门大学嘉庚学院开设奖教金及奖学金
196	天衡律师向厦门大学法学院捐赠100万元成立"厦门大学两岸四地法学交流基金"
198	福建君立律师事务所向厦大法学院捐赠10万元

199　**好人好事　社会赞誉**

199	泉州热心律师乐当"月老"　办公益青年联谊派对
201	众策团队打造泉州首份手绘司法地图　旨在宣传泉州法治
204	福州一初二学生路遇车祸昏迷　实习律师热心救助
205	铿锵脚步：他与法律同行
	——记福建省十佳律师、福建启新律师事务所主任蔡启新
208	崇尚公益的法律人
	——访福建省政协委员、福建重宇合众律师事务所首席合伙人涂崇禹
211	映日荷花别样红
	——邵武市人大代表杨仁江助力法治建设

目 录

- 214 用行动诠释真情
  ——中国好人榜"诚实守信"好人翁凡律师
- 216 活跃在"民间"的法治倡导者
  ——记福建谨而信律师事务所律师陈立新
- 220 大爱书写社会责任
  ——访福建如贤律师事务所主任廖爱清
- 223 黄家焱：情系弱势侠骨柔肠的好律师
- 231 殷殷参政意　拳拳护法心
  ——记福建邱宁江律师事务所主任邱宁江
- 235 省劳模兰子禄被称为"红土地上农民工的好律师"
- 237 无私奉爱心　行动释情怀
  ——记省律协未成年人保护专业委员会专职公益律师佘春香
- 241 一次触电带来人生价值取向的重大转变
- 246 为了正义　锲而不舍
  ——记福建泾渭明律师事务所蔡丽磺律师
- 252 生命之花绽放
  ——记全国优秀律师王桂英
- 256 邱兴亮：作为律师应当关注公共福祉
- 258 邱芝杰：事实为据勇担当
- 259 角落里也有春天
  ——记福建省十大红十字爱心公益人物郭培律师
- 260 全国法律援助先进个人陈向伟律师二三事
- 263 《福州身边好人》——传播律师的正能量
  ——记陈海光律师
- 265 青春在公益行动中闪亮
  ——记律政俏佳人吴武萍律师

- 268 后　记

PART 1

第一部分　温暖边地

来自"1+1"志愿律师的报告

> **人物档案**
>
> 姓　　名：郭国文
> 性　　别：男
> 出生年月：1966 年 11 月
> 服 务 地：青海海西蒙古族藏族自治州
> 服务时间：2010 年 7 月—2012 年 7 月

在两年的时间里，共解答法律咨询、代书 600 多人次，接待来访法律咨询 361 人次；代书 38 件。2011 年 7 月至 2012 年 7 月，郭律师被司法部律师工作指导司、中华全国律师协会、司法部法援司、司法部法律援助中心、中国法律援助基金会等单位联合授予"中国法律援助志愿行动优秀律师"、"2009—2011 年十大优秀中国法律援助志愿者"等荣誉称号。

"不管任何国家，任何民族，总会有一批有志之士，他们以天下为怀，不求回报，有所担当。我当了二十年的律师，接触的大多是社会的困难群体。当他们的合法权益受到侵犯时，常常因付不起律师费，而输了官司，输了生活的希望，在艰难的环境中苦苦挣扎。有些受害者一次又一次上访，有些受害者变成加害者，报复社会，也有些受害者走投无路而走上黄泉。想要建立安稳、和谐的社会，就要有人愿意站出来，不求回报，为他们伸张正义。所以，我愿意以自己的微薄之力雪中送炭。"

——题记

穿行于生命禁区的法律援助

郭国文

青海省海西州全称为青海省海西蒙古族藏族自治州，地处青海省西北部，青海湖西边，所以俗称为"海西"，与西藏统称青藏高原。海西州的主体为柴达木盆地，面积覆盖了可可西里无人区，有 32 万多平方千米，四周高山环绕，南面是巍巍昆仑山脉，连绵 2500 多千米，北面是褶皱叠起的祁连山脉，西北为阿尔金山，东为日月山。进入日月山，就是名副其实的青藏高原了。柴达木盆地为封闭的高原内陆盆地，处在平均海拔 4000 多米的山脉和高原形成的月牙形山谷中。全州人口不到50万人,却有29个少数民族。年均气温2.7℃,最低极端气温为-29.8℃,年均降水量179.1毫米,太阳辐射强,日照时间长。柴达木盆地非常干燥,东部沿海地区降水量一般在2000毫米左右,而柴达木盆地基本不降水,蒸发量却在2500毫米以上,这种自然环境,对于生长于沿海地区的南方人来说,无疑是一种意志的考验。

2010年7月22日,我被派遣到青海省海西蒙古族藏族自治州司法局法律援助中心担任志愿律师。刚到时,因不适应高原气候环境,出现了头痛、胸闷、气短等不适。从昆仑山和祁连山冰雪融化后流下来的雪水冰冷刺骨,即使在大暑天,在那边洗衣服,都得先烧几壶热水,掺在凉水里面再洗。对南方人而言,青藏高原永远是寒冷的冬天。20世纪50年代,有八个女地质队员在柴达木盆地里找石油,结果迷了路,很快就献出了生命,原因是缺水。当地有一座魔鬼城,指南针到里面会失去作用,进得去很难出得来,号称"死亡谷"。

青海省司法厅对法律援助工作高度重视。正式上班后,海西州司法局党组研究后安排我在海西州法律援助中心工作,主要的职责:一是加强法律援助工作的调研和宣传,建立健全各种规章制度;二是负责"12348"热线的值班并解答法律咨询,接待来访的当事人,处理法律援助申请;三是负责管理、维护司法部法律援助管理信息系统和中央专项彩票公益金法律援助项目信息数据管理系统;四是根据需要开办培训班,培训基层司法所所长、司法助理员、人民调解员等,传授相关法律知识;五是经办在当地影响较大的案件,担任政府法律顾问。同年10月,我被任命为海西州法律援助科副科长,2011年4月兼任海西州法律援助中心主任。2012年3月,被任命为海西州法律援助科科长兼海西州法律援助中心主任。

海西州地广人稀,每平方千米的人口密度不到两个人,农牧民出门办事,风餐露宿,极为不易。因此,对于从几百甚至上千千米外前来咨询的当事人,我总是设身处地为当事人着想,急当事人之所急,不让当事人来回奔波。对于申请法律援助的当事人,不盲目地批准或否决申请,而是先看案件材料,帮助其分析案情,宣传、解释相关法律规定,权衡利弊,尽量促使当事人和解。对于败诉可能性大的或者理由不成立的,则向申请人说明利害关系,动员当事人放弃诉讼或者上访。当事人认为,志愿律师是司法部派来的法律使者,能够公正地对待双方当事人,所以都愿意听取志愿律师的建议。这样做既能避免激化矛盾,又能减少纠纷。绝大部分当事人都是通情达理的,他们只需要一个听得进去的理由,成功与否取决于志愿律师是否具备丰富的法律知识、足够的实践经验和强烈的责任心。

两年来,我共解答法律咨询、代书600多人次,其中"12348"热线共接来电289人次;中心共接待来访法律咨询361人次;代书38件。

尽微薄力量,化纠纷于萌芽

老年人卜宗平和他妻子都已经70多岁了,体弱多病,因房产纠纷从西宁市到格尔木市,再从格尔木市到德令哈市多次往返奔波,来回一趟1600多千米。这对老年人的身心健康是极为不利的。老卜咨询了许多律师和有关单位,但都没有一个令他信服的解答,最后经法院介绍找到州法律援助中心,要求给予法律援助。我先是帮他分析案情,站在两位老人的角度谈打官司的得与失,谈物质利益与身体健康的对比,告知诉讼的巨大风险。两位老人家听了我的建议后,做出了放弃诉讼的决定。再如,在受理西宁市残疾人何成工伤赔偿案中,我帮助当事人分析调解与诉讼的利弊,把相应的赔偿项目和标准测算后,帮助当事人进行调解,很快在劳动争议仲裁委员会的调解下达成协议,取得一次性赔偿23万元的结果。还有天峻县新源镇七社村村支部书记索南才让与村民名誉权纠纷案,索南才让被多名村民举报有贪污、挪用公款等违法行为,后经有关部门调查,只是因为村务公开不及时才导致纠纷。之后,索南才让起诉村民侵犯其名誉权,被天峻县法院驳回。索南才让不服,经介绍到法律援助中心咨询并申请法律援助,我告知他村民有对村委会负责人进行检举、控告、监督的权利,由于村委会没有及时公布有关账目,有一定的责任。索南才让听后心服口服,当即放弃了上诉。还有原告与被告一起约好来援助中心要求调解的,我通常是宣传法律,分析纠纷原因,结合证据,指出各方应负的责任。只要不偏不倚,公正处理,当事人都很乐意接受,很多案件都能握手言和。这也让我体会到少数民族兄弟的善良纯朴和宽广的胸怀。

推进制度建设,服务发展大局

法律援助事业是一项民心和民生工程,如何让老百姓广泛地了解这一制度,除了加强法制宣传外,我主要是从制度上下功夫,比如《青海省法律援助条例》第十三条规定:申请人可以直接向法律服务机构提出法律援助申请,法律服务机构认为符合法律援助条件的,应当书面报请当地的法律援助机构审查确定。之前,这一条款都没有得到有效地执行,我利用讲课以及与大家学习、交流的机会,鼓励各地律师事务所、基层法律服务人员、人民调解员在办理法律援助案件时,把符合条件的案件报送法律援助中心申请法律援助,而不是拒当事人于门外。目前,已经收到很好的效果,从2012年3月到6月,短短的三个月时间,律师事务所已经报送了20多个案件到州法律援助中心,经审查后都给予了批准。

刚开始的时候,当地律师办理法律援助案件的积极性不高,主要的原因是补贴发放不及时,补贴标准低等。在我主持下,2011年度彩票公益金案件补助款全部发放到位,各地法律援助中心和律师办案的积极性有了明显的提高。这个变化是质的飞跃,从消极办理法律援助案件到主动要求办理案件,这个转变说明制度已经深入律师队伍之中。2010年,州法律援助中心登记的彩票公益金法律援助案件总共45件,而2011年上半年,就审批通过了60多件。

此外,在基层的妇联、共青团、工会、残联、部队、基层司法所、村(牧)委会等单位也建立了法律援助工作站和法律援助联络员制度。我不断探索激励机制,建议各单位对于提供法律援助信息的联络员,尝试给予一定经济补助,以提高法律援助工作站工作人员、基层法律服务人员、法律援助联络员的工作积极性。鼓励法律援助工作站、基层司法所、乡镇法律服务所中具有法律执业资格的人员办理法律援助案件。

担任政府法律顾问,积极开展法制宣传

2010年8月19日,受州政府邀请,我参加海西州政府召开的柴达木循环经济工作会议,为政府决策提供法律咨询。针对政府关于大型碱业公司破产问题提出建议,并撰写《关于碱业公司兼并、收购的可行性分析》为州政府决策提供参考,最后州政府采取兼并方案解决了困扰政府多年的企业债权债务问题。此外,我还多次为州人力资源和社会劳动保障局、州土地局、

德令哈市城管局提供法律意见。

作为法律援助志愿者，法制宣传也是一项重要的工作，要让法律深入人心，就要将法制宣传贯穿于值班接待、案件办理过程中，不能只是简单地回答当事人的问题、帮助当事人学习法律知识，让当事人懂得法律为什么这样规定，为什么不能这么做。每逢重大节日，我都会有针对性地联合有关单位上街或者下乡镇、乡村进行法制宣传，在重大节日举办普法宣传活动，群众也能积极地响应，活动现场经常人山人海。

针对基层群众对法律援助不了解，应将法律援助工作向基层延伸，向困难群众延伸。利用媒体、公益广告、法律"七进"等多种宣传方式开展宣传，提高法律援助工作的社会影响力。法制宣传能起到潜移默化的作用，因为只有先知道什么行为合法，什么行为违法，才能敬畏法律，从而自觉地遵守法律。

两年来，海西州司法局和州宣传部、妇联、共青团、残联等单位联合举办了二十多次大型法制宣传活动，收得很好的效果。老百姓的法律意识、维权意识有了明显的提高。

西部高原地区由于受自然环境、气候等因素的影响，长期以来比较封闭，工作节奏相对缓慢。为了促进州司法局工作人员提高工作积极性和工作效率，我躬先表率，时时以军人的作风严格要求自己，处处起到先锋模范作用。两年来，我按时上下班，严格要求自己，要求别人做的，自己先做到。

授课培训，建章立制，传播法律文化

授课培训是我的主要工作之一，培训内容主要是对基层的司法干警，包括给司法所长、司法助理员、人民调解员、法律援助工作者讲一些法律和其他知识，比如《人民调解法》颁布后，我和州法援中心的工作人员就举办对人民调解法的立法背景及相关条文理解的培训活动。在日常工作中，我帮助解决实际问题，把自己经办过的典型案件，通过摆事实，分析证据，结合法律条文，把各种法律关系分析给同志们听，效果非常好。两年来，我为海西州法律援助中心建立制定了10多个法律援助工作制度和10多个司法鉴定方面的工作制度，录入了全州289名法律援助联络员的基本信息，努力做到有章可循，有据可查；撰写了10多篇信息、简报、舆情分析，为党委政府、上级司法行政部门决策提供参考；参与了"人民调解、行政调解、司法调解"工作机制意见的修改工作；协助法律援助科编制2011年度法律援助科重点工作目标；参加州委、州政府、州司法局召开、组织的各种会议50多次；在值班过程中，指导来访当事人学习法律知识，宣传我国法律制度，依法进行诉讼和维权；协助司法局程序员管理政府OA办公系统，维护单位电脑。

2010年9月，我协助青海司法厅编辑出版《青海省法律援助案例选编》；2010年10月，参加青海省柴达木循环经济法治建设高层论坛；2010年11月，参加中国政法大学、美国环境委员会和法国大使馆资助举办的第十届环境法律实务研习班；2011年11月，受中国政法大学和中国系统工程学会的邀请参加了第三届法制/法治系统工程理论研讨会，作《中国司法体制现状及改革设想》学术报告。为了加强基层司法行政工作人员的办案能力，提升当地公务员的法律知识水平，近两年来，我共举办20多场法制讲座，参加的人员有机关干部、基层法律工作者、人民调解员等，内容从基本法律知识到典型案例分析，国家司法体制改革到世界热点问题等。

每次讲课,都能引起共鸣,产生了良好的反响。

2012年11月后,我任职于司法部下属的中国法律援助基金会秘书处。起初担任理事长秘书兼办公室副主任,后专职担任办公室副主任。两年来,参加了基金会的日常各项工作,主要负责工会、共青团以及秘书处的党务工作。2013年7月,参加秘书处开展的群众路线教育实践活动,担任联络员。参加中央国家机关干部职工学习党的十八大精神主题赛诗会,赋诗《江山》获得三等奖。2014年5月,获得司法部直属机关党委优秀党务工作者荣誉称号。在志愿期间,荣获"十大优秀中国法律援助志愿者"、司法部律师行业创先争优活动指导小组"律师行业创先争优活动党员律师标兵"、司法部"第四届全国法律援助先进个人"等荣誉称号。

人物档案

姓　　名：蔡友玳

性　　别：男

出生年月：1976年1月

服　务　地：新疆昌吉市

服务时间：2013年7月—2014年7月

在一年的援助工作中，共办理各类援助案件120余件。被新疆昌吉市依法治市领导小组评为"昌吉市2013年度普法依法治理工作先进个人"，被司法部律师公证指导司、司法部法律援助工作司、司法部法律援助中心、中华全国律师协会、中国法律援助基金会评为"2013年度百姓心中最满意的模范志愿律师"，被福建省律师协会评为"首届福建省优秀社会公益青年律师"。

心系群众　情洒边疆

福建闽律律师事务所　蔡友玳

2014年6月30日，我圆满完成了为期一年的援疆任务，实现了当初"有志而去，有为而归"的心愿。

我系福建闽律律师事务所主任，放弃在律师事务所中优越的条件和丰厚的收入，自愿报名参加2013年度"1+1"中国法律援助志愿者行动，投身到中国法律援助的公益事业中去。2013年7月，受"1+1"中国法律援助志愿者行动项目办派遣，我被安排到新疆维吾尔自治区昌吉市司法局从事法律援助工作。在工作期间，我坚定政治理念，升华职业素养，充分体现了一个优秀律师具备的政治素质和政治信念，在办理各类法律事务过程中，我模范遵守律师执业纪律，自觉维护了法律的尊严和当事人的合法权益。

一年来，我重点研究了征地拆迁、工程建设、劳动用工等方面所涉及的法律问题，受理各类援助案件120余件（注：群体性非诉讼案件3件算一案），其中包括非诉讼成功办理的重大群体性事件——昌吉市"6·18"特大交通事故赔偿纠纷法律援助案件35件、"8·20"昌吉监狱煤矿劳动争议纠纷法律援助案件63件、"8·25"飞马财富劳动争议纠纷法律援助案件41件、"11·5"征地拆迁补偿纠纷44件，为受援人挽回经济损失2000多万元，及时有效地化解了矛盾纠纷，促进了社会和谐，维护了司法公正。

在办理昌吉市"6·18"特大交通事故赔偿纠纷案件过程中，我接手案件后，迅速了解案情，分析本案所有的法律关系。在积极安抚受害者及其亲属情绪，讲解法律规定，表明将依法保障他们全部合法权益的立场的同时,我建议事故应急处置领导小组及时召集法院、社保局对本起交通事故所波及的法律关系进行探讨研判,并取得了他们的认可和支持。之后,我提出事故处理方案,由事故应急处置领导小组召集涉案公司进行协商。在协商会上,我先是详细讲明了本案所有的法律关系,在对三家涉案公司进行耐心劝导、说服后,三家涉案公司共向事故应急处置领导小组的专项账户转入人民币1380万元赔偿款。此外,鉴于事故车辆投保含有车上人员(乘客)责任险,我还积极与事故应急处置领导小组的人员多次到保险公司协商,取得了保险公司的支持,保险公司也同意预付部分保险理赔款。最后,案件善后理赔所需的资金全部到位,保障了受害者的所有赔偿款能够足额支付。

在办理"8·20"昌吉监狱煤矿劳动争议纠纷法律援助案件过程中,我接手案件后,首先对汇集在市政府楼前的民工们进行了耐心细致地劝说,让农民工们先行散去,等待案件的处理结果。根据农民工代表提供的情况,我归纳了案件主要存在的难点:(1)目前劳动者所掌握的证据材料不全,大部分人甚至连劳动关系都无法证明,若直接申请仲裁的话,因代理律师的法律地位与这些劳动者的用人单位昌吉市监狱煤矿是平等的,无法直接向该用人单位调取到相应的证据。(2)虽然代理律师在仲裁的过程中,可以向劳动争议仲裁委员会申请依职权调查,但是这些后期收集到的证据材料将导致仲裁请求出现错误或偏差,且不能排除用人单位有隐匿、销毁证据的可能性。(3)若在仲裁过程中因未能调取到相应证据材料,必然会出现劳动者的合法权益未能得到完全保护的情况,仲裁请求一旦被大部分驳回,法律认定的事实和劳动者心里知道的事实就会出现偏差,这将使劳动者对司法程序失去信心,仲裁结果就无法平息其内心的不满情绪,这不利于化解社会矛盾。针对上述情况,我先拟出对该起事件的处理意见,送交昌吉市政府,请求协调信访局、司法局、劳动局配合农民工维权。之后,昌吉市政府有关部门通知昌吉市监狱煤矿,要求其对受援人反映的问题进行反馈,并提供与之相关的证据材料。我根据昌吉市监狱煤矿整理好的涉案相关材料,按照涉案请求的项目、标准计算出他们应该得到的补偿款、赔偿款,并经劳动者确认。最后,我多次找到昌吉市监狱煤矿的相关负责人员,与他们谈事实、讲法律,明确提出:(1)工资应当按月足额发放,不得克扣、拖欠;(2)因经营困难裁员,需要支付相应的经济补偿金;(3)缴纳社会保险是用人单位和劳动者的法定义务。这些看法得到了用人单位昌吉市监狱煤矿的认同,并最终和劳动者进行仲裁前的调解。劳动者在领到相应的补偿款、赔偿款后,都踏上了新的工作岗位。我受理的该起案件,作为典型案例,入选了项目办主办的《法援苍生》("1+1"中国法律援助志愿者行动2013精品案例)。

在积极办理法律援助案件的同时,我还参与了昌吉市政府的拆迁征收、综合整治等专项活动,并出具法律意见书20余份,为政府依法征收、依法行政等提供了重要的法律支援。此外,我积极组织开展了法律援助专题宣传活动,开展为外出务工人员维权的现场劳动法律宣传活动、针对未成年人开展的"维权课堂进校园"、在全国助残日开展主题为"帮扶贫困残疾人"等15场法律援助专题宣传活动,并通过现场解答法律咨询、发放法律知识手册和法律援助便民卡片等方式,积极引导受援群体通过法律途径解决涉法纠纷,拿起法律武器维护其合法权益。普法宣传活动受到各界群众的普遍欢迎。

我克服重重困难,以实际行动兑现了身在边疆,心系群众,积极开展法律援助工作的决心和承诺;以扎实的法学理论知识、严谨的工作作风和良好的职业道德,得到服务地昌吉市市委、市政府和司法部"1+1"中国法律援助志愿者行动项目办的认可,得到了受援人的广泛好评,为民族团结和社会稳定贡献出自己的一分力量。2014年2月,我被评为"2013年度普法依法治理工作先进个人",受到昌吉市依法治市领导小组的表彰;2014年7月,我被评为"2013年度百姓心中最满意的模范志愿律师",受到了司法部"1+1"中国法律援助志愿者行动项目办的表彰。

> 1 来自"1+1"志愿律师的报告

第一部分 温暖边地
PART 1

> 人物档案

姓　　名：张秋生
性　　别：男
出生年月：1966 年 7 月
服　务　地：四川省攀枝花市盐边县
服务时间：2013 年 7 月—2015 年 7 月
服　务　地：甘肃省东乡族自治县
服务时间：2015 年 7 月—2016 年 7 月

连续三年参加"1+1"中国法律援助志愿者行动，三年来共办理了 209 件法律援助案件。2014 年 7 月，司法部、团中央、中华全国律师协会等部门授予其"2013 年度百姓心中最满意的模范志愿律师"荣誉称号；2015 年 4 月，中共福州市委、福州市人民政府授予其"福州市劳动模范"荣誉称号；司法部等部门授予其"'1+1'中国法律援助志愿者行动 2014 年度、2015 年度优秀法律援助律师"等荣誉称号。

我愿做一名不退役的志愿者
——盐边县法律援助"1+1"志愿行动工作笔记

福建融成律师事务所　张秋生

我报名参加 2013 年"1+1"中国法律援助志愿者行动，来到服务地四川省盐边县从事法律援助工作。受盐边县司法局的邀请，期满后在盐边县延期服务一年。两年来，我克服了语言障碍和饮食习惯不同等方面的困难，脚踏实地，热情服务，做好每一件事。

热情接待群众咨询，免费提供法律意见

除外出办事，我每天在法律援助中心接待来访群众，免费为来访群众解答法律咨询。两年来共接待来访居民 373 人次，并让来访者满意而归。

为胡安迁、刘健康代书支付令共 2 份，为李武平、龚朝梅、李世伦、张顺珍、李维云、赵琼、罗国旺、何顺发、田维强代书强制执行申请书共 9 份。

在援助中心工作人员请假 6 周期间，我负责援助中心的日常工作。

参与维稳工作，调解纠纷

我参与了李绍美与中国路桥有限公司米易－攀枝花铁路项目部工伤待遇纠纷案调解工作、到盐边县红果彝族乡岔河村参与田鹏程喝酒死亡案调解工作。

参加盐边县政府法制办组织的老上访户接待会，向罗忠梁等提供法律意见。

2014年7月，按照盐边县委政法委的安排，我与工作组到渔门镇、攀枝花市调查了解渔门岛旅游有限公司与卢刚债务纠纷系列案的处理情况，提供法律意见。

从事法制宣传工作

2014年12月26日，到盐边县新九乡政府会议室，向盐边县钰凌矿业有限公司员工等当地群众宣讲劳动合同法，受众60人。

配合盐边县司法局送法下乡。将继承法、侵权责任法等法条与新法律法规手册先后送到桐子林镇、红果彝族乡、共和乡社区及盐边中学，并上街设点，向居民、村民发放，现场解答法律咨询；到桐子林镇、红果彝族乡、共和乡司法所，与司法所工作人员座谈常见法律问题，共同探讨民间纠纷的调解处理，向社区矫正人员提供现场法律咨询，对其进行法制教育；到盐边县桐子林镇纳尔河村（30000亩芒果种植基地）参加依法治村工作推进会，与村民座谈，现场向村民提供法律咨询。

办理法律援助案件

截至2015年5月31日，我办理了171件法律援助案件，包括田维强等提供劳务者受害责任纠纷案（一审、二审），毛木橄等医疗损害责任纠纷案，李阿补土地转包合同纠纷案，宋学宪等财产损害赔偿纠纷案（一审、二审），张顺珍劳动争议案，朱芳蓉赡养纠纷案，钟琪、蒋显明、李成、吴开华、周明付、卫志华、李和平与攀枝花市拥华建材有限公司劳动争议系列案，罗应毕道路交通事故责任纠纷案，谢家政失火案，何顺发劳动争议案（劳动仲裁、一审），毛阿古故意伤害案，谢世昌聚众斗殴案（审查起诉、一审），李力解故意杀人案，文定元聚众斗殴案（审查起诉、一审），陈春红盗窃案，仲付琼劳动争议案，王学智生命权、身体权、健康权纠纷案，李维云生命权、身体权、健康权纠纷案，高兰兰盗窃案（审查起诉、一审），熊友连离婚案，郎美兵返还土地纠纷案，卓毕伟等63人与盐边县钰凌矿业有限公司劳动争议系列案（劳动仲裁、一审），罗富华生命权、身体权、健康权纠纷案，何云寻衅滋事案（审查起诉、一审），向树军盗窃案，方正金盗窃案（审查起诉、一审），赵琼等提供劳务者受害责任纠纷案，刘光玉离婚案，徐厚英买卖合同纠纷案，徐钒道路交通事故责任纠纷案，杨茗涵等生命权、身体权、健康权纠纷案，甲把阿合贩毒案，张军辉运输毒品案，已结案169件。合计为受援人争取到3370178元人民币的经济利益。

其中，较为典型的案例是田维飞等提供劳务者受害责任纠纷案。

四川省盐边县惠民乡银河村二组根据盐边县惠民乡银河村村民委员会的安排建设银河村三组至二组的村级公路，王成发承包了该公路的施工工程，组织工人施工。王成发雇佣田井树

（系受援人田维飞的父亲）等工人修建上述公路,提供工人伙食和住宿。2013年8月19日清晨,王成发驾驶三轮摩托车搭乘田井树等工人从银河村二组驶往三组从事公路施工途中,因王成发操作不当将车翻到10米高的坎下,造成田井树等人当场死亡多人受伤的事故。

本案事故发生地是距离县城130千米远的惠民乡,乘车需要3个半小时,我不辞辛苦来到事故现场查看,找到当地村民、村委会主任、小组长及直接责任人王成发了解案件情况,做了调查笔录。因涉案工程系政府牵头的农村公路建设工程,而直接责任人王成发(工头)没有赔偿能力,为了了解工程的建设和承包情况,我到惠民乡政府、县交通局、移民扶贫局调查,花了大量时间,得以全面掌握案情,理清法律关系,征得受援人同意后以提供劳务者受害责任纠纷为案由,将惠民乡政府、惠民乡银河村第二村民小组列为共同被告,要求惠民乡政府、惠民乡银河村第二村民小组作为工程发包人(将工程发包给没有资质的自然人)与雇主承担连带赔偿责任。案件立案后,我申请法院向惠民乡政府调取工程承包合同、王成发过失致人死亡案卷宗材料。

合议庭根据我提交的大量证据采纳了我的代理意见,认定了本案的基本事实:惠民乡政府将公路工程发包给惠民乡银河村第二村民小组,第二村民小组将部分工程转包给王成发,田井树在为王成发提供劳务时发生事故死亡。该案历时10个月,最终盐边县法院于2014年9月底作出判决,支持了受援人的诉讼请求:雇主王成发赔偿受援人死亡赔偿金、丧葬费、被扶养人生活费、误工费、交通费、精神损害赔偿金合计312311元人民币(已扣除原先已支付的60000元),盐边县惠民乡人民政府、盐边县惠民乡银河村第二村民小组负连带责任。

盐边县惠民乡人民政府不服一审判决向攀枝花市中级人民法院上诉,二审判决驳回上诉,维持原判。法院判决适当、甚为理想,很好地维护了受援人的合法权益。

在李成等八人与攀枝花市拥华建材有限公司的劳动争议案达成调解后,我与法院、当事人沟通协调,已全部顺利执行。2014年10月17日,收到八位受援人送来的锦旗。

2015年4月,我被中共福州市委、福州市人民政府授予"福州市劳动模范"荣誉称号。

心得体会

在盐边县服务期间我接触了不少生活在社会底层的农民和工人,感触不少。我觉得,随着人们法律意识的增强,公众对法律援助的需求也越来越大,"1+1"志愿律师到西部来,具有重要的政治意义,可以体现中央政府对西部偏远地区的关心支持,特别是对困难群体的关注。志愿律师在西部服务的时间虽然短暂,所能完成的工作有限,但这是我们志愿律师实践为困难群体服务、为社会服务、实现公平正义的价值观的一种方式,也充实了自己的精神世界。

参加"1+1"中国法律援助志愿者行动让我对生活有很多新的感受和认识,虽然远离家人有些孤独,但心情愉快。如果条件允许,我愿意做一名不退役的志愿律师。

人物档案

姓　　名：江玉基

性　　别：男

出生年月：1965年6月

服　务　地：新疆若羌县/新疆兵团农六师

服务时间：2014年7月—2015年7月

一年来，完成法律援助案件23件，调解民事纠纷12起，化解群体性上访事件5件，受援人数135人，接待群众来访120人次，代写法律文书12份，现场解决纠纷23件。2015年被司法部等部门授予"'1+1'中国法律援助志愿者行动2014年度优秀法律援助律师"；2016年被司法部等部门授予"'1+1'中国法律援助志愿者行动2015年度优秀法律援助律师"等荣誉称号。

"新疆是一个神秘的地方，在我想象中，它是天堂，更是人间圣地。当我经过2天3夜的长途跋涉，进入若羌境内时，到处是一望无际的沙漠和戈壁，这里的气候恶劣、位置偏远、荒凉……"

不惧偏远入新疆

三明市泰宁县法律援助中心　江玉基

若羌县位于新疆维吾尔自治区东南部，塔里木盆地东部，塔克拉玛干沙漠东南缘。总面积近20万平方千米，是中国县域面积第一大县（约相当于2个浙江省的面积）。总人口3万人（2004年）。县人民政府驻若羌镇，距乌鲁木齐市公路里程894千米。属暖温带极干旱气候区，年均气温11.5℃，年均降水17毫米。

2014年7月15日，经过两天三夜的长途跋涉，我参加北京项目办会议结束后，经坐火车再转长途汽车来到了祖国的西北边陲——新疆若羌县司法局报到。进入若羌境内，到处是一望无际的沙漠和莽莽戈壁，以及漫漫的沙尘。若羌夏天天气炎热，最高气温可达45度以上；同时由于干旱少雨，沙尘天气平均170余天，沙尘天气占近半年时间。每当大风扬起，带起沙漠中沙尘，3米之内难见人影，每天地面、桌面都是一层厚厚的灰尘。很多新疆当地人一生没有机会来若羌或者不愿涉足若羌，因为这里气候实在是太恶劣，地理位置实在是太偏远，太荒凉了。我暗下决心，自己要像沙漠中顽强生长的胡杨树一样，无论环境多么恶劣，都要勇敢地坚持下去。

一年来，在若羌县司法局、法律援助中心的关心支持下，在"1+1"项目办、自治区法律援助中心的指导下，我共完成法律援助案件23件，其中民事案件22件、刑事案件1件；调解民事纠纷12起（没有列入法律援助案件），化解群体性上访事件5件75人；受援人数135人；避免和挽回经济损失77万余元；同时，积极开展法制宣传教育活动；共接"148"专用咨询电话180余次，接待群众来访120人次，代写法律文书12份，提供上门服务6次，现场解决纠纷23件。主要工作措施如下：

1. 创新服务、开展便民活动。依托法律服务"148"专线，围绕"法律援助便民服务"主题活动，坚持"有问必答，有纠必解，有诉必帮，有困必助"的服务宗旨，积极开展"三比"（比数量、比质量、比形象）活动，认真接听咨询电话、接待群众来访，为群众解决实际困难。对一些行动不便的孤寡老人、残疾人上门服务，提供法律咨询和宣传。

2. 强化宣传，提升法律援助知晓率。全方位、多层次大力宣传《法律援助条例》，通过深入社区、乡村、企业、学校开展法律援助宣传和法律咨询活动，发放法律援助宣传资料，使全社会更加了解法律援助制度，进一步扩大法律援助的知晓面，使很多原来不知道法律援助的群众知道了法律援助工作，迅速打开了工作局面。

3. 简化程序、加强农民工法律维权工作。对外地农民工，不审查经济状况，对相关身份证明遗失的，先援助，后补手续；积极介入社会关注的热点难点问题，及时化解不和谐、不稳定因素；加强对农民工群体上访案件的调解，防止其非理性的、过激的维权行为发生。2014年完成的23件援助案件中，有20件是涉及农民工的案件。

在一年的法律援助活动中，我切身感受到：

1. 树立奉献精神，做好吃苦准备。服务地工作条件艰苦，以若羌为例，若羌全年沙尘天气有170余天，最高气温达45度，长年不见下雨，南方生长的人很难适应，因此要有充分的思想准备。

2. 把握民族政策、促进民族团结。新疆社会条件特殊，在工作中要注意民族政策的把握，真正做到化解矛盾而不是激化矛盾。

3. 树立安全意识，出行、娱乐等要注意安全。

温暖边地 情洒八闽——福建律师风采录

人物档案

姓　　名：林天文
性　　别：男
出生年月：1972年11月
服　务　地：四川省巴中市恩阳区
服务时间：2014年7月—2015年7月

在一年的时间里，林天文承办了28件法律援助案件，参与恩阳区委区政府领导信访接待47场次，解答法律咨询70多件，涉及咨询人数约280人。2015年7月，被司法部等部门授予"'1+1'中国法律援助志愿者行动2014年度优秀法律援助律师"荣誉称号。

"作为一名法律人，能把自己所学的法律知识普及给需要帮助的人，是一件让人觉得很愉悦和幸运的事情。"

——题记

只身入川为法援

福建金磊律师事务所　林天文

　　光阴荏苒，为期一年的"1+1"中国法律援助第六批志愿者工作已期满。回顾这不同寻常的一年，一件件案件、一个个人物，历历在目……

　　2014年，我参加了"1+1"中国法律援助志愿者行动，被派遣到四川省巴中市恩阳区服务，作为一名志愿者，在过去的一年里，我承办了28件法律援助案件。其中，承办刑事案件11件，民事案件17件。受援人包括未成年人、老年人、残疾人、妇女、农民工等各类群体。办案单位包括公、检、法等司法机关，也包括劳动仲裁、信访部门等。办案地点主要在恩阳区内，也包括跨区、跨市，为了尽力满足群众需求，我不断扩大案件受理范围。

　　我工作认真负责，常常赢得受援人的赞誉。在提供法律援助的一年时间里，我为受援人争取经济利益、挽回经济损失约65万元人民币。

参与信访接待，化解社会矛盾

　　受区司法局、法援中心指派，我参与区信访局组织的区领导信访接待工作，参与接待47次，解答法律咨询70多件，涉及上访人员约300人，参与政府部门化解社会矛盾工作。例如，

2015年4月1日，我赴成都，协调处理恩阳区籍的居民龚某某的亲属在康定县发生意外事故的赔偿调解，最终达成调解协议，一起极有可能采取极端措施的信访纠纷得以平息，成功化解了社会矛盾，取得较好的社会效果。又如，在协调朗朗天香小区业主与开发商及国土房管部门的上访案件中，我通过分析案情，阐明法理，理顺法律关系，引导信访人进入司法途径，申请法院采取诉讼保全措施，解决了多年信访问题。再如，在信访人王彬要求公安局刑事立案的处理中，协助区政府劝解信访人通过合法途径，依法维权，信访人表示满意，愿意配合。

我在区法援中心值班期间，解答法律咨询涉及人数约280人次，代写法律文书5份。

积极参与法制宣传

一年来，我积极参与法制宣传，如法律进校园活动、法律下乡活动，受众人数约2000人；参与服务地首个国家宪法日法律宣传活动，先后在柳林小学、下八庙小学、恩阳三小、恩阳一小上法治教育课；在各乡镇开展法制宣传8场次，为服务地干部职工讲授依法行政、行政诉讼法等内容。

力促调解，维护和谐

从促进社会和谐和维护申请人的合法利益的原则出发，办案中，我尽力争取调解结案。在已结案件中，除了刑事案件外，其余绝大部分均以调解结案，对方自愿履行，取得较好的社会效果。例如申请人雷学忠案件中，引导当事人通过法律途径维权；在申请人冯帮寿案件中，在申请人没有掌握证据处于十分不利的情况下，我发挥主观能动性，召集双方调解，达成协议，节省维权成本，在最短时间内结案；在代理申请人刘林案件中，申请人原指派其他律师代理，在其家属与法援中心有抵触情绪的情况下，我主动继续为其提供援助，耐心地做解释、说服工作，与申请人家属一起走访刘林的用人单位和工会、劳动仲裁部门，最终促使刘林与用人单位达成了调解协议，完成了援助任务。

努力工作受表彰

2015年1月，我被福建省律师协会评为2012—2013年度福建省文明诚信先进律师。我撰写的《扶老助残、伸张正义》援助案例被四川省巴中市司法局评为2014年度巴中市十佳法律援助案例。撰写的信息《规范户籍档案查询，解决法院难立案问题》被评为2014年度民主建国会福建省委员会2014年度优秀信息。一年来，我代理的多起法律援助案件被四川法制网、四川法制报、巴中长安网等媒体宣传报道。

温暖边地 情洒八闽——福建律师风采录

人物档案

姓　　名：夏飞龙

性　　别：男

出生年月：1968年10月

服 务 地：宁夏银川市西夏区

服务时间：2015年7月—2016年7月

一年时间里，接受指派案件61件（其中，群体性案件39件）。2016年被司法部等部门授予"'1＋1'中国法律援助志愿者行动2015年度优秀法律援助律师"荣誉称号。

做好"1＋1"法援　铸就精彩人生

福建鹭靖律师事务所　夏飞龙

"我参加'1＋1'中国法律援助志愿者的原因很简单，就是怀感恩之心回报社会。想通过法律援助无偿为社会的困难群体提供法律服务。"这也是众多志愿律师的想法和感受。

2015年7月，我有幸参加了"1＋1"中国法律援助志愿者行动。组织上安排我在宁夏回族自治区西夏区司法局法援中心工作，由此开始为期一年的法律援助志愿者服务。湛蓝的天空、宽阔整洁的道路，淳朴的民风，热情而又周到的司法行政机关的领导、同行，使我忘却了北方干燥的气候、饮食文化方面的差别以及与内地两个小时时差的不适反应。

宁夏回族自治区银川市自古素有"塞上江南"的美称，但由于历史原因，导致了经济条件、知识、观念上与沿海地区的差异，尤其是法律知识的缺乏、法律专业人才的不足，一直是西夏区法律援助中心自1998年成立以来面临的最大问题，由于管辖面积大，人员分布较为分散，辖区经济处于快速发展阶段，各类社会问题层出不穷，大量涉农、涉工案件出现，工作量尤其大，因此，在一定程度上影响了援助案件的办案效率。

为了让更多的人了解、认识法律援助，我每周一到所属司法所下辖的社区开展为期一天的"流动律师送法进社区"活动。为辖区居民"零距离"提供无偿的法律咨询，并对符合法律援助条件的受援人就近受理，该活动为社区居民解决了很多他们关心的现实法律问题。同时在咨询的过程中，我利用法律专业知识，促使当事人对争议事项进行和解或者调解，使案件在诉前得到了解决，既减少了当事人诉累，又节约了司法资源，提高了援助效率。另一方面咨询活动也起到了很好的普法宣传作用，为促进项目实施的法律援助工作与司法工作协同发展做了很好的链接,有利于有效地引导社区居民通过合法途径实现诉求,维护社会和谐稳定。

"法律援助进军营,双拥服务到官兵"活动,也是我在项目实施地法援中心领导下,参与辖区内驻军部队开展的"巡回法律知识讲座"的主要活动内容之一,也是积极促进法援中心与辖区驻军部队开展的重要法制宣传方式,使官兵对法律知识有了进一步的了解,其法律意识有了进一步的增强,引导他们用法律手段维护自己的权益,树立法治观念,使他们更好地履行保家卫国的责任。

法律援助是什么?法律援助能做什么?发生民事纠纷和劳动争议等案件,如何办理法律援助手续?发生家庭暴力怎么保护自身?民事纠纷如何申请人民调解?针对这些群众反映较多的问题,我为辖区居民群众举办了七场答疑解惑的法律知识讲座。讲座中,根据相关法律、法规及宁夏党委、政府办公厅颁发的宁党办[2016]28号文件,结合承办的各类法律援助案件,从法律援助的对象、范围、条件、类型等方面,讲解了大家关心的刑事、民事和劳动争议等案件办理法律援助的流程,并特别指出农民工讨薪、70岁以上以及患有重大疾病的人员等困难群体办理法律援助无须进行经济审查,引导广大群众应充分运用法律援助这项政府惠民工程,维护自身的合法权益。针对大家普遍关心的家庭暴力问题,结合《反家庭暴力法》的相关规定,重点指出殴打等身体侵害,辱骂、恐吓等精神暴力,限制人身自由等都属于家庭暴力范畴,呼吁大家遭遇家庭暴力时,不要一味忍让,要学会用法律武器保护自身。特别提出《反家庭暴力法》最大的特点是人身安全保护令制度,解决了受害人提起诉讼后免受其他骚扰的后顾之忧。

讲座间隙,我详细解答了群众咨询的生活中遇到的各类法律问题,居民刘大姐说:"听了这次讲座,知道超市无故解聘我女儿是违法的,欠的一个多月的工资也可以通过法律援助讨回,以后像这样的法律讲座应该多举办。"值得一提的是,在北京西路地矿局居委会讲座现场,参加的20多位居民中,岁数最小的就有60多岁,最大的达到78岁,他们不但认真听课、做笔记,课后,还就有关法律问题与律师交谈。

巡回法律知识讲座,既满足群众汲取法律知识的需求,又体现了援助律师强烈的社会责任感。

维护社会公平正义,促进社会和谐稳定是律师的神圣职责。在我办结的法律援助案件中,某当事人因与用人单位领导在生产工作事项上发生矛盾,而导致被辞退。受理该劳动争议案件后,经详细了解其中的原委后,在仲裁庭的配合下,就《劳动法》等相关法律知识与企业管理人员多次沟通,促使该企业与受援人续签劳动合同,并补发拖欠工资款项,双方握手言和。另一刑事附带民事案件中,因受援人与同事的男朋友发生口角,导致其被该同事男朋友打成轻伤,在法庭调解阶段,经与双方当事人耐心的沟通,并就人身损害的法律规定做了认真细致的解读,使该案件的对方当事人认识错误,并积极赔偿受援者的各项经济损失。

一年来,我接受指派案件61件(含群体性案件39件)。其中,劳动争议56件;民事案件4件;非讼案件1件,共挽回经济损失40万元。所办理的案件受到相关法官、仲裁员、受援人的好评,并取得了良好的社会效果。

在该项目活动过程中,作为"1+1"中国法律援助志愿者行动志愿律师的派出单位之一,漳州市律师协会向该项目实施地——西夏区司法局无偿赠送一套净水设施,展现了法律行业超越地域的爱心。

感谢"1+1"中国法律援助基金会为我们提供了这个奉献爱心、提升自我的公益平台,感谢宁夏回族自治区司法厅及西夏区司法局各方面的关怀,亦感谢福建省、漳州市律师协会的大力支持,为我免去后顾之忧。作为一名援助律师,我深知自己肩负的使命和责任,亦参与志愿行动感到自豪和欣慰,同时希望"1+1"中国法律援助志愿者行动的精神能继续被发扬光大,让法治的阳光照亮祖国的每一个角落。

来自援藏律师的报告

人物档案

姓　　名：吴善宽
性　　别：男
出生年月：1971年5月
服　务　地：西藏日喀则吉隆县
服务时间：2014年3月—2015年3月

一年来，接待法律援助来访咨询324人次、办理各类法律援助案件15件、法制授课10余次。2015年，吴善宽又报名参加了"1+1"中国法律援助志愿者行动，被派遣到新疆兵团农二师提供法律援助服务。2015年7月，被中华全国律师协会授予"服务无律师县活动突出贡献奖"。

"去西藏是我的幸运，是我人生的一个正确选择，不论等待我的明天和未来是什么，我都无怨无悔。因为，付出就是得到，经历就是财富。"

——吴善宽

用一年志愿行动　赢一生相互感动

厦门市法律援助中心　吴善宽

我是从2001年开始从事法律援助工作的，到现在已有十余年的时间了。在厦门，我办理了包括集团诉讼在内的1000余件各种法律援助案件，经历了从感性到理性的心路历程。近年来，厦门市法律援助网络日趋完善、成熟，伴随着和厦门市法律援助中心一起成长的同时，我也试图寻找新的途径展现律师服务公益的良好形象。2013年底，司法部和中华律师协会号召东部律师到西藏无律师县提供一年的志愿法律援助，这正好给了我实现心愿的好机会。参加援藏不仅是响应组织号召，为西藏的稳定和发展做贡献，同时也是丰富人生阅历的一个过程。于是，不贪念滨海厦门的美好工作环境、生活环境，不畏惧4200余米高海拔的恶劣条件，2014年春节过后，我来到了西藏日喀则地区经济、交通等方面均欠发达的吉隆县，倾情从事法律援助工作。

吉隆县海拔高,地处中尼边境,交通极为不便,信息非常闭塞,我到达吉隆县城后,克服头晕眼花、耳鸣、鼻黏膜出血、没胃口、睡眠差等高原反应,次日早上就到吉隆县司法局上班,了解当地实际情况,开始接地气,着手准备参加县司法局的各项工作。

一年来,我以过硬的业务素质、良好的精神风貌,充分发挥法律援助业务专长,认真接待法律援助来访咨询324人次、办理各类法律援助案件15件、法制授课10余次、撰写各类材料20余篇。我用和藏族同胞一样朴实、一样真诚的爱心诠释了自己人性中最美好的一面,赢得了当事人的好口碑,也赢得了当地干部群众的充分肯定和高度评价。2014年底,吉隆县司法局邀请我继续在该县从事法律援助志愿工作,直到帮、传、带出他们自己的律师。

搭建桥梁,积极维稳

习总书记曾提出"治国先治边,治边先稳藏"的重要战略思想。一年来,我参加司法局值班和县维稳指挥部一线值班,武装巡逻,排查矛盾纠纷。

作为党委政府法律顾问,我先后为县政法委、纪检委提供公安局民警因公负伤申报程序、各项待遇等咨询,为县政府提供收回国有土地使用权程序和成立出租车公司程序等法律意见,为县委中心学习组、全县党员干部、全县公务人员、全县政法干警、全县执法人员、吉隆口岸所在村庄上法制课共10余次。

此外,我还积极参与维稳工作,如协助调解县武警内务中队与县机砖厂的邻里纠纷,维护吉隆县军爱民、民拥军的良好关系;将法律服务辐射到没有律师的邻县萨嘎县,为萨嘎县司法局提供安置帮教、社区矫正等相关业务咨询解答;受邀为日喀则地区交通执法人员培训班授课,为维护全地区良好的交通秩序献计献策;努力为日喀则市司法处与厦门市司法局建立长期稳定的良好关系做了很多细致工作,并取得阶段性成果。

发挥专长,积极普法宣传

2014年以来,我开展了15件案件的调查取证工作,耐心做好8起案件的调解工作,专心做好7件案件起诉立案的各项工作。我曾不辞辛苦,连续调查近10起吉热公路工程款纠纷、工资纠纷等系列案件的证据材料,在调查取证工作过程中,遇到过泥石流、雪崩等灾害天气,先后两次被困在乡下多日。

在办案过程中,我主动帮助当事人分析解决矛盾的各种方法,努力劝解当事人不打"怄气"官司,一方面引导当事人细算诉讼的经济成本、时间成本、精力成本以及伤了和气的代价等;另一方面让当事人充分认识诉讼风险,积极向当事人说明诉讼不是目的,而是解决问题的手段。通过耐心说服,许多群众放弃了打"怄气"官司的念头,继而通过协商的方式化解了矛盾。

同时,我不断宣传法律、政策,引导集团案件当事人依法维权,避免做出过激行为,影响社会稳定。其中的吉热公路工程款纠纷案件,当事人多为外县农民工,他们隔三岔五就到乡政府、县政府上访,并扬言县里如果解决不好,就要到日喀则市政府上访;日喀则市政府如果解决不好,就要到自治区首府拉萨上访;拉萨首府如果再解决不好,他们就只好把自己亲手建好的公路再亲手挖掉,让所有车辆无法通行,以引起党中央、国务院和尼泊尔王国的重视。由于人数较多,信访压力非常大,信访部门将案件交给县司法局后,我陪同司法局局长热心接待了这批农民工并承办了此起案件。在承办案件过程中,我发挥"5+2""白加黑"的精神,放弃休假,多次深入吉隆沟调查,充分掌握第一手资料;多次深入村民家里,和他们促膝长谈,从诉讼时效、法律依据、证据等方面进行客观分析,讲清诉讼的利弊。我细致的工作,赢得了当事人的充分信任,他们表态愿意等待法院的公正裁判。最终吉隆口岸于12月1日顺利扩大开放。

到吉隆后不久,我发现无论是干部还是群众,对法律知之有限,面对纠纷时茫然无措。为了改变这一现状,我建议县司法局加大普法宣传力度,通过在公共场所提供免费咨询、发放普法宣传手册、定时更新法制宣传栏内容和上法制课等多种方式,向广大干部群众普及一般法律知识。近一年时间里,我走到普法宣传工作的第一线,组织、参与了"3·14敏感日"、3月28日"百万农奴解放日"、5月5日"世界知识产权日"、6月17日"综治集中宣传日"、9月16日"和平西藏宣传日"、12月4日"法制宣传日"等法制宣传活动,认真解答人民群众法律咨询324人次,发放《法律援助指南》等宣传材料1000多份,编写普法宣传简报18期。随着普法宣传力度的加大,干部群众的法治意识逐步得到了提高。以前群众遇到不公平的事,首先可能会想到上访,现在更多的人会找到县司法局请求律师提供专业法律意见、建议。

援藏期间,我认真编写了《吉隆县司法局关于加强廉政风险防控机制建设的实施细则》《吉隆县领导干部法制讲座方案》《吉隆县2014年普法要点》《吉隆县2014年普法亮点》《吉隆县"世界知识产权日"普法方案》《吉隆县2014年上半年普法总结》,设计并制作自2006年县司法局成立以来所有刑满释放人员的花名册等各种材料。我撰写的《吉隆县司法局"三大业务品牌"的成效、问题和对策》《健全吉隆县法律援助制度的调研报告》《如何运用法治思维和法治方式化解矛盾维护稳定》《浅论多渠道解决西藏基层法律援助经费短缺问题》《"一事不再罚"的理解和适用》等调研文章获得县政法委、日喀则地区司法处的好评,其中《浅论多渠道解决西藏基层法律援助经费短缺问题》和《"一事不再罚"的理解和适用》被西藏自治区司法厅《司法行政》采用,这是吉隆县司法局自成立以来首次被自治区司法厅采用的两篇文章。

实现"输血"向"造血"的转变

作为一名志愿律师,我除了积极承办好法律援助案件外,做得更多的是开展对县执法工作人员的帮、传、带,努力争取实现从"输血"向"造血"的转变。因为相对于吉隆全县、吉隆口岸的法律需求而言,一个个体所能做的事情实在微不足道。为此,我给县委中心学习组、全县政法干警、公务员、党员等作各种有针对性的法律实务讲座,应邀给日喀则地区交通执法培训班的学员作"一事不再罚"等法律讲座,还应邀和县纪检委、县公安局、县司法局等单位的相关工作人员一同办案,通过言传身教,使大家在实践中学到提高全面收集证据、准确适用法律等业务能力的方法。在办案过程中,我把自己从业10余年代理千余起案件的经验,毫无保留地传授给吉隆县的工作人员。

我的努力付出赢得了县委、县政府、县政法委、县纪检委、县组织部、县法院、县检察院、县公安局、县司法局等单位以及广大干部群众极高的尊重。在这一年时间里,我除了做好各项工作外,还十分注意团结同事、虚心学习、勤接地气,充分展示了我省优秀律师的良好形象,充分展现了奉献精神和践行使命的高尚情怀。我的无私奉献,带给他们的不仅仅是感动,更多的是行动！在法治的圣湖里，每个人可能就是一颗小水滴，一颗颗水滴汇集而推动法治社会的前进，我就是这样一颗水滴，在做公益时没有豪言壮语，但每一个脚步都让他们感受到了法律援助志愿律师服务公益的决心，他们也要力争当这样的一颗圣洁水滴。

有付出，不后悔

  我在吉隆县志愿服务的这一年，没电视，没网络，没取暖设备，就是想洗个澡也特别不方便，我克服了艰苦的条件，一方面磨炼意志，服务群众，化解社会矛盾，用法律的阳光惠及民生，奉献社会，充分展现了律师作为社会主义法律工作者的精神风貌；另一方面也强化了自己的社会责任感。吉隆县城宗嘎镇海拔4200多米，县城没有洗浴，就是有冲澡的地方也不敢去，主要是怕感冒。在西藏一旦感冒，是非常危险的事情，不但不容易好，而且容易发生肺水肿、脑水肿。所以，近一年时间里，我只有去日喀则或拉萨开会、办事时才能有机会洗个澡，平均两三个月才洗一次，经常是浑身痒痒，只能烧点开水擦擦身上，别提有多难受了。11月底县里为我安排了体检，结果显示我有左肺动脉增宽至临界值等高原反应。难怪有人总结在西藏有"四个不知道"：是饱是饿不知道，睡没睡着不知道，是男是女不知道，生没生病不知道。得知体检结果后，我仍然坚守工作岗位，依旧认真准备普法讲座材料，并在吉隆口岸12月1日全面扩大开放前夕，到口岸所在地村庄讲解相关的法律法规。

  或许我的骨子里一直有一种不安分的东西在躁动，不喜欢那种按部就班的工作和生活，渴望挑战，渴望刺激，渴望新环境、新感受和新经历，宁愿在轰轰烈烈中燃烧，也不愿在平平淡淡中磨灭。有人讲，援藏是一个灵魂得到净化，意志得到锤炼，思想得到检验，人生得到丰富，健康受到摧残的过程。但一年的西藏志愿服务，让我和藏族同胞结下了深厚情谊。所以，一年的志愿服务非常值得，永不后悔！有人戏称，在西藏的感情要列在"四大铁"之前；也有人戏称，地球上只有两种人，不是男人和女人，而是到过西藏的人和没到过西藏的人，人世间所有的感情都铁不过一起在西藏的感情。我们都能真切地感受到这种互相关心、互相帮助，同呼吸、共命运的感情！虽然短短一年，吉隆县不会因为我的作用而发生什么大的变化，但真心付出了，经历了，也尽力了，这一年将是我人生中最为精彩、最值得回忆的一段历程。

人物档案

姓　　名：吴德梓

性　　别：男

出生年月：1967年5月

服　务　地：西藏阿里普兰县

服务时间：2014年3月—2015年3月

一年来接受咨询300余人次、法律宣讲500余人次、办理法律援助案件32件。吴德梓充分利用在法律援助中心工作多年的优势，完善县法律援助中心的规章制度、案件办理流程、卷宗整理规范等，县法律援助中心各项工作受到西藏司法厅的肯定，得到了普兰县司法局领导同事的充分赞誉。2015年7月，被中华全国律师协会授予"服务无律师县活动突出贡献奖"。

留念那雪山环绕的地方
——赴藏参加无律师县法律援助志愿活动随感

泉州市法律援助中心　吴德梓

雪山环绕的地方

没去西藏阿里援藏时，我并不知道普兰县是一个被雪山环绕的地方。到了阿里后，听当地人讲阿里有三个"环绕的地方"：雪山环绕的地方——普兰，土林环绕的地方——札达，湖泊环绕的地方——日土，这是阿里地区三个美丽的地方，而雪山环绕的地方普兰县则是三个中最美的地方。我援藏去的地方就是普兰县。

普兰县地处西藏自治区西南部、阿里地区南部、喜马拉雅山脉南侧的峡谷地带，冈底斯山和西喜马拉雅山之间，是中国、印度、尼泊尔三国交界处，位于东经80°27″~82°30″，北纬30°00″~31°13″之间，是西藏自治区边境县之一。普兰县面积12539平方千米，处于纳木阿比峰和那尼雪峰之间的孔雀河（马甲藏布）谷地，具有山地灌丛草原景观，是阿里地区中"雪山环绕的地方"，县城所在地海拔3900米。辖1个镇、2个乡：普兰镇、巴嘎乡、霍尔乡，共有10个行政村（社区），人口1万多人。

普兰县是阿里地区旅游资源最丰富的县，在西藏自治区也可以排在前列，比较著名的有：

冈仁波齐峰：地处普兰县境内，海拔6656米。是中国最美的、最令人震撼的十大名山之一，其景观随季节而变换，暖季雨热同期，峰体周围云海苍茫，难见神山真面；秋去冬来，晴空一碧，冰清玉洁的白雪布满峰顶，呈现在眼前的是一幅出神入化的画卷，故有"神山"之称。

玛旁雍错：地处普兰县境内，湖面海拔4588米，湖水面积412平方千米，湖水最大深度81.8米，总蓄水量约200亿立方米。它是西藏及乃至我国海拔最高、面积最大、蓄水最多的淡水湖。暖季时，玛旁雍错的风光最好，遇到风和日丽的天气，湖水平滑如镜，雪峰倒映入湖面，在蓝天碧水之间，正反两幅画面难以分辨真假，有"圣湖"之称。高僧玄奘在《大唐西域记》中称为"西天瑶池"的地方，即是玛旁雍错。

纳木那尼峰：海拔7728米，被称为"神女峰"。纳木那尼峰具有我国西喜马拉雅山最大冰川群，围绕峰区的冰川由3条晶莹透明的冰塔林组成，就像一座座童话里的宫殿。纳木那尼峰自1905年英国人汤姆、乔治、朗斯第一次试登后，日本、奥地利等许多国家的登山家们都进行过多次尝试，但均未成功。1985年5月，中日联合登山队的金仗喜、松林公藏等13名队员，才首次沿纳木那尼峰的西北坡扎龙玛龙巴冰川登顶成功。

科迦寺：科迦在藏语中是"定居"之意。科迦寺兴建年份已难以考据，其来历据说是源于噶尔一带擅长铸造佛像的居民，一天把一尊观音像以马车送运，走到孔雀河边。马车突然被石头卡住，不论如何也无法继续前行，于是人们就在车停之处建了一座庙，取名科迦寺。科迦寺门口有一片河滩以及美丽的红色芦苇丛。附近的科迦村是个具有田园风味的小村庄，颇有点世外桃源的感觉。

普兰县还是阿里地区唯一对外通商的口岸，县城有个国际市场。在已有500多年历史的普兰口岸，边民互市的小额贸易较为频繁，而每年八、九月更是旺季。同时，每年还有来自尼泊尔、印度等地的游客通过斜尔瓦村和强拉山口到普兰旅游、经商。

艰　苦

援藏前我是做好了吃苦的准备的。我想我经历过部队野营拉练、演习等艰苦磨炼，去援藏吃点苦算不了什么，何况还是去县城呢？但3月12日到达普兰县城后，面对吃、住、行、娱等方面的艰苦还是没想到。

吃还算好。街上的饭店、饮食店还是挺多的，除了藏餐外，还有大量的汉族人开的餐饮店，以川菜、山西菜、湘菜等为主，选择余地还是蛮多的，只是普遍比内地贵一倍以上。

住的条件属于内地20世纪八九十年代的条件。简单的家具，简陋的陈设，供暖用煤炉，电灯用拉线开关控制，用水得去提，用水缸储水，而且是2～3天才来一次水，每次来水2小时以内。洗澡就难办了，只能上县城不多的2～3家澡堂洗淋浴，是那种烧煤的小锅炉烧的热水。屋内无卫生间，得上公共厕所（旱厕）解决，卫生条件十分恶劣，上个厕所总是怕脚踩上"中招了"。

行还算不差。域内有219国道、县道相连，均系柏油路面。但个人出行仍是很成问题，每天仅有一班车到阿里，行程近400千米，去拉萨两天才一班，行程1200千米，想外出没有汽车是难以出行的。

娱乐那真成问题。县城经常停电，是三天两头的那种，没电很多活动就没办法开展了，何况本身就没什么活动呢？县城里的人们普遍的娱乐方式是上茶馆、水吧（酒吧）、KTV等，也就是喝酒，还是喝啤酒，其他娱乐方式就是打麻将，均不是我喜欢的方式。

高原缺氧对我而言基本可以忽略不计。刚上高原到西宁市时身体没什么反应,只是乘火车进藏在翻越唐古拉山时有点反应,到拉萨适应了两天后,基本就没事了。到普兰后,刚开始不敢过多运动,但适应后,我就开始实行锻炼计划了,我常常一个人到县城西北角一座山爬山。山上就是贤柏林寺遗址,海拔4200米左右,整座山的山腰蜂窝似的布满着窑洞,有古旧的楼台悬空伸出,其上斜挂数条经幡迎风飞舞。一到县城我就注意了那坐山了。刚开始爬时,常会气喘吁吁,爬一小段就要停下休息会儿,也爬不到山顶。但不多久,我就可以比较轻松地爬上山顶了。站在山顶上看普兰县城,真是一览无余,四周被高大的雪山环绕着,体会到了什么是雪山环绕的地方了……我也经常去快步走,穿过县城(名为县城,南北长差不多1千米,东西宽200～300米而已,不及内地一个小镇或大点的社区),到3～4千米外的村庄,来回快步走个7～8千米,也就1小时多点,比在内地慢不了多少。

忙　碌

去的下半年就开始忙碌起来了。经常有人来咨询法律问题,咨询的内容基本是法律援助的范围,比如请求支付劳动报酬、离婚、交通事故等,还受理了房屋租赁合同纠纷、土地使用权行政诉讼、30名农民工请求支付劳动报酬案等32件案件。

为何下半年法律事务会多呢?这与普兰气候有关,普兰一般每年3月后外来人员才会陆续来经商、包工程、旅游或上班(援藏干部),每年的11月份,在大雪来临之际,许多外来人员又都回内地了或回拉萨了。他们上半年刚来,纠纷基本未产生,下半年要走了,要结工资了,一些纠纷就产生,法律事务也就多起来了。

先讲讲土地使用权行政诉讼这个案件吧。原告是某顿珠,被告是普兰县国土局。这个案件原告请了拉萨一名著名的律师代理,被告无律师,县里及司法局就要求我代理。虽然不属于法律援助案件,但我还是接受了代理。但办理过程却十分不易,国土局能提供的审批程序不全。原告申请的土地系县里2001年就批给他,也发了土地证,但却未明确四至。由于那时普兰县还没有国土局,管理土地职能还是由农牧局代管。原告当年是跑旅游的,看好了神山脚下的那块地,用一辆价值60多万元的进口越野车抵给县政府,买下了10000平方米土地,当时那一片还未开发,也没有道路等基础设施。但随着神山圣湖片区旅游的持续发展,那一片土地就发展起来了,有了道路、旅馆等。而原告由于资金出现问题,本来想在那片土地上建酒店却一直未建成。2007年时有人在原告土地的西侧(沿街侧)向县政府审批了一块地,国土局按程序批的,有国土使用权证,四至明确,并建起了一家庭旅馆,生意不错。此时,原告认为国土局批给第三人的土地系其10000平方米的一部分,沿街侧被占了对其土地开发不利,纠纷由此产生。经过政府部门多次调解均未成功,但可以明确的事实有:(1)原告的那片土地还在,面积现在还有13747平方米;(2)第三人的土地系按程序正常审批的,有土地证,四至明确。原告于是起诉国土局,要求:(1)撤销第三人的土地使用证,并返还给原告;(2)要求被告返还原告的10000平方米土地。

原告的这两项诉讼请求,刚开始我总觉得哪里不对。认真研究后,发现原告的请求不属于行政诉讼范围。因为这是普兰法院第一起民告官的案件,县里十分重视,开庭那天派了武警协助执勤,县里的相关部门都来旁听,县电视台来现场报道。合议庭由副院长任审判长,法庭气氛十分庄重、严肃。开庭时,第三人并未出庭,原告代理律师宣读了起诉书后,我就本案的程序问题提出:《行政诉讼法》第五条明确规定,人民法院审理行政案件应对具体行政行为是否合法进行审查。原告请求被告返还出让给第三方的土地使用权,这并不是针对具体行政行为,而是一种民事行为,不属行政诉讼受案事项,应予以驳回。法庭当即休庭,对此进行合议。合议过程一波三折,原告及其家属和代理律师都放出狠话,要求法庭继续审理,要求返还土地,并要求我同意审理,声称如果不同意就让我出不了法院的大门,等等。闹腾了有近5个小时,法院顶住了压力。法庭合议后,还是决定驳回原告起诉,算是圆满完成了代理工作。

另外一起30名日喀则农民工请求支付劳动报酬的案件。这些农民工到神山脚下的喜马拉雅神山酒店打工时,被包工头拖欠了近20万元报酬,已经欠了一年多了,一直未支付。后来他们找到我,申请了法律援助,我是按一人一件来办理的,共30件案件。这个案件拖的时间比较长,最后通过法院调解得到解决,农民工应得的报酬由承建商承担一部分、大包工头承担一部分。我离开西藏后还帮助申请了强制执行,后来听说在2015年3月执行到位了。

慰　问

援藏期间,有一件令我十人感动的事:泉州市律师协会来到阿里普兰县看望慰问我。2014年8月,市律协会长柯秀丽、市司法局刘峥林副调、政治部蔡锦森、市法律援助中心主任张居彪一行四人,不远万里,克服高原反应,带着市律师协会、市司法局及援助中心的深情厚谊,来到普兰县看望慰问,这令我十分感动。同时他们还带来支援普兰县法律援助中心发展的5万元资金。我几次忍着激动的泪水,对他们的到来表示感谢,感谢他们对援藏志愿律师的关心。

感　受

回到泉州温暖的家,常常会想起援藏的经历,想念那里的蓝天、白云、雪山、寺庙、藏民、援藏的同事等。我相信能去援藏的人都是具有一定奉献精神和冒险精神的人。西藏无律师的县还有很多,作为律师去那儿援藏是可以有一番作为的,那里的人们也确实需要律师。

在援藏的一年时间里,我接触到了各种纠纷,如交通事故、拖欠工资、离婚、租赁、刑事案件等,都需要律师介入帮忙,但县里没有一个律师,确实很成问题。

那里的人们法律意识还有待提高。由于西藏基本上全民信仰藏传佛教,人民普遍遵循教义的指引,但对法律的规定却不以为然。比如:那儿的人们骑摩托车多数无牌无证,交警基本不管;正常的市场竞争、优胜劣汰规律可能会行不通;一些法律已经规定的条款会被打折扣等。当然,多数普通民众都十分善良、诚实、讲信用,对说过的话承诺的事不会否认。比如,我办的一起房屋租赁合同案,原告并没有什么证据证明被告拖欠租金了,但开庭时被告自己就承认了,根本不用原告举证。

那里的法律援助需要律师去开展。我服务的普兰县司法局法律援助工作在阿里地区是做得最好的,但与内地比差距还是很大的。我结合在泉州市法律援助中心从事法律援助工作的实际,积极主动地将泉州市法律援助中心规范的法律援助工作移植到普兰县法律援助中心。一是重新制定了法律援助工作流程图,规范法律援助工作流程;二是规范法律援助案件受理、审查、审批程序,规范案件受理登记、归档表,规范法律援助办理程序,并规范法律援助案件卷宗的整理,我整理的 32 份卷宗都留在法律援助中心;三是全面启用司法部援助中心统一的法律援助文书格式;四是规范完善法律援助中心的规章制度,为县法律援助中心制定了相应的规章制度;五是参与设立县法律援助便民服务站接待窗口。我的服务,让普兰县法律援助中心的工作规范提高了一个档次,受到了阿里司法处、区司法厅的肯定。

编者按： 2014年元旦前，司法部、全国律协开展了赴青海、西藏无律师县志愿律师派遣和志愿服务工作。由于该地区气候环境相当恶劣，我省律师的身体素质极难适应。为了积极响应司法部到西部无律师县当志愿律师的号召，为西藏的稳定和发展做贡献，福建建达律师事务所的三名律师自愿报名参加了支援西部的志愿活动，并有幸体检合格，被轮流选派到西藏阿里地区噶尔县提供法律援助服务。三位律师克服了工作条件、生活环境改变等种种困难，圆满完成了一年的援藏任务。

人物档案

姓　　　名：林志钦

性　　　别：男

出生年月：1973年9月

服　务　地：西藏阿里地区噶尔县

在三个月的时间里，接待咨询10余人次，代理了2起诉讼案件，举办两场法治讲座。在援藏期间，还帮助噶尔县法律援助中心建立了一整套完整的从当事人申请到结案的法律援助制度。2015年7月，被中华全国律师协会授予"服务无律师县活动突出贡献奖"。

高原红柳花正开
——西藏阿里行杂记

福建建达律师事务所　林志钦

这时候，阿里的红柳花应该正在盛开着，我的心又回到了阿里。

很多人去过西藏，但大多[去]了拉萨、林芝、日喀则的珠峰大本营就打道回府了。阿里实在太远，据说只有不到[　　　　]去过阿里。

阿里看似不适宜人居[　　　]古格王朝辉煌的文化；它以高寒著名，而又偏偏河流纵横、湖泊密布。它[　　　　]高原生态及神秘的人文景观，构成了一系列高品位、独一无二的旅游资源，[　　　]有的奇观，让人惊叹。国家旅游局2015年公布西藏100个最美观景拍摄点，阿里[　　]个，名列第一，被称为"西藏的西藏""世界屋脊的屋脊"。

非常有幸，在报名参加司法部组织的2014年西藏无律师县志愿者活动后，我被派遣到此生都难以忘却的西藏阿里地区噶尔县。

噶尔县是阿里地区的首府，距离拉萨市1470千米，面积17197平方千米，是西藏最西的边境县之一。数字很枯燥，举例来说吧，从拉萨开车到噶尔，相当于福建从最北往最南往返四次。它虽然只是一个县，却比福建一个省还多5万平方千米，人口却只有10万人。什么叫地广人稀，我算是第一次感受到了。车开在直指蓝天的219国道上100千米见不到一个人，一台车是极为平常的。当你站在阿里几十个海拔5300米的山口，放眼周边数百千米荒无人烟，你才会体会到人在自然面前是多么渺小，但你也会怀疑世界上是不是只剩下你一个人了。

2 来自援藏律师的报告

1月是西藏最冷的季节,3月一路向西,过了日喀则的萨嘎县就到了阿里地区境内,沿路都是大雪纷飞。马佑木拉边境检查站是阿里的第一个边境检查站,那是一个雪窝子,大雪覆盖了所有的一切。汽车在十几米高的雪墙中缓慢前行,公路是靠专门驻扎在那的武警交通部队用铲雪车推出来的,这让我这个从福建来的从来没见过白雪的南方人无比惊叹。走在神山冈仁波齐路段时,大风把雪粒子从路的一边急速地刮到另一边,路两旁的雪与公路平齐,让我看到了平常在夏季和秋季赴阿里旅游的驴友不可能见到的壮观的雪景。

阿里的高寒缺氧倒是没把我难倒,我比较皮实,高原反应不强烈。进藏时是坐着称为天路的青藏铁路的火车去的,拉萨休整了两天后,一路向西是坐越野车去的,海拔的逐步提升让我的身体已经基本能抗拒高原反应带来的不适。头痛、眼痛、恶心、呕吐、拉肚子等常见的高原反应我倒是一直都没有出现过。

缺氧是高海拔必然带来的,这点我无法改变,去之前就听说假如在西藏难受就吸氧的话,很容易引起依赖。我只有尽量减慢语速打电话、降低走路的速度来减少耗氧量。即使是这样,仍旧得喘着粗气、一个一个字地蹦出来给家人报平安。慢慢地,你就适应了缺氧。三个月后结束援藏撤回到拉萨时,我已经能够跑步赶公交车了,等跳上公交车的时候,才恍然大悟,哦,原来我是在高原上跑步追上的。

在噶尔,每次送水车来了,我需要把每天的饮用水提到二楼,一次需要提十桶水才够一个星期用。这样的体力活在平原根本算不了什么,但因为缺氧,在海拔4300米的噶尔却是让我经常感觉到心都快跳到嗓子眼了。记得第一次去法院办案时,爬上五楼后,坐在法官办公室的沙发上喘了足足五分钟的气之后才能开口说话。

抵抗寒冷的办法除了穿羽绒服、大衣之外,在阿里首先需要学会的一项生存技能就是——烧炉子,得先把木条劈成细条,碎煤块准备好,一张报纸撕碎引火,点着后摆放好木条,木条引着后才能逐步加煤块。刚开始我总是要么是报纸烧完还没引着木条,要么是木条加进炉子火就灭了,要么就是木条被煤块压灭了,我们南方人哪生过炉子呢?赶紧向比我早一年来援藏的医生讨教如何生炉子。一番捣腾后,我也终于能很顺利地生着炉子了。看着炉子里烧得通红的煤块,感受着一阵一阵的热浪,-20℃的寒意才逐渐退去。

阿里除了大家都知道的高、寒、缺氧之外,有一点最让我无法适应,那就是干旱。

阿里的极度干旱是让我根本没有预料到的,开始我的口唇一直是干裂的,鼻子干燥出血,早晨起床每天一大块的血块都是拜极度干旱的空气所赐,三个月了还是如此。当然,干旱带来的最大好处是能在噶尔看到中国别的地方都看不到的最纯粹的星空,噶尔海拔4300米,空气稀薄,空气中的杂质和水汽含量低、空气极为通透。正因为如此,国家天文台帮助国际天文学联合会在噶尔建立了亚洲最好的天文观测地点,被称为暗夜公园,是夜间摄影的最佳之选。喜欢拍摄星空的爱好者无不将噶尔的暗夜公园视为圣地。暗夜公园建在离县城30千米的狮泉河大坂上面,光靠徒步、没有交通工具是无法到达的,我一直没有机会上去。

很早就听人说藏民一辈子只洗三次澡,一是出生,二是结婚,三是死亡。到了西藏,发现根本不是这么回事。

咱们福建人的生活习惯是几乎每天都要洗澡,一方面是咱们福建不缺水,二是福州的夏天像火炉一样,谁能度过不洗澡的夏天呢?

可在阿里,你可以不洗澡!你真的可以不洗澡!!你真的完全可以不用洗澡!!!

原因有几个:第一点是阿里寒冷,-20℃算是不太冷的春天,据说冬季极端最低气温-41℃,所有的水都冻成了冰疙瘩,把冰化冻成水难度极大,就别想洗澡了。

第二点是最主要的,阿里干旱,年降水量据统计是73毫米,是什么概念呢?我们福建随便一个地方下一场大雨就是阿里一年的降雨量。之所以我们在福建需要几乎天天洗澡其实最主要的原因是气候温润潮湿,不洗澡身上就黏糊糊的难受得很。在阿里,你一年待下来也不会出一滴汗,哪需要洗澡去除汗臭味呢?

第三点,阿里洗澡必须去专门有烧热水的浴室洗澡,噶尔算是条件比较好的,冬季还有河南人或者四川人开的浴室对外营业,有些地方的浴室冬季干脆关门大吉,老板回到内地过冬季。你根本就找不到一个可以洗澡的地方。

第四点,洗完澡你需要洗衣服吧,这可是一项很艰难的任务了!你得需要把水车送来的宝贵的水烧热,掺一些冷水才能洗衣服,洗外套需要用掉很多水。在阿里你得学会节约节约再节约用水,否则送水车还没来之时,你可能根本就没有一滴水可用了。在洗厚重的外套之前,你还必须考虑到高原反应。在内地你能非常轻松地做完的一件事,在阿里都是困难重重,变成一件几乎不能完成的事。最开始我没有水洗衣服,只能花钱请洗衣店洗衣服,洗衣店是按件收费的。

第五点,平常每天都需要涂保湿霜来保持皮肤不干裂,皮脂被洗掉之后会奇痒无比,好几次晚上,我是被痒醒的,醒过来之后的高原反应又会让你难以入睡,这让人很难受。所以,在阿里半个月洗一次澡算是很频繁的了,在内地我们是无法想象的。

说到阿里的干旱,有人就会问,那阿里肯定十分缺水了。我只好白他一眼,你知道什么叫亚洲水塔吗?阿里可不是因为缺水才干旱的!

阿里是喜马拉雅山脉、冈底斯山脉两大山脉相聚的地方,被称之为"万山之祖"。同时,这里也是雅鲁藏布江、印度河、恒河的发源地,故又称为"百川之源"。阿里真不缺水!狮泉河静静地穿过噶尔县城,化冻后的河水向西奔腾不息,流向印度。

福建森林覆盖率在全国排名靠前,到处都是青山绿树,和福建插一根扁担下去都能长一棵树出来完全不一样,冬天的噶尔,放眼望去,满目苍凉,肃杀而单调,县城周边都是石头土山,山上是一棵树都没有的。在县城东边往革吉县方向十千米处的加木村有一个红柳公园,公园内有成片的红柳树,是阿里最常见的树种。

红柳通常高2~3米,多分枝,枝紫红色或红棕色。红柳耐旱、耐热,尤对沙漠地区的干旱和高温有很强的适应力。红柳为喜光灌木,不耐荫蔽。红柳根系发达,直根深入土中,接地下水,最深者可达三十米。侧根多水平分布,甚广阔,且多细根。根株萌发力强,耐沙埋,沙埋后可于根茎处萌发大量纤细的不定根,枝条亦迅速向上生长。由于这种特性,在沙区往往形成高大的红柳沙堆,成为独特的景观。噶尔藏民家的围墙上,到处都堆着红柳的树根,作为取暖引火之用。

高寒的自然气候,使高原人很容易患风湿病,红柳春天的嫩枝和绿叶是治疗这种顽症的良药,为藏族百姓带来了福祉。因此,藏族老百姓又亲切地称她为"观音柳"和"菩萨树"。

阿里天冷,红柳枝条在5月份才开始萌芽,我离开之前再去了一趟红柳公园,看到红柳才开始零星地开花,很遗憾没有看到噶尔红柳花公园红柳树成片成片红柳花盛开的壮观景象。红柳的花很小,只是一点点的淡红色,一株红柳树的枝条密集地开着数十朵小花。春天红柳火红色的老枝上,发出鹅黄的嫩芽,接着才会长出一片片小小的绿叶,才能给阿里高原带来了一丝暖暖的春意。

初见红柳树时,我被他茂盛的枝条所吸引,也惊叹于它是先开花,后长叶。了解到它有深达30米的根,不禁为它顽强的生命力所折服。

藏区的百姓极为纯朴,更具有顽强的生命力。在援藏期间,我跟随着司法局,为了配合局里建立人民调解员制度,把噶尔县所有乡镇行政村走了一遍,到当地挂牌,为每个村的人民调解员拍照、建卡。

印象最深的一次是昆莎乡的那木如村去找村主任拍照,可村主任已经上山放羊去了,司机普布开着司法局那辆全身都响的老旧越野车,带着我们在冰河的冰面上爬山去找他拍照,车子咆哮着一路艰难地带着四驱像蜗牛一样爬行,最终在一条四面环雪的冰河里陷住了。当时天已经完全黑了,气温急剧下降至-20℃以下。我们赶紧下车,用石头砸开冰面,搬来石块,衣服包上土块垫在车轮下,大家轮流用铁锹挖车。挖了不知道几个小时,终于把车挖出来了。大家都快冻僵了,村主任从山上下来,坐在车后排,借着手机的手电筒的微弱光线,我匆忙地为他拍了一张用来制作调解员的照片。我们喘了口气就急忙往山下赶,一路已经伸手不见五指,回到村里已经是深夜两点,大家都饿得发慌,就着一点方便面和酥油茶解决了一顿难以忘怀的晚餐,那可能是我这辈子最难忘的一顿方便面了。那天要不是藏族司机经验丰富,没有顽强的意志力,在海拔高达5000米的地方是不可能把车挖出来的,我们一车的人就非常危险了。当时,我们都知道挖不出来会怎么样,但谁都没说出来,心里只有一个念头,无论有多难,也一定要把车从冰里面挖出来。

西藏往西还是一条朝圣之路,神山冈仁波齐坐落在阿里地区普兰县境内,是朝圣者心中的明灯,万千佛教徒的精神家园。佛教、印度教、耆那教和苯教都有围绕象征纯洁与仁慈的冈仁波齐转山可以洗去罪孽的传说,是来自不同地方朝圣者最向往的朝圣之地。据说转山一圈,可以消500年的灾,特别是藏历的马年,藏族人认为冈仁波齐属马,因此在马年转山,转一圈等于平常转13圈。所以,每到马年,人们带着属于自己的不同信仰从四面八方来到神山脚下的塔尔钦,满怀崇敬的心情将自己围绕着神山转动起来。

初见神山时,冈仁波齐那金字塔一般的山尖耸立在群山之上,巍峨雄伟,我激动得难以名状,潸然泪下,不由自主地就拜服在它脚下,向它膜拜。之后几次见到它,每次仍莫名的激动。

一圈转山路的海拔高度从4200米到5700米,长度57千米,恰好给户外徒步爱好者带来了很有诱惑力的挑战,来自内地的我,虽然没有宗教信仰,但对神山也是久存景仰。2014年恰逢藏历马年,我用两天完成了一次难以忘却的转山旅程。

许多虔诚的藏族同胞用磕长头的方式丈量了转山路,一路上络绎不绝人流的转动,好像使冈仁波齐这片山地也转动起来。几千年的不停转动,神山已经从四大宗教单纯的教义里抽象为一种符号,它仿佛给人以目标,给短暂的人生赋予了永恒的意义,它使万千人的热情畅流在这信仰的渠道之中,当你匍匐在转山路上艰难前行时,你才会被藏族同胞的信仰所感染。

神山在明媚的阳光下闪耀着一个王者傲立群山的光芒,在皎洁的月光下,像一个慰藉人心的神明高悬在半空中。围绕着冈仁波齐,几大文化的源头都指定了它为承载世界、承载人类精神灵魂的核心之地。冈仁波齐具有多种宗教叠加的神圣,使其放射出五光十色的信仰的光环。

阿里,有风卷浓云的雄浑苍凉,也有明月初升的平缓宁静。

在神秘沧桑的废墟上追古抚今,在寂静无人的暗夜公园仰望星空,你能找回这个星球最初的美好。

下一个马年,我还去阿里。你约吗?

红柳的花正盛开着,还坚守在阿里高原的在藏的兄弟姐妹们安好?我又想你们了。

| 人物档案 |

姓　　　名：陈向伟

性　　　别：男

出生年月：1978年9月

服　务　地：西藏阿里地区噶尔县

在三个月的时间里，代理了2起民事案件，接待并解答法律咨询10余人次。2015年7月，被中华全国律师协会授予"服务无律师县活动突出贡献奖"。

我在阿里的那些日子

福建建达律师事务所　陈向伟

　　2013年底，司法部召开"青海、西藏无律师县法律服务志愿者"活动动员大会，我赴京参加并聆听了吴爱英部长的重要指示和亲切鼓励，当知道自己即将赴号称"世界屋脊的屋脊"的西藏阿里地区噶尔县服务时，我的心情既忐忑又兴奋。我从来没去过西藏，有些担心自己能否适应当地的气候环境，但同时又为自己有幸在地球上离天空最近的地方工作而自豪。

　　2014年6月初，我乘机抵达拉萨，西藏自治区司法厅律师管理处何处长特地到机场来迎接，并为我预订了在拉萨休息的酒店，让我感受到组织的关怀和西藏干部的热情。在拉萨休息适应三天后，我迫不及待地坐上拉萨赴阿里的飞机。一到噶尔，蓝天、白云、雪山、红柳花，美不胜收，我一下子就爱上了这个地方。

　　在噶尔县政府和噶尔县司法局的精心照顾下，我被安排在噶尔县援藏干部楼居住，并在噶尔县政府机关食堂就餐，我的食宿问题得到了妥善的解决。

　　刚到噶尔县，阿里地区司法处田处长、噶尔县县委程文杰书记等就分别代表地区司法行政系统和噶尔县党政机关热情接待了我，并进行工作上的布置和交流。在林志钦律师的陪同下，我拜访了阿里地区司法处、法援中心以及噶尔县司法系统的领导同志以及噶尔县党政机关领导。我与林志钦律师就其手头的工作任务进行了交接。在阿里地区司法处法援中心余永利主任的热情帮助介绍下，我认识了阿里地区在噶尔县的所有律师以及阿里地区中级人民法院和噶尔县人民法院的部分法官。这些准备工作为我下一步开展工作打下了坚实的基础。

　　接下来的三个月时间里，我在噶尔县司法局主要进行了以下几项工作。

接受当事人的委托或噶尔县法律援助中心的指派，为当事人代理案件

　　在噶尔县工作期间，本人代理了两起民事案件，一件是李某诉阿里地区人民医院房屋租赁合同纠纷一案，我和阿里地区司法处法律援助中心余永利主任共同担任阿里地区人民医院一审以及二审的诉讼代理人，撰写了一审的答辩状和代理词以及二审的答辩状。该案一审我方

胜诉,李某不服上诉,在本人离开噶尔县时尚在二审程序中。另一件是蒋华军的机动车交通事故责任纠纷再审一案,本人为蒋华军办理了法律援助手续,为其撰写了民事再审申请书,并向阿里地区中级人民法院提交了再审申请,该案在本人在噶尔工作期间已立案,因案件某诉讼参与人需公告送达,在本人离开噶尔县时法院尚未通知进行调查听证,为圆满完成该案,本人特将此案移交给吴剑萍律师继续办理。

解答人民群众的咨询或代书

在噶尔县工作期间,本人以噶尔县司法局的法律援助办公室或阿里地区司法处法律援助中心为窗口,接待并解答了十余人次的咨询,有道路交通事故纠纷、劳动报酬纠纷、工伤纠纷、婚姻家庭纠纷、继承纠纷、建设工程纠纷、民间借贷纠纷、买卖合同纠纷等多种类型,并免费为有需要的群众代书法律文书,如起诉状、离婚协议书、和解协议等。

接受政府部门的邀请或委托,起草相关法律文件、审核政府采购合同、解答政府机关的咨询、参加相关会议

在噶尔县工作期间,多次受邀参加噶尔县援藏工作组工作座谈会,为县委县政府的工作建言献策,还受邀赴札达县与札达县政法委和司法局展开交流;根据县政府相关部门的要求,起草了《噶尔县排污收费管理办法》等文件,审核了噶尔县旅游集散中心电梯设备采购及安装合同等多件合同,解答了阿里地区财政局、噶尔县环保局、噶尔县发展和改革委员会等多个政府部门的咨询。

帮助噶尔县司法局建立健全法律援助机制,整理文件资料,完善其在社区矫正等方面的工作

在噶尔县工作期间,本人完全把自己当成噶尔县司法局的一分子,与扎西局长、贡布副局长、寇副局长、陈华、石伟等同志打成一片,尽自己所能改进司法局的工作。本人进一步完善了县司法局初创的法律援助相关制度,明确了法律援助的相关手续和文件。在西藏自治区司法厅厅党委书记和厅长于2014年8月视察噶尔县司法局的时候,我有幸参加了噶尔县司法局的工作报告会,并在会上向厅党委书记、厅长等领导同志畅谈了自己的意见和感想。根据厅领导的要求,噶尔县司法局进一步改进了社区矫正工作的档案整理,但在此过程中,本人发现法院以及公安机关在社区矫正相关档案移交手续方面存在缺陷,当即写出书面报告交给扎西局长并转司法处张副处长,张副处长非常重视,邀我当面汇报。

培养司法人才

在噶尔县工作期间,我深深为驻藏干部的奉献精神所感动,同时又直观地发现当地司法人才的严重短缺。我们法律服务志愿者受案范围局限于法律援助案件,而很多当事人的纠纷属

于非法律援助案件,他们一样需要律师,需要法律服务。而阿里地区噶尔县的律师只有两名,根本不能满足噶尔县人民群众对法律服务的需求,而法律服务志愿者服务时间较短,也只能短期缓解这种法律服务的资源不足,解决藏地法律服务的需求的根本办法还是培养藏地当地的司法人才。因此,我鼓励噶尔县司法局具有本科学位的石伟、白玛两名干警报考国家司法考试,并帮石伟购买了司法考试的相关教材,传授了自己当年通过司法考试的心得和经验。

2014年9月初,在噶尔县司法局寇春丽副局长的送别声中,我坐飞机离开了美丽的噶尔。从2014年6月初到达噶尔县到2014年9月初离开噶尔县,三个月时间在人生的长河中很短很短,在我人生的履历中留下的印记却很深很深,每一个中国人都向往西藏,援藏经历将成为我一辈子最珍贵的记忆。我深深感受到了驻藏干部的特别能吃苦、特别能战斗、特别能奉献的精神以及他们崇高的思想境界和对工作对事业的无限热爱、对祖国的无限忠诚,我立志要以他们为我今后工作和学习生活的榜样。短短三个月时间,我能做的太少太少,而阿里给我的收获太多太多,我只希望以我的工作能为阿里、为噶尔的法治进程贡献微薄之力。

人物档案

姓　　名：吴剑萍
性　　别：女
出生年月：1971年3月
服 务 地：西藏阿里地区噶尔县

在半年的时间里,代理了3起法律援助案件,接待并解答法律咨询65余人次,为政府审查合同2份,为群众代书5份,服务期间还协助噶尔县司法局规范社区矫正工作。2015年7月,被中华全国律师协会授予"服务无律师县活动突出贡献奖"。

边　地
——赴藏参加无律师县法律服务随感

福建建达律师事务所　吴剑萍

一

微光透过窗帘缝儿,好一会儿,我才意识到身在何处。

看一下床头的手表,8点半。与内地时差近3个小时。

今天还要再打电话联系下法院,不知那个交通事故的申请再审案件进展怎样呢。接手时,案卷除了再审申请书,就几张证据材料,几乎看不到原审的情况。

这里是西藏阿里地区噶尔县,平均海拔4500米。县城被苍黄的山岭环绕着,县城之外是莽莽荒原,寂寥旷远。从县城到拉萨有1470千米,坐飞机要飞2小时15分钟,坐车要1天1夜。

受司法部、中华全国律师协会的派遣,我和同事三人轮岗到阿里噶尔县担任志愿律师一年。噶尔县没有一位律师。

即使整个阿里地区,面积30.4万平方千米,下辖7个县,也只有三位律师,而且他们分布在两个不同的机构。一是阿里地区法律援助中心,有两位律师,其中一位是驻藏近20年的汉族干部,另一位是80后的藏族女同胞。另一个机构是冈底斯律师事务所,只有一位律师,但他于2014年夏退休了。

我们抵达噶尔县后,协助县司法局成立了法律援助中心,从每天到中心咨询的当事人口中慢慢知道了这里还有一位"肖律师"。

据说,这位"肖律师"在阿里20年了。他曾经是中学老师,因工作调动原因与学校闹翻,辞职不干了。也不知他因什么契机就干起了法律事务,虽然没有律师资格,但以公民代理人的身份干得红红火火,与当地公检法关系不错。曾有一位当事人说,他案子的对方当事人给了肖律师10万元的代理费,不知真假。但这位"肖律师"有个"肖××工作室"就在阿里地区中级人民法院附近。

当事人常常抱怨这里没有律师。对方请走一位律师,自己可选择的机会就不多了。整个地区就三位律师,而且两位都在同一机构。一个案件双方当事人不能请同一个所的律师为代理人,这涉及利益冲突。即使这个问题解决,还要看律师是否有时间冲突,等等。也正因为这样,编外的"肖律师"干得风生水起。

可是社会律师真要在这里设所,也不是那么容易。

一是阿里气候恶劣。海拔高,空气稀薄。阿里地区的空气含氧量四季有别,但说法不一,有说仅有内地平原地区30%到60%左右,这里和拉萨海拔相差近1000米,在这里患肺气肿的病人到拉萨常常不用治疗就自然痊愈。在阿里,白天走路常常不由自主地迈起原来在内地时的步伐,可没走几步,气喘,才意识到这是在4500米的高原,赶忙慢下步子来。夜里睡觉,憋得慌。有几次,迷迷糊糊,却不敢睡去,被那种睡过去就醒不来的恐惧紧紧拽着。2012年夏夜的一天,噶尔县委书记张宇就在睡眠中毫无症状地走了,那年他才44岁,就住在我楼下的一楼宿舍里。有同事曾经半夜缺氧憋醒,起床后坐了一夜,不敢睡去。这里气温低,年平均气温0℃,噶尔县冬季极端最低气温是-41℃,夏季极端最高气温也不过21℃。昼夜温差大,"晚穿棉袄,午穿纱"。风季长达100多天,刮起大风来,虽不飞沙走石,也满身尘土,双眼迷离。来这里以后,最困难的是夜晚,卧室里我要备五样东西:床头的"丹参滴丸"、安眠药、吸氧机的吸气管、床上的电热毯、床尾的加湿器。

二是法律服务市场的需求量是否大到足以保证一个社会律所的生存,是一个疑问。虽然民众总是说律师不够,可打官司的毕竟少数,个人、企业乃至政府是否真正有法律服务的需求?在这些调研数字出来之前,缓解问题的措施要么是成立国办所,由国家财政支持,如冈底斯律师事务所,并以高待遇向社会公开征聘律师人才;要么是向社会公开招聘志愿律师,如我们就基于这样的招募项目来到噶尔。

二

天越来越冷了。

没事的时候,晚上九点,天一擦黑,就把电热毯开关打开,加湿器水填满,吸氧机的管子拉进卧室床头,然后洗洗,窝在床上看书。

离我不到100米的隔壁大院里圈养着两只狼。刚来的头一个月,整夜整夜地失眠,在狼的夜嚎中读书度过漫漫长夜。

坏掉的一扇外窗在风里"哐哐"地拍打着窗框,似乎像听歌的人,拍着掌,应和着风的旋律。

偶尔,一辆大车驶过院外的马路。

夜深了,我听到自己手划过空气的声音,在阴影中停住。

2 来自援藏律师的报告

把炉子点上,舀一锅水搁在炉上,不一会儿水噗噗地烧开了,房间暖和了起来。

这天,地区法援中心通知要我接手一桩故意杀人案,一周后开庭。七天!从没有在这么短的时间内介入案件。马不停蹄,立马到法院复印案卷材料,厚厚的五大本。要赶时间看完案卷,会见当事人,确定辩护方案。

涉案的被告人是藏族青年,迷上彩票,但几乎屡买不中,最后把家里最后一笔交电费的钱也拿去买彩票亏了。他想抢一回把家里的亏空补上。出事那天凌晨,他在路上晃荡伺机寻找对象时看到了路边的失足者,以要服务的名义进入夜店,询价中被识破意图,慌张挣脱中捅死了这位汉族女子。

在深夜的炉火旁翻着一张张的证据材料,包括尸检报告及照片。

冬天来了,大院里的灯亮得越来越少,尤其二楼,有时只有我那间房灯亮着。水泥走廊灯光昏暗,靠墙堆放着烧炉子的煤块。平日天黑上楼要用重重的脚步声给自己壮胆。在这个苍凉的边地小城,孤身一人,自己就是战胜心中边边角角那些魑魅的首领,你强它弱,没日没夜地驯服、反抗,斗争此起彼伏。这样的夜晚,工作的急迫喝退了那些卷土重来的恐惧。

当我合上案卷,准备休息,走进盥洗室,突然看到窗外幽深似海的天空闪烁着晶亮如钻的星星,清冷的童真幻境一下子让我翻过了那些盘旋在脑际的尸检报告、被害人尸体指认照片、满地血迹的作案现场。

今夜可以睡上一个好觉了。

在看守所见到嫌疑人,其实那是个质朴的藏族青年。说着说着,他哭了。他说,他只是想抢钱,被那个女的发现,他想逃跑,那个女的不让他跑,一直拖着他,他害怕了就拿刀捅她,到底捅了几刀,不记得了。他说,知道她死了后,一直为她念经,愿意把在拉萨老家妈妈的房子卖了赔她的家人,不够的话,等出狱后再打工赚钱赔他们。

有时,愚蠢的怯弱会酿成血腥的暴力。

一周后开庭,最后陈述阶段,被告人向法庭提交了用藏文写的忏悔书。

十几天后,故意杀人案一审判决下来了。法庭采纳了我的辩护意见,改变罪名为抢劫罪,因有自首情节和积极赔偿被害人亲属的情形,判被告人死刑,缓期二年执行。

阿里地区一年刑事案件大约七八十件,恶性刑事案件一年不过十起左右,而其中大多是年轻人发生口角引起争斗致死的。像抢劫杀人的,非常少见。走在阿里的街头,不用担心包被抢,东西被偷,安全感远胜内地城市。或许这里海拔高,人稀地广,大家慢慢做事慢慢说话,没内地人那么心急气躁、火烧火燎,纠纷也就相对少了。

据说偏远的藏区还保留着一些传统的解决争议方式。

杨显惠《甘南纪事》里偏远的藏地牧民有他们解决纠纷的方式:因琐事发生争执杀了人,往往由当地德高望重的老者或村委会出面调解。命价按男女老少尊卑者以不同数量的牛计算赔偿受害人家属,一般正当年男性的命价是80头牛,娃娃或是妇女,赔一半,若是杀了僧人或头人,赔更多。若受害人自身有过错,牛数量相应减少。杀人者还必须远离家乡若干年,若违背约定,一旦出现在老家被受害人家属撞见,受害人家属可以同样的方式行使暴力。

三

茫茫荒原，一条一辆车宽的沙土路向天边延伸。远方，雪山在云的游走中变幻莫测。吉普车飞驰在土路上，即便车窗都拉上了，车里还是飞扬着尘土的味道。这是一辆被当地同事戏称，除了喇叭不响，其他都响的噶尔县司法局的警车。

这天，我和局里同事再一次来这里——索麦村。

"索麦"，索取麦子，好有意味的名字，的确这里也是噶尔县昆莎乡所辖的三个行政村中相对水草丰美的村子，离噶尔县100千米左右。1969年，它有个难听的名字：忠东人民公社。幸好10年后又改回"索麦"。索麦村有四组，第一组到第四组，之间距离是30千米。

索麦村整个村庄至今没有电，夜晚是在黑暗中度过。该村现有214户，809人，贫困的35户，其中单身妇女特困户有7户。应届大学生有5名，往届6名，家里有大学生的都基本生活贫困。

两个月前特别走访了其中的低保户强久卓玛家，她一个女人带四个孩子，其中两个孩子还在读书，全家五口人年收入10000元。家就是一间土房，还是村里党员集资盖起来的。土房是漏风的，用稻草塞着洞。

索麦村是半农半牧的村庄，地里种的是青稞，山上跑的是牛羊。这些活都得靠男人，没有男人的家就是贫困的。

通过牵线搭桥，我从福建一所大学——福州大学阳光学院（现已更名"阳光学院"），申请到了一笔助学款，这次我就是专门代表学校和司法局一起来给村里的7个家庭贫困的大学生家庭分送助学款的，顺便捎上一箱牛奶和红牛，委托村委会给强久卓玛家骨折的外甥送去。

四

交通事故那个案件,再审申请阶段经过听证后,中院裁定由噶尔县人民法院再审。

噶尔县法院在庭审前又安排听证,这较民诉法规定的程序又多出一个环节,听证时县检察院安排一位检察官出席监督。我是原告代理人,被告一方的代理人就是那个大名鼎鼎的"肖律师"。他不仅听证迟到,对所有经过原审法院核对过的证据复印件都要求再重新提供原件,明显在刁难原告。这个案子到这次再审,已经有两年多了,历经三个志愿律师,我是第四手。别说原件材料,原审证据材料复印件当事人手上几乎没有,是我阅卷后帮他多留了一份,让他对自己的诉请和依据心中有数,要不一问三不知。这本来是起简单的常规案件,可是用在恢复案卷材料、理清原审诉请依据花了大量时间,包括寻找原审律师案卷,与再审申请书执笔律师长途电话沟通等。几经辗转,我才恢复了案卷中上百页的证据材料和清晰的诉请依据。可是这名"肖律师"还要求原件。既然如此,我对他代理人身份提出质疑:"根据新修改的《民事诉讼法》第五十八条规定,当事人、法定代理人可以委托的诉讼代理人要么是律师、基层法律服务工作者,要么是当事人的近亲属或者工作人员;要么是当事人所在社区、单位以及有关社会团体推荐的公民。请问被告代理人是以何种身份参与到本案诉讼中,是否有向法庭提交相应的证明材料?"

质疑提出,听证就没法进行下去,经办法官请庭长进来救场,我再次重申我的意见。听证中止,择日再进行。

五

这一天,当我走进噶尔县法院大门时,法警拦住了我,要探测器安检。我出示了律师证,他仍然坚持。我说我是律师,你无权对我探测器检查。这时旁边走过来个小头目样的人对法警说,让律师进去吧。

法院大门已经拉起了警戒线,大院内明显地比平日人多。一部大巴运来了统一着装的法官来旁听,据说还有当地人大政协人员。

今天是网上流传颇广的虐杀藏野驴案的公开庭审,媒体已守候在法庭,两部摄像机架在旁听席的前方左右两侧。

我匆匆换上律师袍,这是阿里仅有两件中的一件。我是被告人之一陈洋洋的辩护人。

这个案子由札达县法院审理,札达法院太小了,借用阿里地区行署所在地的噶尔县法院举行庭审活动。公诉方是由阿里地区最精干的检察官组成,其中主控检察官是县副检察长。合议庭的审判长是札达县法院的院长。出庭的证人有参与侦查的公安人员和当地林业局局长。这样一宗媒体关注的案件,庭审程序堪称规范。但最后发表辩护意见时,我提醒法庭:"本案虽引起了社会广泛关注,但希望法庭能秉持司法独立的立场,不受舆论影响,依照罪刑均衡原则,依法做出公正的判决。"

网络上传言被告人陈洋洋是房地产界的大款,是"拉萨唯一一辆法拉利的车主"。事实上,他不过是个小包工头,上有六十多岁的务农的母亲,下有三个年幼的孩子,分别是13岁、8岁、

4岁，妻子无业。他所开的车辆是10万元左右的东风郑州日产锐骐QD80四驱，还是贷款购买。公诉机关的证据也佐证了藏野驴是在被他撞死后被剖腹的，并非社会上所传的活活虐杀藏野驴。

那些不实传言加剧了社会公愤，深受"不杀不足以平民愤"传统思维惯性影响的基层法院极有可能被民愤挟持而作出不利于当事人的判决。网络监督，既有它良性的一面，也存在其负面作用，公正的判决取决于独立的司法机关的理性。

藏野驴虽是国家一级保护动物，但在有些年份，藏野驴数量增多，在草场上逗留觅食，从一块草场转移到另一块，与家畜争夺食物。而且藏野驴不仅吃地面上的草，还刨地面下的根。大群野驴结队奔跑时蹄子对草地的践踏，都直接对荒原上宝贵的草场形成威胁，这也让当地牧民头疼。据说，阿里日土县曾有牧民联名向县人大正式提交《野驴对草场破坏极为严重，请林业局提出草场保护措施》议案，要求控制其数量。有的村庄牧户轮流用摩托车将野驴从村里的草场上驱赶出去。

最后，札达县人民法院以杀害珍贵、濒危野生动物罪判处被告人陈某某有期徒刑三年零六个月，并处罚金八万元；以杀害珍贵、濒危野生动物罪判处被告人李某有期徒刑一年，并处罚金二万元；作案工具依法没收。

六

那个交通事故再审案件，为了当事人的利益，在对方代理人不再刁难的前提下，我放弃了对他身份的质疑。后来再审判决结果，基本达到我当事人的诉求。

七

黄沙飞扬，岁已云暮。

"什么时候撤啊？"大家吃饭见面都会问上这么一句。

夜里已近-20℃了。半夜炉子灭了后，房子如冰窖。

室外已经看不到任何花草，但我刚来时买的两盆仙人柱和仙客来却长得出奇地好，粗犷的仙人柱下长出了嫩草。

要走了，这些新长出的花草谁照料啊？

站在窗前，远山，天空惊心动魄。

隔着厚雪的某个夏天，我还会再来。

PART 2

第二部分　情洒八闽

奉献社会　不忘初心

社会责任高于一切
福建律师服务海西五年大事回顾

来源：福建日报　2008年9月27日

　　律师的职业使命是维护社会的公平与公正，这与承担社会责任有着天然的联系。承担社会责任，已经成为法学界、社会公众对律师的共同期盼。在新修订的《律师法》中，也明确规定了律师应负的社会责任，那么，律师在维护当事人合法权益、维护法律正确实施的同时，究竟应当如何去承担社会责任？

　　2004年以来，全省律师在省、市两级司法行政机关和律师协会的领导下，以邓小平理论和"三个代表"重要思想为指导，全面贯彻落实科学发展观，努力践行社会主义法治理念，紧紧围绕党的十六大提出的"拓展和规范法律服务"总要求，以队伍建设为立足点，以维护司法公正为己任，以加强律师文化建设为重点，以推进律师事业改革发展为动力，在积极服务于构建社会主义和谐社会和服务海峡西岸建设中，用实际行动回答了这个问题。

发挥专业优势　参与海西建设

近年来,海峡西岸经济区建设战略的推进,为福建律师事业展示了更为广阔的前景。为贯彻落实《福建省建设海峡西岸经济区纲要》,充分发挥我省律师业的优势,省司法厅制定出台了《关于律师积极为海峡西岸经济区建设服务的意见》。为我省律师参与海西建设指明了方向,全省各级司法行政机关、律师协会、各律师事务所按照该意见的要求,认真开展为海西建设提供优质高效的法律服务,如:通过参与国有企业、金融、农村各项改革和介入重点项目建设、证券、融资、知识产权等经济领域,积极为建设海西"两个先行区"服务。2004年以来,共办理民事经济等案件26.18万件,办理项目法律论证、重大合同审查等各类非诉讼法律事务5.18万件。

全省各级司法行政机关和广大律师围绕海西建设这篇文章,还积极推动两岸律师业的交流与合作,开展了一些卓有成效的工作。

2005年,省司法厅根据我省地理优势和律师业务特色,在我省律师界,成立了"涉港澳台侨法律专业委员会"。同时,为进一步规范律师办理涉台法律业务,提高律师办理涉台法律业务的质量和水平,省律师协会制定了《律师办理涉台业务指引》,为律师从事涉台法律服务提供了一个很好的规范性的操作文本。

2007年5月15日,省司法厅、省律师协会组织全省律师在各地开展涉台法律服务专项活动,福州市、泉州市、南平市、三明市、龙岩市律师协会,通过举办座谈会、现场咨询会、发放调查问卷等形式,为台企、台胞、台属提供法律服务。希望通过更加有效的形式,进一步扩大海峡两岸及港澳特区律师交流的内容,进一步提升海峡两岸及港澳特区律师合作的层次,为海西建设提供优质、高效的法律服务。2004年以来,全省律师共办理涉台案件1300多件、涉台非诉讼法律事务700多件。

2007年8月30日,在省司法厅的指导下,在各地律师协会的推荐下,我省成立了省台办台商投诉协调中心法律顾问团,10名律师成为首批省级涉台机构为台商提供法律服务的律师。特邀法律顾问的设立,进一步强化了台商、涉台部门和律师之间的联系,确保了为广大台商提供及时、便捷、务实的法律咨询与诉讼服务,切实依法维护台商的合法权益。

维护安定稳定　构建和谐社会

多年来,全省律师以维护社会安定稳定、推进依法治国方略为己任,充分运用自己专业知识,为构建社会主义和谐社会服务。

2005年开始,省司法厅党委经过周密部署,在全省律师界开展了一场轰轰烈烈的法律服务进乡村、进社区、进校园的"三进"活动。几年来,我省律师按照贴近生活、贴近群众、贴近实际、贴近基层的原则,通过与乡村、社区和校园签订法律服务协议,积极为社会提供法律服务,取得了较为明显的社会效益。截至2007年底,全省共有345家律师事务所共进社区530多个,进乡村450多个,进校园340多个,实现了100%律师事务所进社区、50%以上律师事务所进乡村或进校园的"三进"工作目标。

2005年以来,省司法厅、省信访局根据司法部、国家信访局联合召开的电视电话会议精神,及时制定下发了《关于做好律师参与涉法信访工作的意见》,并建立了联席会议制度。全省广大律师积极响应，主动参与，清醒地认识到律师参与涉法信访工作，是维护社会稳定，推进依法行政的一项重要工作，通过律师的接访活动，引导上访群众利用合法、理性的渠道表达自己的利益诉求。据统计，2006年全省参与信访接待律师达1521人次，接待上访群众5641人次，提出法律意见779条，解决涉法纠纷案件778件；2007年全省参与信访接待律师达1800多人次，共接待上访群众2500多人次，调处解决涉法纠纷案件820多件，提出法律意见1900多条。广大律师还通过依法办理刑事案件，做好重大敏感案件和群体性事件的代理，努力实现政治、社会、法律效果的统一。

同时，全省律师还积极参与司法部、省司法厅于2007年开展的"法律服务和法律援助工作为构建和谐社会服务"主题实践活动，为社会和困难群众提供法律帮助，通过几年的努力，为维护我省社会安定稳定，贡献了自己的力量。

积极参政议政　促进依法治省

在全省各级司法行政机关和律师协会的组织推荐下，全省律师运用专业知识，通过担任政府法律顾问、开展以案释法、举办法制讲座和提供法律咨询等方式，积极为政府依法行政和社会依法治理提供法律服务，为增强政府工作人员的法律意识，规范行政执法行为，提高我省依法行政的水平作出了努力。2004年以来，全省律师共担任政府法律顾问3542次，开展义务法律咨询34万多人次。

围绕构建社会主义法律体系的要求，全省律师还积极参与法案起草、修改，努力参与立法活动和国家政治生活，促进市场经济法律体系的成熟完善，推动我国我省的法治进程。以下是我省律师积极介入社会管理的主要形式：

一是积极推动律师参政议政。目前，我省共有69名律师担任省、市、县各级人大代表、政协委员，其中省人大代表2名，省政协常委1名，委员5名，他们活跃在我省各级人大和政协，深入实际，了解社情民意，提出许多有质量的意见和建议，得到各级人大、政协的充分肯定。

二是担任廉政监督员。推荐律师担任审计厅、财政厅、建设厅等省直相关部门的廉政监督员，促进依法行政。

三是参与立法。四年多来，省、市两级律师协会在司法行政部门的指导下，发动律师积极参与立法活动，在促进依法立法中发挥了重要作用，先后参与了《合伙企业法》《反洗钱法》《反垄断法》《律师法》《物权法》《公司法》《妇女权益保护条例》《民事诉讼法修正案》《社会劳动保险法》等的立法征求意见会，并根据省人大法工委的要求，提出了详细的书面意见，得到了我省有关立法机关的肯定。

四是组建法律顾问团。2005年推荐15名资深律师组建了省侨办法律顾问团，2007年推荐10名律师组建省台办台商法律顾问团，推荐了11名律师组建省消费者权益保护委员会法律顾问团，推荐了29名律师组建省无线电管理律师顾问团。

履行法律援助　倾心困难群体

为了更好地开展法律援助工作，贯彻落实司法部开展的"法律服务与法律援助工作为构建社会主义和谐社会服务"主题实践活动，省律师协会组织、协调、指导全省律师积极参与法律援助工作。五年多来,全省广大律师认真履行法律援助义务,在各级法律援助机构的指派下,2005年、2006年两年全省律师共承办法律援助案件9774件,2007年全省共承办法律援助案件13000多件,其中社会律师承办了5300多件,达到全省律师人均1.3件。

未成年人保护篇

五年多来,全省各地司法行政机关、律师协会、律师事务所高度重视未成年人保护工作,并有计划地推动这项工作。据统计,参与未成年人保护的志愿律师已达797人,人数位居全国第一,志愿律师遍布全省90%的地区,在全省初步形成志愿律师网络。福建省的未成年人保护工作被全国律协誉为"福建模式",并在全国进行推广。

2006年5月,福建闽天律师事务所曹卫律师获得"全国未成年人保护特殊贡献律师"荣誉称号,并受到中华全国律师协会的表彰。同年,福建省律师协会未成年人保护专业委员会开通青少年维权公益服务热线,专门接听关于未成年人权益方面的法律咨询,通过热线受理未成年人权益保护案件,为其提供无偿的法律援助。

为了使福建未成年人刑事案件嫌疑人能及时有效地得到法律帮助,福建省未成年人保护志愿律师,还于2007年3月从中华全国律师协会未成年人权益保护委员会和北京青少年法律援助与研究中心引进一项提供资助的未成年人犯罪嫌疑人、被告人的法律援助项目,并且在我省连江县、南平市延平区进行试点工作。同时还邀请公检法相关专业人员在福州市连江县召开了未成年人刑事辩护研讨会,就如何提高律师的有关未成年人犯罪的刑辩技巧进行研讨。该项工作有力地推动了我省律师参与未成年人保护工作。

福建闽天律师事务所、福建方圆统一律师事务所、福建枫桦律师事务所、福建金磊律师事务所4家律师事务所均分别被授予"福建省优秀青少年维权岗"称号,受到共青团省委、省司法厅等14家单位的联合表彰。

农民工维权篇

针对近年来农民工案件逐年增加的现象,在省司法厅的协调、指导下,在省法律援助中心的大力支持下,在厦门市律师协会、省直分会的配合下,我省成立了专门为农民工提供法律援助的维权机构,组建了一支由六百多名律师参加的"农民工法律援助志愿团",并于2007年在福州、厦门成立了两个"农民工维权工作站",专门受理农民工维权工作。

农民工维权工作站律师急农民工所急,对符合援助条件的农民工及时提供法律援助,并对农民工诉讼案件降低援助门槛,扩大援助范围,以最大限度保护农民工的合法权益。同时积极联系有关的部门如劳动监察部门等,引导农民工向工作站提出援助申请,确保困难的农民工能够及时得到法律援助。

工作站还结合本地的各式传媒,做好宣传,扩大影响,让更多的农民工知道工作站能提供的援助。实践证明,工作站的工作取得了较好的成效,农民工有难处就找工作站,在本地具有一定的影响力,也产生了良好的社会效益。

据统计,截至2007年底,福州、厦门两个农民工维权工作站共接待咨询493件共1013人次,工作站提供法律援助 62 件,涉及标的 1350 万元,深受农民工及有关部门的好评。

妇女维权篇

多年来全省女律师把关注妇女的维权工作当作自己一项分内的工作,积极为权益受损害的妇女提供法律援助,帮助妇女提高自我维权的意识和能力,并唤起社会对妇女权益的关注。省律师协会专门设立了"女律师工作委员会"支持女律师的这项工作。

每年的三八妇女节,在省城的女律师总要做一件事,就是赴省女子监狱开展"爱心帮教"活动。此项活动已连续坚持了 9 年,活动中,律师们为省女子监狱的女犯们提供了义务法律咨询,并为各自的帮教对象送上了生活用品。该项活动对服刑人员普及法律知识,促进教育改造起到了积极的作用。

省直女律师长期以来,坚持参加与省妇联联合组织的妇女维权信访工作,她们自发地形成一个规律,每周轮流二名女律师参加省妇联信访接待。2007 年 3 月 8 日,福建省律师协会女律师工作委员会还联系福建省妇联、福建教育电视台联合在福州市正大广场举办了"爱在女人节"大型法律咨询活动。她们就是这样,通过参与"婚姻观察系列活动"、通过参与"反家庭暴力"活动,为广大群众进行义务法律咨询,为女性提供法律服务,唤起全社会对妇女权益问题的关注和支持。

宣传法律知识 开展公益活动

多年来,福建省律师一直热心公益事业,积极回报社会,特别是在捐资助学方面,涌现许多好人好事,取得了很好的社会效益。2002 年,我省律师蒋方斌个人捐资 200 万元,设立了"省律协明媚助学专项基金",专项资助每年考入大学、家庭经济贫困的应届学生。2007 年,蒋方斌律师在明媚助学基金原有 200 万元的基础上,再增资 300 万元,并将每年资助人数由 6 人增加至 10 人。几年来,明媚助学基金资助了近 276 位贫困学生,目前该基金以每月资助生活费方式,帮助了 40 多名贫困大学生完成了四年大学学业。

省律师协会还与上海律师协会共同出资 25 万元,在宁德霞浦建立了"沪闽律师希望小学",目前省律师协会发动全省律师已捐建了 4 所希望小学。正是在这种力量的感召下,我省律师纷纷投入到捐资助学的活动中。2006 年 8 月 23 日,为回馈社会奉献爱心,福建世礼律师事务所决定自 2006 年起每年向西藏自治区米林县的十名贫困大学生捐助人民币 3 万元,连续捐助四年,共计捐助 12 万元人民币。2007 年 11 月 11 日,为鼓励厦门大学嘉庚学院莘莘学子努力学习,重宇合众律师事务所捐资人民币 45 万元,在厦门大学嘉庚法学院设立"崇慧奖学金"。特别是 2008 年 5 月,我国四川汶川地区遭受特大地震,为了帮助灾区人民开展灾后重建,我省律师在各级司法行政机关和律师协会的组织发动下,响应省委的号召开展捐款活动,截止到 2008 年 5 月 22 日,共捐款 150.94 万元,受到了省委、省政府、司法部、中华全国律师协会的肯定。

在法律宣传方面,省律协坚持与省妇联、海峡都市报联合开展每周两次的义务法律咨询和每月一次的"主席接待日"活动,并且每年都在"3·15 消费者权益保护日""5·15 律师法颁布纪念日""9·25 刑事辩护律师义务宣传日""12·8 宪法宣传日"等特殊日子开展义务法律宣传,为传播法制精神,提高公民法制意识,起到了积极作用。

我省律师事业 30 年来发展迅速

来源：福建日报网　2009 年 9 月 22 日

昨日，省律协纪念律师制度恢复重建 30 周年新闻媒体恳谈会在福州举行。记者从现场获悉，30 年来，随着我国法制进程不断向前发展，我省的律师事业也经历了由小到大、由弱到强的历程。

据悉，30 年来，我省律师事业的发展由 1983 年的 67 个法律顾问处、108 名执业律师发展到 2009 年 6 月的 395 个律师事务所，社会律师达到 4012 名，其中专职律师 3711 名、兼职律师 301 名。律师的文化程度也有了很大的提高，至 2009 年 6 月，在我省 4749 名律师队伍中（含公职律师 454 人、公司律师 138 人、法律援助律师 145 人），具有博士学位的有 49 人、硕士学位 608 人、法律本科 3273 人、其他专业本科 483 人、法律专科 265 人、其他专业专科 53 人、专科以下 18 人，具有相当外语水平的 2047 人。

此外，律师事务所的组织形式也由当时的占编律师事务所、非占编律师事务所发展到现在的国资律师事务所、合伙制律师事务所、个人律师事务所并存的多体制执业机构。

福建第一代律师的 30 年

来源：福建日报　2009 年 10 月 23 日

2009 年 10 月 11 日，省律师协会会长办公室，洪波和郑新芝正在进行着一次慎重的总结式回忆。

作为我国律师制度恢复重建后省内的第一代律师，如今年过半百的他们，都是我省乃至全国律师界的佼佼者，洪波是中华全国律师协会副会长、省律师协会会长、党委副书记，郑新芝则是省律师协会党委委员。

"律师制度的发展，是中国法治社会的晴雨表。"两人的许多经历，折射出一个时代为完善民主法治所进行的上下求索。

第一个十年：向海外"对手"学习

"新中国成立初期，我国把律师执业机构称为'法律顾问处'。'文化大革命'期间，全省 14 个'法律顾问处'遭到严重破坏，直到 1979 年底开始恢复重建。"郑新芝介绍，重建后的律师工作机构属行政单位，享受编制内待遇。1980 年 10 月，省编制委员会给全省律师协会、法律顾问处核定的编制是 160 名；而至今年 6 月我省律师总数为（含公职、公司、法援律师）4749 名。

当 1983 年、1984 年郑新芝和洪波前后脚跨进律师队伍的时候，许多人对这一"吃皇粮"的新行当还很陌生。但是，对法律服务的刚性需求已初见端倪。福建是首先实行"特殊政策、灵活措施"的省份，又是侨乡，随着改革开放的深入，大量新型事务需要规范的法律服务，设立经济、侨务等专业性律师事务所迫在眉睫。洪波和郑新芝分别被抽调参与"福建对外经济律师事务所"和"福建华侨律师事务所"的筹建。1984 年 6 月 18 日，经司法部批准，两所成立。

郑新芝在"华所"一待就是 10 年。"华所"办公地点设在省侨联，主要是帮助侨资企业处理法律事务，为归侨侨眷维权。1985 年春节，闽南几个侨眷收到海外寄来的比基尼泳装挂历，这在当时可谓"奇货可居"，他们就翻拍冲洗了几套，在亲朋好友中小范围流传，谁知，竟被司法机关以"流氓罪"逮捕起诉。"华所"和当地共 8 位律师受托担任辩护人，专程赴泉州。但是，他们的无罪辩护并未被法官采信，5 名被告均被判处 1 至 5 年的有期徒刑。二审，尽管律师们再度据理力争，法院仍维持原判。

"那个年代，法制尚未健全，'流氓罪'和'投机倒把罪'一样，是什么都可以往里装的'口袋罪'。"回忆此事，郑新芝百感交集。此案轰动一时，律师们的仗义执言在侨界传为佳话。

"外所"的业务涉及欧美、日韩和港澳等国家和地区。令洪波印象最深的是 20 世纪 80 年代后期的一次，他代表一家知名公司到日本进行商务谈判。"中方只有我 1 名律师，胡子眉毛一把抓；日方却有 3 位律师，分别负责合同、外贸、知识产权三块业务，分工细致；中方的合同，只有薄薄的两三页纸，日方的合同篇幅是我们的 10 倍左右，但凡可能出现的情况，他们都事先约定清楚。"日方律师的专业和严谨让洪波大开眼界,他迅速充实、细化合同文本,扭转被动局面,在谈判桌上为中方争取到尽可能的权益。

向"对手"学习专业精神和先进经验,让律师们的业务素质提升得很快。东百改制、福联重组等重大改革的法律事务,多数由"外所"承担。改革之初的福建,对外经济和侨务工作发展稳健,"两所"功不可没。

第二个十年:扔掉"铁饭碗"大胆"跳海"

1993年底,已是"华所"副主任的郑新芝作出一个大胆的决定:和几个志同道合的伙伴一道,扔掉"铁饭碗",成立全省首批合伙制律师事务所。

从体制内的"国家法律工作者",到体制外接受市场挑选的"社会法律工作者",从旱涝保收的国办所,到自负盈亏的合伙所,这一看似冒险的集体"跳海",郑新芝其实是经过深思熟虑的。

"戴着'红帽子'的律师体制,无法适应社会对法律服务的多元需求。"郑新芝说,早在1983年,我省就试点推出不占国家编制、以特邀律师为主的律师事务所和合作制律师事务所,十年间,律师事务所逐步完成从"包"到"放"。

1993年12月底,司法部律改方案下发,实行"不拿工资、不需编制、自愿组合、自收自支、自我约束、自我发展,从而走向市场,走向体制外"的原则,国办所必须在一定时间内完成改制、分流、补偿、安置等等。

"那时大家都在观望,我召集合伙人算了一笔账,发现我们在华所的创收,已经超过了国家给的工资待遇。"郑新芝判断:"砸碎体制的锁链,获得的将是广阔的世界,而且越早'跳海',就越主动。"郑新芝的话帮同伴跨过心里的"坎",他们当场拍板:"老郑,我们跟着你干!"1994年2月,福建建达律师事务所成立,由16名专职律师和特邀律师组成。合伙制律师事务所的设立,标志着我省律师体制改革迈出关键一步。

与此同时,洪波也在进行着车尔尼雪夫斯基式的追问——怎么办?"失去了体制上的优势,面对并不成熟的市场经济,该如何获得更好的职业机遇?三人即可成一所,小所遍地开花,同质竞争中,如何打出独有的品牌?"摸索中,"外所"1999年完成改制,洪波加盟新世通律师事务所。

此后,我省在短短几年内完成了绝大部分官办、国办律师事务所的转型,律改的深度、效率在全国居前,逐步形成国资律师事务所、合伙制律师事务所、个人律师事务所等多体制执业机构并存的格局。

第三个十年:"社会能见度"日益深广

"松绑"的效益,在此后的十年间慢慢显现。

"国办所原来很少给大家充电,因为花每一笔钱都要层层审批。建达所成立后,我们专门划出一部分培训经费,两年内,光送到北京培训的人员就有5批,效果很好。"郑新芝说,另一个直接的变化是,律师们也有了危机意识,积极寻找业务市场,专业越好,收入越高。

凭借出色的专业能力,洪波和郑新芝迎来了事业上的黄金期。

2000年5月,福州市政府首次聘请律师顾问团,洪波成为顾问团成员之一,开创了政府聘请法律顾问的先河;2005年10月,洪波和其他14名资深律师组建了省侨办法律顾问团;2008年6月,洪波等29名律师组建省无线电管理委员会律师顾问团。

身兼多家政府部门的"法律智囊",从为管理层的决策做参谋,到为部门立法提意见,洪波忙碌并快乐着。2007年,信息产业厅制定一个无线电频率规划,向洪波咨询公共权力的法律问题。他说,这是好现象,意味着中国法治政府、法治经济的步伐在加快。

郑新芝多年来一直是省侨联的义务法律顾问,更是涉侨法律事务专家,2007年被评为中国侨联维护权益先进个人。同时,他长期为省财政系统、国资委等单位提供法律服务,还先后为水口电站、东南汽车、宁德核电、省石化、中石化等大型项目和企业的法律事务"答疑释惑"。

"律师不仅可以用专业知识服务建设,还可以参政议政,推进立法。"郑新芝不仅多次在省人大的立法意见征询会上建言,还参与宁德核电厂规划限制区环保与管理条例的草拟。日前,他参与起草的《福建省节约能源条例》草案第三稿已进入征询意见阶段。

"律师行业的发展,始终和着国家民主法治进程的脉搏在跳动。"他们认为,个体的成功并非偶然,社会越发展,法制越健全,律师对社会生活的介入程度和影响力就越大。1980年,我省律师全年承办各类案件只有591件,其中单一的刑事辩护代理占578件;而30年后,律师可为社会政治经济生活各个领域提供全方位的法律服务,2008年,全省律师担任各类法律顾问11188家,办理各类刑事、民事、行政案件近11.5万件。

中国律师制度恢复了35年,福建律师随着中国法治不断进步的步伐,自2009年至今,又迈过了第七个五年。五年来,在全国律协的指导下,在福建省司法厅党委的领导下,全省律师牢记使命、心系群众、服务社会,以自己的实际行动,向社会展现了我省律师践行社会主义法治理念,勇于担当社会责任的时代风貌;体现了我省律师推进法治中国建设、维护社会公平正义的价值追求;弘扬了扶弱助困,促进社会和谐的职业风尚,为全面建成小康社会和实现中华民族伟大复兴的"中国梦"做出了应有的贡献。

福建律师"七·五"社会责任报告

(2009.6—2014.6)

福建省律师协会

律师是中国特色社会主义法律工作者,应发挥律师在依法维护公民和法人合法权益方面的重要作用。这是党和国家对律师在社会主义民主法治建设中的重要定位和承担社会责任寄予的殷切期望。

为展现福建律师良好的精神风貌,推进律师队伍健康发展,发挥律师维护社会公平正义,推进法治建设的积极作用,福建省律师协会特发布福建律师"七·五"社会责任报告。

一、福建律师行业基本情况

截至2014年6月,福建省共有律师事务所586家,其中合伙所407家,占全省律师事务所的72%;个人所145家,占全省律师事务所的26%;国资所12家,占全省律师事务所的2%。另外,还设有香港特别行政区、台湾地区、美国律师事务所驻福州和厦门代表处10家。律师执业机构数量近五年来以每年平均8%的速度增长。

全省共有律师7787人,其中社会执业律师6360人,法律援助律师175人、公职律师727人、公司律师201人。律师从业人员每年增长速度为12%,与5年前同比增长63%。

二、助推经济发展,服务海西建设

五年来,在福建省司法厅党委的领导下,在各级司法行政机关的监督指导下,省市两级律师协会带领全省广大律师围绕中心,服务大局,引导广大律师践行社会主义核心价值观,切实做到坚定信念,服务为民,忠于法律、维护正义、恪守诚信、爱岗敬业,为福建的经济建设提供优质、高效的法律服务。

(一)整合专业人才,服务重点项目

为更好地服务全省经济发展,引导律师为重点项目建设服务,福建省司法厅制定了服务重点项目建设的实施意见,并于2012年组建海峡西岸经济区律师服务团。下设10个分团,分别由9个设区市和省直律师组成。

五年来,全省律师共为海西建设提供法律服务37060件次,参与调研及座谈16770次。如泉州律协组建"金改区"律师服务团,共提供法律服务3299件次,参与调研和谈判365次,提出法律意见和建议794个,审查合同1660件,服务站点项目91个,参与服务重点项目131人次,参与诉讼、仲裁332件,受到社会各界广泛关注和好评。

厦门市律协创新服务举措,专门组建了由具有丰富税务征收法律服务经验的律师组成的法律顾问团队,先后为轨道交通一号线(思明段)和湖滨南路污水处理一厂片区项目征收工作提供优质法律服务。2012年,负责该项目的厦门市天衡联合律师事务所主任孙卫星律师还被评为"厦门经济特区建设30周年杰出建设者"。

(二)发挥区位优势,对口台商企业

在推进台企法律服务中,厦门市律协组建台商协会法律顾问团,开展律师事务所与台企"一对一"结对子活动,50家律师事务所与50家台企建立"一对一"对口服务。在2014年组建的涉台法律服务律师库中,首期由100名执业10年以上,且政治素质强、业务能力突出,具有丰富涉台法律服务经验的律师组成;漳州、南平市律协成立"台商维权法律顾问团""台联台胞(台商)法律服务团",并充分利用该平台,深入台商投资和涉台经贸集中区域以及台资企业提供法律咨询及宣传服务。

据统计,全省律师担任台企法律顾问达3560家,开展法律咨询及宣传活动达千余场次。

(三)创新服务方式,维护民企权益

我省中小企业的数量、就业人数、社会奉献值均占全省经济总量的2/3左右,但由于中小企业在经营管理中长期以来存在重关系、轻法律,重效益、轻风险的错误观念,使其一旦遇到法律风险,轻则重创,重则一蹶不振。为此福建省司法厅、福建省律师协会积极创新律师服务民营经济方式与途径,研究制定律师助力民企法律服务方案及执行措施,省司法厅、省律协还与省工商联联合出台了律师服务中小企业的方案意见,搭建律师担任民营企业法律顾问平台。

目前在全省已形成了"千所千企"结对服务方式。福建省律师协会省直分会组织律师事务所积极参与省企业家协会、省企业法律工作者协会对企业会员的法律服务及指导工作;泉州律协组建服务民营企业"二次创业"法律服务团;南平党员律师针对闽北小微企业多的情况,制订了有针对性的服务方案,主动深入企业提供法律帮助;莆田律师针对电商从业人员众多,法律意识比较淡薄的特点,提前介入开展法律服务。

现全省担任各类企业法律顾问50685家。仅漳州地区,2013年全市律师担任各类企业法律顾问532家,深入企业开展法律法规宣传74场次,提供法律咨询1521人次,为企业进行法律"体检"25次,举办法治讲座26次,接待法律咨询372人次,发放法律服务联系卡556张。

(四)服务绿色经济,助推生态强省

我省森林覆盖率位居全国第一,自2002年起就在全国率先开展集体林权制度改革试点。鉴于林改涉及法律、政策面广、专业性强、历史情况复杂等因素,林改的过程中不仅问题多,且遇到了不少困难。服务建设绿色生态示范省既是我省山区律师一项重要业务,也是推进和深化我省林权制度改革和林业发展的一支不可忽视的重要力量。

南平、三明、龙岩、宁德的律师不仅参与了所在地区的《林业收储抵押办法》的制定,为解决林农贷款难、林地流转难的问题理顺法律关系,还为农村村集体具体分配家庭承包林地提供指导性法律意见,并通过诉讼代理活动,规范、稳定了林区经管秩序和法律关系。

五年来,我省三明和南平律师共服务于林权争议等各类林业纠纷2610件,为解决长期以来困扰林改和林业发展的一些"老大难"问题,提交了一份满意的答卷。

2014年8月,省律协为此还专门举办了一期林权、林改方面法律服务研讨会,提交涉及林改问题的论文61篇,对解决制约我省林业发展的热点、难点、焦点问题进行了研讨,并进一步将研讨成果与林权、林改政府监管部门对接。

三、多方参政议政,助力法治福建

中国律师作为社会主义法律工作者,是国家法治建设的重要助推者和具体参与者,他们以其特有和敏锐的社会视角、专业水准对法治福建建设建言献策。

(一)发挥专业优势,履行代表职能

五年来,我省律师担任人大代表、政协委员、党代表的数量与2008年的69名相比,增长2.55倍。共有176名律师担任省、市、县各级人大代表、政协委员,有13名律师当选市、县党代

会党代表。

我省律师人大、政协、各党派代表正是以其独特的专业视角、专业思维、专业素质和水平，参与党委、人大、政府、政协的活动，提出的议案、提案、建议中涵盖了社会民生、经济发展、政府管理、行业发展、社情民意等多个领域。五年来，律师人大代表和政协委员累计提交议案和提案324件，为促进我省社会主义民主法治建设做出了积极的贡献。

2012年1月15日，福建省政协十届五次会议召开表彰会议，担任省政协委员的杨新华、金惠敏、涂崇禹律师还被评为"省政协优秀委员"。南平蔡启新律师连续两届被南平市人大评为优秀人大代表。

(二)参与立法修订，规范公共政策

五年多来，我省律师协会积极组织律师参与立法、公共政策或司法解释的起草、论证工作，先后参与了《中华人民共和国刑法修正案》《中华人民共和国刑事诉讼法》等修改草案以及38项地方立法的意见征求、论证等工作。广泛参与了消防、核电保护区、水土保持、节能、文物保护、固体废物污染、环境防治、森林防火、旅游、失业保险等30多部地方立法的制定与修订工作；并承接全国、省市人大立法性研究课题《关于修改完善公司法的议案》《关于修改民事诉讼法建立民事公诉制度的议案》《关于建立对司法解释审查监督机制的建议》《关于统一城乡人身损害赔偿标准的建议案》等。

福建拓维律师事务所多年来承担了福州市多部地方法规的起草工作。福建建达律师事务所受托起草及修订了我省《节能条例》《旅游条例》等工作，以及参与电力、核电、国资资产监管等多部法规条例的修改研讨。律师以其独特的社会视角和严谨的工作态度，受到了有关政府部门和立法机关的肯定和赞扬。

(三)担任政府顾问，服务村镇法治

根据《关于加强法治政府建设的意见》精神，律师已成为法治政府建设、推进依法行政的重要力量。过去五年中，我省律师担任各级政府法律顾问4220家，为各级政府相关部门提供咨询63685次，出具法律意见书683321份。

在推进构建公共法律服务体系建设中，我省律师率先将法律顾问工作深入到乡镇村居。厦门市律协结合村级组织换届选举，遴选了21名政治素质好、执业经验丰富的律师与155个行政村结对子，每1—2名律师挂钩联系一个村，促进依法选举、和谐换届。漳州市律协普遍推行了村村有律师，有事找顾问的村镇律师服务体系。

全省1.05万个行政村聘请律师和基层法律服务者为法律顾问，覆盖率已达74%。

(四)律师送法上门，法律服务"四进"

人民群众期盼和需求在哪里，律师及时服务到哪里。全省律师事务所采取多种形式，积极开展律师法律服务进社区、进学校、进乡村、进企业"四进"活动。目前，全省586家律师事务所中90%与社区、乡村、学校及小微企业"结对子"。

特别是在老、少、边地区的律师在"四进"活动中，交出了一份让社会满意的答卷。

——南平地区共有31家律师事务所与133个社区和42个学校签订了法律服务协议；

——龙岩市每个市直律师事务所挂钩一个司法所、一所学校、一家企业和一家企业基层工会；

——三明、宁德地区坚持周末派10名律师到各社区提供义务法律咨询。

四、构建和谐社会，立足依法疏导

(一)法援扶助送暖，实现司法公平

五年来，全省律师接受各级法律援助中心指派，共办理法律援助案件56512件，其中，刑事案件8688件，民事案件14798件。更重要的是让社会困难群体享有和体会到了司法的公平和国家法律的公正。

此外，全省律师还参与社会公益法律服务项目16013次，由律师或律师事务所提供的免费法律服务案件达到3056件。

五年来，我省有29名律师响应司法部、中华全国律师协会、中国法律援助基金会和中央统战部的号召，积极奔赴西部地区开展"法律援助1+1"活动，为青海、西藏两省(区)无律师县提供志愿法律服务和"同心律师服务团"对口边远山区法律服务活动。2013年我省有五位律师志愿者奔赴西藏日喀则地区和阿里地区的三个无律师县进行义务法律援助，2名民主党派或无党派律师派遣到云南省巧家县，开展律师法律根植西部计划，把法律的公平与正义送到西部群众手中。

(二)深入社会基层，依法化解矛盾

五年来，全省多地均建立了律师接访值班室或实行了律师接访制度，有的律师事务所还深入乡镇建立"律师调解室"参与民间调解工作。

龙岩市律师协会组织124名律师组成农民工维权志愿者，深入厂矿企业开展法律咨询，指导签订劳动合同，帮助解决拖欠工资以及社会保险福利待遇问题，为农民工提供法律帮助，维护农民工合法权益；三明市枫桦律师事务所制定了《律师参与处理突发事件应急预案》，协助当地党委、政府顺利处理了多起劳动安全事故、"医闹"、校园伤害、土地纠纷等突发群体性事件，受到当事人和当地党委、政府部门的高度好评。2011年11月2日，三明市区某工地发生一起3人死亡的严重事故，死者家属聚集上百人，情绪激动，情况紧急。福建枫桦律师事务所接到通知后，立即启动处理突发事件应急预案，指派6名律师，就赔偿事宜与死者家属进行耐心沟通。经过六天六夜艰苦细致的工作，各方最终达成赔偿协议，一场重大纠纷得以化解。

五年来，全省律师通过参与诉讼调解、人民调解、行政调解、行业调解等形式，化解了矛盾纠纷40551起，参加义务法律咨询服务律师达4.5万人次，解答群众法律咨询18.9926万人次，为保障当事人合法权益，维护社会稳定发挥了重要作用。

(三)参与涉法信访，引导理性诉求

全省广大律师积极、主动参与各级政府的涉法信访工作，通过律师的接访活动，引导上访群众以合法、理性的渠道表达自己的利益诉求。五年来，全省律师参与接待涉法信访12472

次,目前,全省已建立省、市、县三级律师参与涉法信访工作体系,9个设区市律师协会和省直分会全部建立涉法信访志愿团。61个县级以上政府信访部门设立了律师接访室,有4951名律师参与接访,仅2013年,全省律师共参与涉法信访值班6315人次,处理涉法信访案件3499件,提出法律意见1324条。

——省律师协会省直分会长期坚持每周三次,每次派1—2名律师到省委、省政府信访办值班。五年来,共610名律师参与,接待信访次数超过3150次,提出工作建议书1984份;

——莆田市律师协会不断完善律师参与涉法信访工作机制,除组织963名律师轮流到信访部门值班外,还在每周一安排一名女律师到市妇联参与信访接访;

——漳州市律师协会共化解社会矛盾2969起,参与突发公共事件应对238起,提出工作建议68件;

——厦门市律师协会独辟蹊径以信访接待推进法治社会建设,参与社会管理,组织律师党员服务市长专线办公室,解答市民关心的涉法问题。

五、热心公益事业,传递律师爱心

热心公益、奉献爱心已成为我省律师的一份承诺,一种责任,一个担当。五年来,全省律师为社会公益赈灾捐款、捐资助学、扶贫济困金额达950万元。

(一)播洒法律阳光,传递法治精神

全省各级律师协会每年都组织了较大规模的法律援助宣传日和法制宣传日等活动,为广大群众提供义务法律咨询;还送法下乡,举办讲座,分发宣传资料,传播法治精神。省直、厦门、漳州、福州、龙岩、莆田等地律师还联合新闻媒体,开设"律师在线"等栏目,通过案例分析、热线答疑等为广大群众解答法律问题,宣传法律知识,满足了社会公众对法律知识日益增长的需求。

五年来,全省律师为社会各界提供法律业务培训和法制讲座7462场次,受众数达逾30万人次。

(二)捐资助学助困,奉献律师爱心

多年来,福建律师始终以热心公益、奉献爱心为己任。

2010年青海玉树地震,全省律师共为灾区捐款38万多元。2012年3月,龙岩市律师协会组织龙岩城区各律师事务所开展向上杭县步云乡枯庐贫困村捐款活动,龙岩市城区各律师事务所共捐款66500元。

除了济贫赈灾捐款外,捐资助学也已成为我省广大律师的一份社会责任。福建至理律师事务所蒋方斌律师个人出资500万元,设立了福建省律师协会明媚助学基金,这是全国首例律师个人出资设立的助学基金。至今,明媚助学基金已资助了百余名优秀大学生。此外,全省有36家律师事务所自发设立了捐资助学的常设性基金,金额达380万元。

六、发挥律协职能,创新公益服务

五年来,省律协充分发挥9个专门委员会和13个专业委员会作用,不断创新社会责任、社会公益的建设活动,引导全省律师以多种形式和方式投入到社会公益活动中来。

(一)律协专委登台,引领专业服务

省律协各专门、专业委员会为省内重大经济建设、法治建设、公益法律服务开设"专家门诊"。为开展未成年人法律保护工作,福建省律师协会专门成立了青少年法律服务的专门委员会。这是我省最大的律师公益机构,共有830名律师志愿者分布全省各地。他们义务受理青少年维权案件,主动开展"普法进校园"活动,在维护妇女儿童等困难群体合法权益方面展现了"小事迹、大关怀"的人文精神,深受社会各界人士的一致好评。

(二)形式丰富多彩,送法温暖人心

各级律师协会积极响应中华全国律师协会和福建省司法厅的号召,积极组织开展面向基层群众与困难群体的涵盖法律、民生的综合服务,开展了《有法大家帮》大型电视活动,组织专家律师通过电视媒体宣传法治;以"发扬传统,坚定信念,执业(法)为民"的主题开展教育实践活动;以一系列的"执业为民送温暖、法律服务献爱心",以及春节前"一对一"帮扶一个城乡特困群体家庭活动;开展"万名党员律师为民服务日"活动;组建"同心律师服务团",组织民主党派律师与贫困地区结对子活动;配合消委会开展"普法宣传迎接'3·15'国际消费者权益日"活动。通过上述一系列公益活动的开展,彰显了我省律师勇于担当社会责任的良好形象。

(三)公益维权并举,法律慈善同行

福建省律师协会积极倡导与支持以律师事务所为依托、建立公益法律服务机构,为困难群体提供及时、周到的法律服务。建立以律师事务所为平台的法律援助领域的"专家门诊",如"律师调解室""青少年维权岗""农民工维权工作站"等。数十家律师事务所成立了农民工法律(援助)(维权)服务站。福建重宇合众律师事务所自2006年11月成立农民工维权工作站以来,共为农民工义务法律咨询493例、受援1071人;举办法律宣讲咨询16次;提供免费法律援助172例、受援240余人,为当事人获得各项赔偿,金额达人民币290余万元。

2011年6月9日,龙岩适中火力发电公司因职工社保金补缴事宜发生纠纷,37名职工集体上访。龙岩市金磊律师事务所农民工法律援助站主任黄家焱组织律师依法疏导,并为37名职工提供法律援助,通过劳动仲裁解决了纠纷。当事人双方都赞其是"捍卫正义、维持公平"的优秀律师。

(四)助推基层法治,扶持青年律师

由于区域经济等发展不平衡,影响了山区律师的法律服务功能的发挥。五年来,省律协设立行业扶持基金和会员扶助基金,专项开展行业扶助工作。2014年初,省律协又通过了《关于促进福建省律师业发展五年规划》,出台了促进行业平衡发展的相关规定和措施,并在2014年

遴选沿海城市50家综合实力强的律师事务所与山区50家县域律师事务所结对子,进行一对一的帮扶与协作,出台了关于对贫困山区律师的会员费减、免或资金扶持等配套措施,扶持经济欠发达的县(市)律师,努力推动县域律师的法律服务适应该地区经济发展和民众对法律服务的需求。同时,省律协还成立青年律师发展扶助基金,制定《福建省青年律师发展扶助基金管理办法》,加强对青年律师培养和扶持,使整体律师行业能稳步健康发展。

结束语:担当社会责任,大爱伴我同行

福建律师是一个情系人民、关心大局、勇担责任、富有爱心的职业群体。在承担社会责任,奉献爱心的五年中,我省律师界涌现了许多的感动社会的优秀律师,获得了党和政府的褒奖、社会各界的赞誉。如:曹卫、翁凡律师获中央文明办、中国文明网"中国好人榜——诚实守信好人"称号;黄家焱、林建两名律师当选为我省2011年"助人为乐模范";林建律师当选为2013年"诚实守信模范",并被授予第二届、第三届福建省道德模范;黄家焱、兰子禄、陈炳玉、佘春香、邱宁江等律师被中华全国律师协会授予"全国保护未成年人特殊贡献律师"称号;2011年12月,黄家焱律师被中央文明办、中国志愿服务基金会、中国文明网、央视网等单位授予"全国优秀志愿者"称号;涂崇禹律师被中华全国总工会、司法部、中华全国律协授予第四届"全国维护职工权益杰出律师"称号,并同时获得"全国五一劳动奖章"。2011年,福建省律师协会荣获中国法律援助基金会、司法部和团中央等五家单位授予的"中国法律援助志愿者行动组织奖";2013年又荣获全国妇女联合会授予的"全国维护妇女儿童权益先进集体"荣誉称号。五年来,各类媒体对我省律师成绩和事迹的宣传报道达3000余篇次。

我们正处在中华民族伟大复兴的征程中,我国的律师业已进入了发展的快车道,广大律师任重而道远。我省律师将以更加饱满的激情,勇于担当的勇气,承担起历史赋予的重任,继续胸怀全局、改革创新、加强建设,坚持把弘扬社会主义核心价值观与担当律师工作的职业使命紧密相连,把促进社会的公平正义作为核心价值追求,以保障人民群众安居乐业为根本目标,为建设平安中国、法治中国再续写浓墨重彩的一笔,为实现中华民族伟大复兴的中国梦做出新贡献。

福建全面持续推进律师法律服务工作

来源：福建日报　2015年10月8日

法治，中华民族发展进步的艰辛探索。

法治，实现国家长治久安的必由之路。

公正是法治的生命线，法律的权威在于实施。对于千千万万普通公民来说，依法治国意味着确保让公民在每一起司法案件中都感受到公平正义，让每一位公民都能平等地享受到公共法律服务。律师作为中国特色社会主义法律工作者，在实现法治公平正义目标和提供公共法律服务的过程中，其地位和作用显而易见。

发挥律师在依法维护公民和法人合法权益方面的重要作用，这是党和国家对律师在社会主义民主法治建设中的重要定位和承担社会责任寄予的殷切期望。

推进公共法律服务体系建设中律师法律服务工作，既是全面推进依法治省的内在要求和重要内容，也是建设法治福建的必要途径和基本方法。

福建律师法律服务工作，为建设机制活、产业优、百姓富、生态美的新福建，为建设法治福建发挥了重要作用。

律师服务进入寻常百姓家
——南平市成立首个律师法律服务志愿者队伍

来源：南平市司法局　2008年9月3日

随着新农村建设的不断推进，基层经济改革进程不断加快，基层政府、民众对法律服务的需求不断加大，其要求越来越高、越来越迫切，原有的法律服务工作者分身乏术，不能及时有效地为各类团体、个人提供法律服务。这种情况不仅不利于基层法律服务工作的开展，也容易导致一些问题不能及时通过法律渠道解决而引发矛盾纠纷，也不利于当地经济的发展。

为全面落实"五五"普法规划，巩固律师法律服务"三进"成果，充分发挥律师职业优势，有效弥补地方政府法律资源不足，更好地服务新农村建设，南平市司法局、南平市律师协会与延平区西芹镇加强沟通协调，协商成立律师服务志愿者队伍，采取律师志愿服务的形式在西芹镇开展法律服务，经过半年多的筹备，8月28日，该项活动在延平区西芹镇正式启动，在市律师协会的引导下，来自市直5个律师事务所的29名律师参加了启动仪式，他们作为律师服务志愿者，将为该镇的新农村建设提供各项无偿的、及时的法律咨询服务。新农村法律服务志愿者行动作为法律服务新农村的新举措，有利于充分发挥法律服务志愿者贴近群众、贴近基层，方便快捷的优势，更好地促进和谐新农村建设。西芹镇也将通过这29名律师，以担任村聘法律顾问及其他的法律服务方式，逐步形成覆盖全镇的法律服务志愿者网络，为新农村建设提供高效的律师法律服务。

康廷键：社区居民的"老娘舅"

来源：福州新闻网　2009年9月20日

　　15年来，他义务为数百个请不起律师的困难群众打官司，为上万市民免费解答各种法律问题，大家亲热地称他为社区居民的"老娘舅"、侨胞的"贴心人"、困难群体的"依法说理人"。

　　他，就是晋安区茶会社区的康廷键律师。近日，康廷键获得"全国侨联系统先进个人"荣誉称号，成为我省唯一以法律工作者身份，在第八次全国归侨侨眷代表大会上获得表彰的先进个人。

社区居民的"老娘舅"

　　昨日上午，记者来到了茶会社区。一听说是来找康律师的，许多依伯、依姆都表示熟悉，称他为社区居民的"老娘舅"。

　　2009年，72岁的庞老伯不胜感激地说："老伴曾因噪音问题想去自杀，幸好康律师帮忙解决了。"事情还得从7年前说起，2002年，章先生带着他17岁的儿子搬进茶会社区。章先生的儿子智力有障碍，时常在房间内制造噪音，影响了楼下的庞老伯夫妇的正常休息。因噪音问题，两家人结成了冤家，吵了5年多。2007年10月到2008年10月，茶会社区对两家人进行了3次调解，但都宣告失败。

　　面对两家人似乎解不开的"死结"，康律师采取了一条换位思考的调解途径，让当事人双方心平气和地坐下来，分清是非。他说："手心手背都是肉，对残疾人，国家有相关的法律法规保障他们的权利，而对于老年人，大家也有保护和照顾的义务，双方要懂得换位思考。"经过康律师连续10多天的上门调解和说服教育，2008年12月4日，两家人终于达成和解协议。

　　"近年来，茶会社区居民小矛盾不出社区就能解决，这多亏了康律师的鼎力相助。"茶会社区居委会主任杨梨香向记者讲述，康律师经常热心参与处理居民之间的民事纠纷和经济纠纷，无偿调解居民之间的矛盾，义务为居民提供法律咨询。

侨胞的"贴心人"

　　从2005年担任福州市侨联法律咨询委员会委员起，康廷键积极参加市、区两级侨联的涉侨法律问题接访与义务法律咨询活动，每年为数十起涉侨法律案件提供免费咨询，赢得了侨胞"贴心人"的评价。

　　港胞严兰芳1984年在王庄购置了一套住宅，由于历史原因，该房屋产权登记在她的一个亲友名下。后来，亲友无中生有编造了"5万元债务"，作为其将房屋产权变更登记回严女士名下的条件。严女士依靠糊纸箔与在香港做的士司机的儿子的微薄供养维持生计，经济困难，一筹莫展。市、区两级侨联与康律师多次调解，为她申请法律援助，由康律师承担法律援助任务，代理严女士诉讼。康廷键认真调查，细致取证，耐心寻访，向法庭提供了无可辩驳的证据，证明了该房产始终由严女士本人居住使用的事实。严女士赢得了诉讼，终于使房屋所有权与土地使用权证书重归自己名下。

困难群体的"依法说理人"

康廷键的好友董敏律师告诉记者，在"时间就是金钱"的律师界，老康每星期三都会抽出一个上午的宝贵时间，到市妇联法律援助站义务为广大市民提供法律咨询服务。

"这个习惯老康已经坚持了10多年了，而按行业内的收费标准，老康的每小时咨询费在400元以上。"董敏佩服地说。

2003年3月，两名女工敲锣打鼓第三次为康廷键送来了金字牌匾，用最质朴的方式表达她们对康律师的感激之情。原来，这两名女工是福州某音乐广场的员工，她们在三年前的一次"洗厕剂伤人"事故中因公受伤。福州某音乐广场不仅不给这两名女工报销一分钱的医药费，而且还拒不执行法院的生效判决。

面对这场被行业人士认为"一场打不赢的官司"，康廷键顶住压力，毫不气馁，经过三年多不屈不挠的依法诉争，终于为这两名女工讨回赔偿金。

福建邱宁江律师受聘担任"法制今报专家顾问团成员"

来源:青少年维权网　2011年10月13日

  2011年9月15日,《法制今报》在福建省平潭综合实验区召开了第一届法制今报论坛暨"舆论监督与新闻侵权"研讨会,全国律师协会未成年人保护专业委员会委员、福建省律师协会未成年人保护专业委员会副主任、福建邱宁江律师事务所律师邱宁江应邀出席了这次会议。这次大会以舆论监督与新闻侵权为主题展开研讨,《法制今报》聘请与会专家担任法制今报专家顾问团成员,组成"法制今报专家智库"。邱宁江律师与其他二十位教授学者、律师同行一同受聘担任"法制今报专家顾问团成员"。

厦门启动"百名律师联百村"

来源：福建日报　2012年6月13日

2012年6月11日，厦门正式启动村级组织换届选举"百名律师联百村"活动，214名律师将与155个建制村结对子，为选举工作提供直接、专业的法律服务。据悉，此举在全省堪称领先。

据了解，该活动旨在充分发挥律师的职能作用，为全市村级组织换届选举提供优质高效的法律服务，保障村民依法行使民主权利和换届选举顺利有序进行。在村级组织换届选举期间，从厦门市律师队伍中遴选214名政治素质好、执业经验丰富的律师定期进驻结对村，为选举过程中涉及的集体资产改制、征地拆迁、劳动争议、婚姻家庭、房屋买卖、环境保护等方面问题提供现场法律服务。此外，还将在村委会设立律师服务点，公布律师服务电话，并建立农村困难群众法律服务"绿色通道"，以方便提供法律援助。

不仅如此，换届选举期间，厦门市还将从市级和区级两个层面，组成村级组织换届选举律师服务团，开展法律宣传、组织法律咨询等活动。其中，5名律师组成市换届办律师服务团，12名律师组成4个村级组织换届选举律师服务指导小组，分别服务集美、海沧、同安、翔安4个行政区。

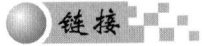

厦门"百名律师联百村"基层维稳

来源：法制日报　2012年11月22日

11月21日，记者从福建省厦门市司法局获悉，在2012年村级组织换届选举中，该市市委组织部、市民政局、市司法局联合开展了"百名律师联百村"活动。全市75家律师事务所共有214名律师深入农村，为基层提供法律咨询459人次、办理法律援助案件33件、协助处理法律纠纷82件，有效维护了基层的和谐稳定。

57名律师助力厦门翔安村(居)换届选举

来源:人民网　2012年9月4日

近日,厦门市翔安区召开了村级组织换届选举"百名律师联百村"座谈会,邀请57名律师深入内厝、新圩两镇30个村,为村(居)换届选举提供法律服务。

目前,翔安区村级组织换届选举已经全面启动,将于10月底前全面完成换届选举任务。57名律师将发挥自身专业优势,深入社区基层与选民沟通,及时解决选民的法律纠纷,通过召开普法宣传会、现场法律咨询、辅导等方式,帮助选民民主选举。同时还将及时为农村群众在就医、就学、就业等民生问题上提供法律服务。

漳州龙文区：一村一律师，点亮基层法制明灯

来源：福建日报　2013年7月11日

龙文区挂村律师为农民工讨回欠薪

龙文区挂村律师帮助解决村民纠纷理赔事宜

　　两年前，漳州市龙文区探索试点"一村一律师"机制，使法律援助工作变被动服务为主动上门，受到基层干部群众的普遍欢迎。"一村一律师"，即聘请一名律师、法律援助中心人员、公证员或政法机关工作者挂村，当群众及村居组织的义务法律顾问，主要解决群众纠纷诉求、一般法律诉求和规范村居组织依法办事行为三大类问题。"一村一律师"的实施，不仅使基层大小矛盾纠纷不出村就得到有效解决，还大大缓解了上级政法部门受理涉法诉讼、涉法调解等工作

压力。2013年,漳州市政法委在群众路线教育实践活动中,总结龙文区经验,推广实施"一村一义务法律顾问"工作,并将之列为"法制惠民十大工程"之一。2013年初以来,全市已有800个村居聘请义务法律顾问。

依法办事我支招

村里参股的菜市场,每年村财从中获得收入10万元。通过挂村律师的帮助,村财收入竟增加了两倍。

这是发生在龙文区步文镇土白村的事。为村民办下这件大好事的是该村挂村律师、福建悦华律师事务所主任曾献猛。

作为漳州东部新城,龙文区近年来发展快速,土白村原村所在地全部拆迁,村民们住进了新村。"新村中心小区由荣昌房地产开发,土白建制村、土白自然村以市场用地入股的形式参与分红。建制村占25%的股份,三方各出人员参与管理。"村支书陆小平说,由于管理人员不专业,市场长期以来处于低级管理状态,效益并不好。

周边城市化进程加快,眼看着别村从各自的农贸市场获利上百万元,不仅土白村两委坐不住、村民们也不答应了。恰逢荣昌菜市场租赁到期,面临重新发包,村两委认为这是一个重要机遇。但是市场原有管理不够规范,村干部又不太懂法律,大家有点束手无策。

"我们就向曾律师咨询,如何更好地改善市场管理、提高经营收益。"陆小平说,曾献猛耐心地听取村两委干部的想法,并按法律程序研究出一整套的方案。

"按照现代企业制度进行改革!"曾献猛大胆提出了设想,并很快在市场股东代表"三方会谈"上得到普遍认可。

"律师分析,原来市场存在资本方直接参与经营管理的许多弊病。同时,原有市场管理带有村办企业的色彩,而三方入股又使管理问题更加突出。因此,股权和经营权分开势在必行。"陆小平告诉记者,这项决议很快在股东大会、村民代表大会上顺利通过。

两权分离,要怎么分?曾献猛积极出谋划策,帮助梳理申报审批、制定股东会章程、制定市场管理规范细则等法律流程。同时,还义务代为起草管理外包协议、合同等法律文书。如今,荣昌市场重新招投标后,已由专业管理公司统一承包经营,建制村村财按股比每年从中获利提高到30万元。

"曾律师还热情参与到规范村级依法行政、推动村务依法公开、保障农村民主等事项中来,使村级干群关系进一步融洽。"村主任林文鑫说,最近新村安置小区新成立业委会,就是曾律师帮助梳理法律程序,确保村民权益。

"到农村去,为农村发展服务,这也是挂村律师的主要职能之一。"龙文区司法局副局长吴聪文说,漳州市鼓励挂村律师服务发展主旋律,为发展现代农业、提高农村生产力水平、繁荣农村经济提供法律服务,促进农村经济组织合法经营、依法管理。同时,为农村民主法制建设服务,提高村干部的法律素质和依法管理农村社会事务的能力,推动农村民主法制建设向更高层次发展。

基层维稳我出力

"大家都别急,一个一个提问,杨律师常年为我们村服务呢!"6月20日,龙文区朝阳镇科坑村村民代表大会上,福建泾渭明律师事务所律师杨向东从村支书林龙木手中接过《义务法律顾问聘任书》。这是杨向东在为科坑村服务两年后,再一次获聘。会后,还举行了一场法律问题咨询会。

"我家有块地要被征用,可是这块地已经租给别人十多年,甚至还被转租出去。承租人要求我按中止合同进行赔偿,怎么办?"一位村民问道。杨向东解答道,这是多方的纠纷,要解决必须要依法、讲证据,比如承租合同是否合法规范就十分重要。

"我的远房亲戚向我借了一笔钱,好几年都赖着不还,怎么办?"一村民问。杨向东分析,亲戚、邻里借钱不打借据这种现象很普遍,这是基于一种农村的朴素信用。在情与法面前,尤其是借款金额较大时,还是要有法律意识,该打的借条要打,免得日后吃亏。

"我的邻居在村口被企业施工车撞了,现在成了植物人要怎么理赔?""政府征地过程中,我们怎么保障自己的合法权益?"……面对村民的踊跃提问,杨向东不仅耐心解答,还一一记录下来,并承诺对一些涉法诉求列出解决时间表。随后,杨向东还就农村现实生活中的常见法律问题作了讲座。

村级的事看似复杂,但只要法制阵线前移了、深入了就不复杂。吴聪文说,目前已有4家律师事务所的29名律师加盟龙文区"一村一义务法律顾问"队伍。通过这项工作实践,政法部门逐渐梳理出群众纠纷诉求、一般法律诉求和规范村居组织依法办事行为三大类问题,并有针对性地进行规律性研究,指导挂村义务法律顾问提高服务效率。

挂村律师还积极维护外来工的工伤理赔、欠薪追讨等权益。最近,龙文区蓝田镇蔡坂村福泰木业公司一名重庆籍职工在工作中不幸被塌木砸中死亡。第二天,死者家属要求追究责任并索赔100万元。企业与家属僵持不下,挂村律师接到通知就赶往村委会参与调处,对事故的责任、性质、理赔标准等一一作了详细说明。4个多小时的解释磨合,最终双方达成和解协议。

福建省涉台律师法律服务实现全覆盖

来源：福建日报　2013年8月26日

记者日前从省律师协会获悉，我省目前共组建17个涉台律师法律服务顾问团，覆盖9个设区市，服务台商范围实现全省覆盖。

据介绍，随着两岸经贸文化交流、合作不断深化，大陆的一些新政策出台对台商的生产经营造成了一定影响，带来了诸如成本增加、用地紧张、劳资矛盾突出等一系列问题，一些涉法涉诉纠纷也随之显现和激化。

省律师协会相关负责人表示，福建律师积极投入台商投诉协调工作，通过福建省台商投诉协调中心的搭桥作用，建立起台商、涉台部门、律师之间的联系，及时、便捷、务实地为台商提供法律咨询与司法诉讼服务。目前17个涉台律师法律服务顾问团的法律顾问均精通法律，熟悉两岸法律事务，大部分都承办过涉台案件，有丰富的工作经验，能进一步依法维护台商的合法权益。

目前，这些律师顾问团共担任629家台企法律顾问，2013年1—7月，共提供涉台法律咨询5851次、办理涉台诉讼案件809件、非诉讼法律事务611件、代理涉台仲裁案件334件。

10名女律师赴屏南开展帮扶活动

来源：福建日报　2013年8月28日

"根据《继承法》，子女都是第一顺序继承人，可依法继承父母遗产。"来自屏南农村的吴女士最近因族人对其继承父母房产有异议而烦恼，向闽天律师事务所陈玉玲律师咨询后，她吃下了"定心丸"。

26日，省律师协会女工委组织陈玉玲等10名资深女律师赴屏南县，开展"第27个全国律师咨询日"活动及对口帮扶活动。据介绍，针对我省欠发达地区律师资源不足这一情况，省律师协会将提供业务指导和经费支持，推动有实力的律师事务所在无律师或律师资源不足地区设立分所，并给予3年会费减免；鼓励有规模的律所通过结对帮扶等方式，对受援地司法局及法律援助机构，提供人员培训、业务指导等服务。

● 链接

女律师赴屏南县开展"全国律师咨询日"活动

8月26日是"全国律师咨询日"。福建省律师协会女工委借"第27个全国律师咨询日"这个特别的日子,与宁德市律师协会联合组织部分女律师和宁德市六家律师事务所主任赴屏南县举办一次公益性法律咨询活动。咨询活动受到当地群众的欢迎,律师们就老百姓提出的医疗保险、婚姻家庭和交通事故赔偿等问题给予耐心的解答。

1980年8月26日,第五届全国人民代表大会常务委员会第15次会议通过《中华人民共和国律师暂行条例》。1986年中华全国律师协会成立后,将这个特别的日子定为"全国律师咨询日",直至2013年8月26日已有27个年头。正值日前司法部下发了《关于加快解决有些地方没有律师和欠发达地区律师资源不足问题的意见》,屏南县又是我省律师资源不足的地区,律师们认为在这个"第27个全国律师咨询日"到屏南县开展公益活动特别有意义。

这是一次律师走进基层、走进民生的活动。活动将促进发达地区律师志愿者会同宁德地区律师,共同解决屏南的律师资源不足的问题,让基层百姓感受法律服务的温暖。省律协并就贯彻落实《关于加快解决有些地方没有律师和欠发达地区律师资源不足问题的意见》的文件精神,制定了工作方案,其中包括成立我省律师法律志愿团,对律师资源不足的地区开展长效的对口帮扶工作;鼓励志愿律师和有条件的律师事务所在资源不足地区设立律师事务所和分所;鼓励有规模的律师事务所以结对子或设立培养基金的方式,在人员、业务培训等方面给予律师资源不足地区以扶持等等。

"法律诊所"进社区　基层群众不再望"法"兴叹

来源：东南网　2014年3月26日

"涉外婚姻要离婚怎么走法律程序？""老板拖欠工资要怎么维权？""就业合同内容不平等怎么办？"……26日上午，宁德蕉南街道东湖社区十分热闹，十多名社区居民听闻社区里新开了个"法律诊所"就来瞧个新鲜，纷纷围在律师身边，大家你一言我一语诉说着各自的"心头病"，希望律师来帮忙"诊断"和"医治"。

"大姐，您遇到这个情况，我建议您先保留一切证据以证明您的所有权，这样财产分割也有依据，法律是讲证据的。"在蕉北街道鹤峰社区"法律诊所"里，值班律师张启华正在耐心地向前来咨询的居民"支招"。

"每周三上午八点半到十一点半我们都会来这里值班，看社区居民有什么法律需求和帮助，这些都是免费的。"张启华介绍，"法律诊所"一方面使得社会律师与基层群众建立了一个固定的联系机制，密切了与基层群众的联系，另一方面，有助于法律知识的传播和普及，增强基层群众的法律意识，而对于有困难的群众，这也是一个解决矛盾、自我维权的良好渠道。

"我们老百姓不懂得法律，现在有这个诊所会方便很多，不用到处找关系也不用求人，感觉现在法律在身边了就有点保障。"一名刚咨询完的大爷说。

据介绍，由宁德市政法委、宁德市司法局等部门牵头开设的两个"法律诊所"，以专人、定时、定点值班等方式，围绕普法、调解、咨询、援助、服务等内容开展工作，同时，由宁德市律师协会、蕉城区司法局指派律师和干部进社区共同坐诊，满足基层群众的法律需求。

当前，两个"法律诊所"试点主要工作为：围绕社区居民关心的法律问题，开展法制宣传；为社区群众提供免费法律咨询服务；参与社区人民调解委员会的调解工作，预防和化解各类矛盾纠纷；为符合条件的社区居民提供法律援助；为社区经济、文化发展的决策提供法律咨询意见等。

居民有免费"私人律师"

来源：福建日报　2014年3月26日

在家门口一对一咨询法律问题，这对于永安市燕南街道的居民来说已不是梦想。25日，记者走进燕南街道南塔社区，正在通过网络咨询法律问题的一名居民高兴地说："我们现在也有免费的'私人律师'了！"

3月初，燕南街道的南塔、龙岭、建南等9个社区居委会与福建建州联兴律师事务所签订了《律师法律进社区协议》。据事务所负责人介绍，该所律师团将以法律顾问的形式积极参与居民纠纷调解、普法宣传、综合治理等工作。居民只需通过电话、网络等方式，不出社区就可享受到免费的专业指导。此外，律师团成员也将定期走进社区，为居民们提供免费的法律服务。

律师进村送法　福建闽荣律所与安溪参山村结对子

来源：东南网　2014年11月22日

律师进村(居)担任法律顾问，闽荣律所与安溪县参内乡参山村结成对子

近日，福建闽荣律师事务所积极响应福建省司法厅、泉州市司法局开展"选派律师进村(居)担任法律顾问制度"的活动，与安溪县参内乡参山村村民委员会结成对子，选派律师担任该村委会的法律顾问，打通了法律服务群众的"最后一千米"。

2014年11月20日下午，在安溪县参内乡司法所所长黄水全的陪同下，安溪县司法局副局长翁财能、福建闽荣律师事务所主任郑奇伟及相关工作人员来到了安溪县参内乡参山村村民委员会。各方人员就"选派律师进村(居)担任法律顾问制度"进行了深入交流，对律师进村(居)担任法律顾问工作的方式、方法进行深入探讨并达成了共识。

会谈结束后，安溪县参内乡参山村村民委员会和福建闽荣律师事务所达成聘请法律顾问协议，并在安溪县司法局副局长翁财能、参内乡司法所所长黄水全等人的共同见证下，签署了《村(居)聘请法律顾问协议书》。随后，安溪县参内乡参山村村民委员会和福建闽荣律师事务所互相颁发了《聘请证书》《法律顾问证书》。

据了解，此次进村居的律师将担任村居组织公益法律顾问，为村居"两委"班子依法管理公共事务提供法律意见，并提供法律义务咨询服务和援助，增强广大基层干部和群众的法律意识，将法治思维和法治方式融入到村内部公共事务管理的各个方面，推进基层群众自治管理，实现民主决策、村务公开、群众监督。同时，也让村民拿起法律武器维护自身的合法权益。

厦门：党员律师让法律服务更亲民

来源：福建日报　2015年1月27日

党的十八届四中全会上通过的《中共中央关于全面推进依法治国若干重大问题的决定》中指出，"必须坚持法治建设为了人民、依靠人民、造福人民、保护人民，以保障人民根本利益为出发点和落脚点。"也正如习近平总书记所说，"让人民群众在每一个司法案件中都能感受到公平正义"，在厦门这座和谐宜居的滨海城市中，一支专业的律师队伍正在为此不懈努力。

厦门现有律师事务所122家，社会执业律师1800人。近年来，在厦门市律师协会党委的积极推动下，全市律师党员队伍不断发展壮大。目前，已建立律师事务所党支部（含联合支部）62个，拥有党员律师637人，占比达35%。党支部数量与律师协会党委刚建立时的22个相比增加了40个，党员人数也增加了501人。在党员律师的带头示范下，厦门市律师队伍在服务民生方面的"正能量"日益彰显。

热心公益　帮助群众渡难关

"我期待的'依法治国'是每一个基层群众都相信法律，愿意依法办事，都敢于运用法律维护自身权利，都能用得起法律。"有网友曾这样表达自己的期许。

在厦门，这个"梦想"触手可及。近年来，在市司法局的领导和市律师协会的指导下，广大党员律师始终秉持用法律回馈社会的理念，通过提供专业高效的法律服务，助力经济社会建设，赢得了社会各界和群众的普遍认可。

律师参加"3·15"国际消费者权益日宣传咨询活动

福建联合信实律师事务所的律师杨式敏,同时也是厦门市劳动争议仲裁委员会的兼职仲裁员。一次,他接到这样的求助:一名原就职于厦门某工厂的女工,其丈夫正在监狱服刑,她自己带着一个8岁的孩子艰难地生活。屋漏偏逢连夜雨,她在工厂操作机台设备时不幸受伤,但该工厂不仅未主动赔付医疗费用,甚至否认该女工受伤系属工伤。杨式敏和同事们对案件进行分析后,主动陪同该名女工前往工厂,先就女工的受伤经过询问了当时在场的工友,并制作了询问笔录,然后他便和同事带着笔录与工厂的厂长谈判。在证据和法律面前,厂长最后主动支付了全额医疗费用以及其他的工伤待遇赔偿。这名女工最终渡过了难关。

"一个老百姓有了困难,社会及时伸出援助之手,给予一些温暖的能量,让他们在黑暗中不再无助,不再迷茫,这正是社会的正能量。"杨式敏坦言,看着别人因为自己的努力而渡过难关,他觉得是最大的幸福。

很多像杨式敏一样热心参与公益的律师们都不约而同表示,"星星之火,可以燎原",通过自己日积月累的努力,相信会有更多的老百姓受益,而这些老百姓又会把自己的所得所想告诉周围的人,一传十,十传百,对法治教育的普及形成了有效的补充。

服务民生　解决难题化纠纷

作为普通老百姓,在生活中、工作中都可能面临各种各样的纠纷,因欠缺专业法律知识、考虑成本费用等问题,当面对这些纠纷手足无措时,少数人可能会采取较极端方式,这不仅无助于解决问题,还可能让矛盾进一步激化。因此,律师义务提供法律服务,不仅能够帮助当事人解决所面临的切身问题,还能为其提供更多的解决思路。

近日,明鼎律师事务所的卢耀东律师就在市信访局接访值班期间,以高度负责的工作态度和细致入微的服务精神为群众排忧解难,获得了当事人的好评。

律师为同安军营村群众解答法律问题

卢律师接待的是一位对一起遗嘱继承案件判决不服前来咨询的陈姓老人。面对因申请再审和抗诉均被驳回而情绪激动的老人,卢律师耐心安抚:"不要急,您慢慢说。"在认真倾听其陈述后,卢律师耐心细致地帮助老人分析了案情,从法律角度解答了疑问,并告知老人申诉的途径,引导其依法、理性地表达诉求。老人对卢律师的解答表示信服,并被他认真服务的态度所感动,甚至还掏出500元钱要表示感谢,被卢律师婉言谢绝。此事也得到了市信访局的高度肯定和表扬。

目前厦门市共有40家律师事务所的600多名律师参与市、区信访接待,信访值班律师在协助政府疏导群众情绪、促成矛盾纠纷妥善解决、维护信访人合法权益方面发挥着重要作用。

为了能实时为群众关心的法律问题进行答疑解惑,市司法局还与广播电台共同开设了律师在线节目。节目开播以来,已播出240期,得到听众一致好评。同时,还打造了市消费者维权律师团和总工会、妇联、残联、共青团、老龄委律师志愿服务团等便民服务载体,为困难群体和困难群众提供便捷高效的法律援助。

普法先行　构建密集服务网

在坚持执业为民理念的指导下,广大党员律师经常利用节假日深入居民小区,了解社情民意,开展法制宣传,耐心答惑解疑。

比如:福建旭丰律师事务所依托潘涂社区老人协会成立潘涂社区"夕阳红"读报学法小组,安排7名律师轮流开展学法辅导讲座,提供经费为老人协会的23名理事每人订阅一份《法制日报》作为学法主要材料,定期向学法小组赠送法律书籍及普法宣传资料;福建明鼎律师事务所针对民间借贷风险频发的实际,组织10名律师向群众发放《民间借贷纠纷解决与风险防范》宣传单,现场接受村民的法律咨询,开展法律援助。

"以前,很多企业没有聘请常年法律顾问,而普通群众也是遇到难题了,才会想起找律师寻求帮助。今后我们要更多地把法律服务提前做,要尽可能地将法律知识普及的触角伸到百姓家门口。"市司法局律师管理处处长康儒才指出,要构建更为完备的法律服务体系,就要把服务网络编织得更密些。

2014年,同安区率先开展了"村村设法律顾问"活动,在同安区司法局的指导协调下,由律师事务所指派律师和村(社区)"绑定",为该村(社区)及村(居)民提供法律服务。截至目前,全市已有239个村(社区)聘请了法律顾问,其中湖里区、海沧区、同安区已实现了全覆盖。2015年,全市还将选出50个村(社区)作为试点,对"村村设法律顾问"工作进一步总结提升,推广经验。

除了服务基层群众,市司法局和市律师协会还积极引导广大党员律师发挥专业优势服务经济社会发展。全市遴选出54家综合实力强的律师事务所,对接服务全市216个重点建设项目,为重点项目提供法律服务412次,法律体检39次,提出法律意见和建议278件;在"百名律师联百村"活动中,共有75家律师事务所的214名律师深入农村基层一线,为基层提供法律咨询1500余人次,办理法律援助136件、出具法律意见书30份;依托全市律师行业"百村、千企、万户三年行"活动,为企业提供法律服务数达到2528次,其中法律体检138次,举办法制讲座157次,提供法律咨询1823人次。

在服务党政机关方面,广大党员律师同样积极参政议政,建言献策。据统计,目前全市有28名律师担任各级人大代表、政协委员,20多家律师事务所的近百名律师先后担任6个行政区、56个政府部门的法律顾问,为共同缔造美丽厦门提供优质高效的法律服务。

侧重公益维权　拟推微信平台

来源：厦门晚报　2015年3月11日

"'消费维权律师团'，对厦门市消保委开展的消费维权工作起了很大的支撑作用，希望能继续延续下去，也希望律师团律师尽最大努力，为厦门消费环境的提升作出更大贡献。"

——市消保委会长连络

一年一度的"3·15"临近，前天，厦门市消保委"消费维权律师团"顺利换届。换届后的律师团不但融入了"新鲜血液"，还计划向我市消费者开通更多的咨询及求助渠道，让更多消费者受益。

在换届大会上，15位具有社会影响力的律师接受了市消保委的聘请，成为第三届厦门市"消费维权律师团"成员，他们将为消费者维权提供公益性的法律咨询和帮助。按照惯例，市消保委将在纪念"3·15"国际消费者权益日宣传活动上，对律师团成员颁发聘书。

记者注意到，这15位成员不乏法律界资深"大腕"和学者。如王平、涂崇禹、曾健、邱兴亮等律师，已经成为所在律所的主任、首席合伙人、合伙人，在业界颇具影响力；游钰则现任厦门大学法学院副教授，在学术上造诣颇深。

据悉，厦门市"消费维权律师团"仍将在以下几方面开展消费者权益保护：一是为消费者提供法律咨询和帮助，市消保委受理的重大疑难投诉案件由律师团协助解决；二是律师团将在大型公益活动中对消费者进行现场咨询服务；三是对消费领域的不平等格式条款或行业惯例进行点评，并通过媒体向社会公布；四是对于严重损害消费者合法权益的具有重大社会影响的典型案件，根据《法律援助条例》等有关法律法规，为经济困难的消费者义务代理诉讼；五是协助市消保委进行公益维权活动，定期或不定期对消费热点、难点问题组织开展研讨、论证；六是在消费者权益保护立法和法律修订等方面进行推动等。

值得一提的是，本届市消保委"消费维权律师团"将利用现代科技手段，方便消费者咨询和求助。换届大会上，律师团成员一致同意利用微信平台，设立微信公众号，方便消费者咨询，而律师团律师及时予以回复。律师团还将对外公布邮箱，消费者可以写邮件，以文字和图片形式向律师团咨询、求助，而以往对外畅通的咨询求助电话，将继续使用。

市消保委会长连络说，"消费维权律师团"对厦门市消保委开展的消费维权工作起了很大的支撑作用，希望能继续延续下去，也希望律师团律师尽最大努力，为厦门消费环境的提升作出更大贡献。

据了解，市消保委于2007年在全国率先成立"消费维权律师团"。当时，这在全国具有开创性意义。

 **链接**

设立微信平台　律师团一致同意

王平：今后,工作力度要加大,设立微信公众号的好处就是可以直接与消费者建立紧密联系,碰到一些涉及群体消费的问题,可以分析具体情况,考虑通过公益诉讼来进行。

陈福猛：律师团微信公众号建立后,哪位律师团律师有时间,都可及时回复消费者的咨询和投诉。有了微信公众号,"消费维权律师团"影响力会更大,甚至可以凝聚更多的维权资源参与公益维权工作。

张志瀚：以案例剖析,举办大型的普法公益讲座等方式,通过微信平台作为端口可以根据报名人数开展活动,普及消费知识,让消费者与经营者进行互动,效果更好。

观点

市消保委"消费维权律师团"骨干成员邱兴亮：
多写一点消费警示　让消费者少吃点亏

过去4年,在帮助消费者公益维权方面,市消保委"消费维权律师团"骨干成员邱兴亮倾注了大量时间和精力。而今,很多市民在公共服务领域获得的权益,与邱兴亮律师的付出有关。

邱兴亮律师善于针对普遍现象或具体个案发表专业严谨的法律意见,从法律层面深入剖析损害消费者合法权益行为的实质,督促经营者整改不公平、不合理的做法,实际效果明显,反响极大。例如,"实名制车票遗失应否补票"的意见,引起厦门火车站的重视,改善管理,有效缓解了火车站与乘客之间的紧绷关系。

邱兴亮长期关注消费维权领域热点、难点问题,与厦门市消保委密切互动,谋划解决之道,期望净化完善行业消费环境。2013年,厦门市消保委与厦门晚报社等部门联合开展的物业服务行业消费调查评议活动,邱兴亮律师担任评议小组成员,全程参与,并投入大量精力,襄助完善了市消保委起草的3万多字的《厦门市物业服务行业消费调查评议情况报告》;2014年,市消保委和厦门晚报社组织开展了厦门市汽车销售行业消费调查评议活动,邱兴亮律师担任评议小组成员,点评汽车消费领域存在的问题,参与撰写了2万多字的《厦门市汽车销售行业消费调查评议情况报告》。

"花费时间很长,收获也很大。"邱兴亮说,他一直很关注公益诉讼和立法,关注消费者整体利益,因为还有很多潜在的消费者可能受到侵害。所以,他建议律师团成员多写一点消费警示,即使个案,也可以类型化,为消费者提供帮助。

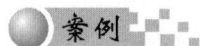 **案例**

燃气钢瓶租金按月结算有维权律师团的功劳

厦门"消费维权律师团"成立8年来,默默无闻地做了很多事。但一说起来,跟厦门市民息息相关,能具体到厨房用的燃气钢瓶,甚至坐火车用的火车票。

市消保委相关负责人说,自2011年3月,第二届律师团律师"走马上任"。律师团律师及时配合市消保委工作人员,对群众反映强烈、问题突出的公共服务领域消费问题,进行深入调查,剖析存在的问题,联合约谈企业,督促其整改。

律师团帮助燃气公司解决了涉及20多万户消费者的燃气钢瓶租金不合理收费问题。燃气瓶租金问题一度成为消费者投诉的热点与难点,主要体现在燃气公司按照物价局的文件规定收取燃气瓶租金的期限是以年为单位计算,消费者未用满一年的燃气瓶而选择要退还钢瓶时,只能按照年租金来付费,燃气公司的此种收费标准引起消费者的不满。

针对以上问题,市消保委工作人员经过与律师团陈福猛、张志瀚两位律师沟通,并进行深入调查,指出从2002年1月1日起燃气钢瓶租金按年收取,收费标准已沿用10年之久。市消保委就此收费标准是否合理的问题与市物价局进行探讨,建议物价局进行调整,市物价局表示,此前的收费标准已经滞后,经过调研于2012年6月份将收费标准修改为按月收取。

针对动车刚开通后,消费者投诉关于在厦门火车站实名购票后,因乘车时车票丢失,出站被要求补全额车票的投诉量大幅攀升问题,市消保委组织律师团全体律师,针对此现象展开研讨,为此召开了两次研讨会。邱兴亮、黄海、陈珂、杨式敏、游钰、周斌律师积极建言献策,为市消保委解决此投诉提供了大量宝贵意见。其中,张志瀚律师针对此现象的点评——《实名制火车票遗失被要求补票合理吗?》得到了好评。市消保委与律师团律师还多次前往火车站进行调查,建议火车站加强管理,缓解矛盾,引起了火车站的高度重视,收到了良好的效果。

此外,还有消费者反映,通过BRT闸机时,因e通卡无法刷卡出站,BRT公司就收取4.5元的全程费用。消费者认为这种收费不合理,由此产生的消费纠纷成为投诉难点。陈福猛律师配合市消保委,约谈BRT场站公司,撰写了点评意见《进得去出不来的困惑》,并针对此类投诉提出了整改方案,当消费者所持的e通卡无法刷卡出站时,BRT公司工作人员先开据收取全程费用的票据,让消费者先通行,而后调查具体原因,此方法方便了消费者,得到消费者认可,此类投诉大幅下降。

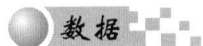

消费维权律师团做了这些工作

1. 点评消费热点难点及侵权案例102条

市消保委联合市工商局12315指挥中心,通过媒体向社会广泛征集我市服务领域中存在的侵害消费者合法权益的不平等格式条款,收到消费者反映的涉及餐饮、电信、广电、保险、金融等服务领域的消费问题、不平等格式条款、行业惯例、潜规则共90条。市消保委通过汇总整理了其中具有代表性的23条交由律师团邱兴亮、黄海、陈珂、张志瀚、陈福猛、杨式敏律师进行点评。

此外,律师团成员还点评四个年度的十大消费典型案例;针对39条消费热点、难点问题,组织律师进行点评。以上总计点评消费热点难点及侵权案例102条。

2. 挽回消费者损失60多万元

2011年4月，该律师团就设立了律师接访日，至今共接待来访消费者82人次，解决疑难案件31件，为消费者挽回经济损失60多万元。

比如，消费者姜先生持有的国际借记卡在境外被盗刷14672.21元，律师团邱兴亮、涂崇禹两位律师详细了解事情经过，并提供了专业法律意见，最终为消费者挽回全部经济损失。

3.现场调解疑难投诉案件43起

消费者倪先生的重要信件（内含护照、签证、银行证明等）在寄送过程中因邮局工作不当导致丢失，倪先生要求邮局按实际损失进行赔偿，邮局表示只能承诺按邮费三倍赔偿。律师团黄海、何晓明律师参与协助调解，提供专业法律意见，最终使市邮政局承诺积极配合倪先生为重新办理相关证件提供证明，最大限度协助倪先生为其挽回损失。

又如智能手机上网流量激增原因不明案例。消费者龙先生因其智能手机上网流量激增原因不明要求移动公司查明原因，并赔偿其损失。邱兴亮、杨式敏律师协助参与调解，耐心向双方提出处理意见，最后移动公司退还消费者因不明原因上网流量激增产生的全部费用。

厦门市消保委第三届律师团成员简介

王平 主任律师（团长）：

现任福建联合信实律师事务所合伙人、主任，兼任厦门市政协常委、市人大内务司法委咨询委员会委员、厦门市律师协会副会长、厦门市仲裁员协会副会长。

涂崇禹 主任律师（副团长）：

现任福建重宇合众律师事务所首席合伙人，兼任民革市委副主委、省政协委员、市人大代表、全国律协宪法人权专委会委员、省青法协副会长、省劳动法学研究会副会长、省宪法学研究会常务理事、厦大法学院硕导等。

游钰 博士（副团长）：

现任厦门大学法学院副教授，福建联合信实律师事务所律师、兼任中国法学会经济法学研究会理事、福建省法学会经济法学研究会秘书长、厦门大学法律硕士教育中心副主任、福建省普法讲师团成员。

邱兴亮 合伙人：

现任福建联合信实律师事务所合伙人，兼任福建省律协理事、厦门市律协理事、民建厦门市委法律研究会会长、厦门仲裁委员会仲裁员。

张光辉 合伙人：

现任福建联合信实律师事务所合伙人、公司证券法律事务部主任，兼任厦门证券业协会调解委员会委员、"中国市场主体维权铸信联合行动919阳光律师团"成员。

杨式敏 律师：

现任福建联合信实律师事务所律师，兼任厦门市劳动争议仲裁委员会兼职仲裁员，参与众多劳动争议案件代理、仲裁工作。

曾健 合伙人：

现任福建重宇合众律师事务所合伙人、执行主任，兼任福建省律师协会涉港澳台侨专业委员会委员、厦门市律师协会惩戒委员会委员、厦门市律师协会劳动法专业委员会委员、厦门市劳动争议仲裁委兼裁员。

黄海 律师：

现任福建重宇合众律师事务所副主任、合伙人，兼任厦门市律师协会"政府法律顾问"专业委员会成员，厦门市集美区劳动争议仲裁院仲裁员。执业以来，办理大量民商事纠纷案件和非诉讼法律事务。

陈福猛 律师：

现任福建重宇合众律师事务所执业律师、副主任，兼任厦门市总工会职工维权志愿者志愿律师、福建省律师协会劳动与社会保障法律专业委员会委员、厦门市律师协会刑事专业委员会委员。

陈珂 合伙人：

现任福建天衡联合律师事务所合伙人。

张志瀚 合伙人：

现任上海锦天城（厦门）律师事务所合伙人。

陈柳茵 律师：

现任福建联合信实律师事务所律师。

韩雪明 律师：

现任福建联合信实律师事务所律师。

薛江华 律师：

现任福建重宇合众律师事务所律师、助理主任。

陈贝雯 律师：

现任福建重宇合众律师事务所律师。

厦门市海沧区"一村(社区)一律师"将法律服务送到家

来源:福建长安网 2015年4月30日

"几年前写的借条还能起诉吗?""房产过户给继子后还能反悔吗?"这是海沧区开展"一村(社区)一律师"活动的一幕,律师走进社区后,居民们纷纷提问,律师一一解答。

"一村(社区)一律师"是海沧区2014年底推出的一项惠民活动,旨在为基层群众提供零距离的法律服务,及时化解矛盾,满足广大群众的法律需求。以前,一些农村(社区)法律服务资源相对匮乏,给居民维权带来不便。针对这一实际情况,海沧区司法局以群众法律需求为出发点,探索创新"点菜下单"式的法律服务,采取政府购买服务的形式,为全区38个村(社区)聘请执业律师,实现"一村(社区)一律师"工作全面覆盖。

律师担任村(社区)法律顾问后,会定期到村(社区)提供"坐诊"服务,为群众免费解决法律难题、调处民事纠纷,同时,针对一些行动不便的老人和残疾人,提供上门服务,为时间不便的群众提供预约服务,让群众在家门口就能享受到优质、便捷、贴心的法律服务,切实打通公共法律服务的"最后一千米"。

据了解,海沧区"一村(社区)一律师"活动开展以来,为群众提供法律咨询282人次,举办法治讲座4场次,协助处理重大敏感和群体性案件4件,协助处理信访问题2起,调解矛盾纠纷24起,协助处理法律问题9件,为村(社区)重大经济、民生和社会管理方面的决策提供法律意见22条,处理其他涉法事务11件,这些律师真正成为村居治理的"法律管家",民众身边的"法律明星"。

福州市鼓楼区推进律师公益普法
实现律师进社区全覆盖

来源:福州日报　2015年9月28日

2015年"六五"普法期间,鼓楼区利用辖区律师资源优势,大力推进普法社会化,在全省率先策划开展"律师志愿者进社区"活动,开展法制讲座、法律咨询等形式的"律师进社区"普法活动共3523场。

据了解,2012年初,鼓楼区司法局制定了律师进社区活动实施方案,并启动试点,抽调25名具有丰富从业经验和良好信誉的执业律师定期轮流进驻辖区各社区,开展法制宣传和解答法律咨询。

2014年底,在试点经验基础上,活动在鼓楼区69个社区全面铺开,各社区都设置了"律师志愿者进社区工作台",每个社区每周都有定点挂钩的律师志愿者提供半天时间的公益法律服务,实现了律师进社区的全覆盖。

律师志愿者队伍逐渐壮大,目前共有16家区属律师事务所的49名律师志愿者参加活动。律师服务社区突出以下四项服务:开展社区法制宣传活动;为社区居民提供法律咨询解答等公益法律服务;协助社区调解民间纠纷,引导社区居民依法行使权利,理性表达诉求;为社区居民委员会依法决策、依法管理提供法律意见。

鼓楼区司法局相关负责人表示,"律师志愿者进社区"活动为律师成为法律传播者搭建起良好平台。2015年1月24日,定点服务金牛山社区的福建创祥律师事务所律师陈建青、陈江等人受邀参加"温暖城市——金牛山社区微公益行动",现场对居民群众提出的遗产分割、买卖合同、收养继承、拆迁纠纷等法律问题进行解答,积极满足群众法律需求;3月2日,利用社区"4点钟学校",定点服务开元社区的福建豪诚律师事务所律师林愉在社区举办"传递爱心,放飞梦想"法律讲座,为社区少年儿童讲解未成年人保护法、交通安全等法律常识,引导少年儿童学法、用法、守法,提高自我保护意识。

邵武：法治讲堂进社区　提升群众法律意识

来源：南平长安网　2015年10月8日

9月30日下午，邵武市昭阳司法所组织辖区内的载云桥、三公桥等五个社区开展法治讲堂进社区活动，此次的讲座是昭阳各社区法律诊所服务群众的系列活动之一。

活动现场五个社区共同的法律顾问陈永忠律师为社区的干部、群众带来一场主题为"民间借贷与百姓生活"的法律讲座，讲座中陈律师就民间借贷的法律渊源、法律常识以及如何在日常生活中避免民间借贷纠纷等问题进行了详细的阐述，同时在讲座之后现场解答了群众提出的各种法律问题。

2015年6月昭阳街道各社区法律诊所正式运营以来，诊所通过"坐诊""会诊""巡诊"等多种方式为社区居民提供了专业的法律服务。

本次法治讲堂活动之后，各社区法律诊所还会根据本社区的特点问题，有针对性地开展法律咨询、法律宣传以及矛盾纠纷调解等多种形式的活动，让法律知识布满社区居民生活的每一个角落，逐渐形成学法、懂法、守法、用法的良好法治氛围。

厦门思明区为每个社区聘请法律顾问
接上法律服务"最后一千米"

来源：福建日报　2016年2月2日

社区法律顾问现场解答法律问题

日前，厦门市思明区居民小李的手机上弹出"思明社区顾问"公众号的一条提醒信息：律师服务早知道——思明区社区法律顾问第二十五期活动安排。他看着熟悉的字眼，会心一笑，把早已准备好的疑问又温习了一遍。

细心的群众会发现，近半年时间里，思明区各社区居委会办公点门口，陆续多了一块牌子，上面写着律师的名字以及值班时间。原来，在厦门市司法局一年多来的试点工作并积极推动下，2015年6月，思明区利用辖区律师人才优势，率先在全市建立规范化的"一栋（社区）一法律顾问"制度，甄选并签约了10家律师事务所，由其中34名专业律师每月定期到全区98个社区"坐诊"，居民遇到法律问题时，社区的法律顾问会通过"望闻问切"，为群众在家门口解决各类法律问题。

思明区司法局局长韩少闽表示，"社区运用法治方式自治管理，群众通过法律手段维权"的模式如今已在思明区全面铺开，法律顾问进社区，直接对群众日常工作生活中的法律问题进行有针对性的解答，有利于深入推进基层民主法治建设，切实解决好联系服务群众"最后一千米"的问题。

在基层化解矛盾

因楼下用户造成厨房油烟问题始终得不到解决,梧村街道刘女士苦恼不已。在咨询了本社区的法律顾问、福建凌一律师事务所的张志红后,根据建议,她决定运用法律手段维权。"不出社区就可以享受到法律服务,这种感觉真好。"刘女士开心地说。

从土地产权纠纷、土地补偿款合理使用,到居民的物业纠纷、合同纠纷、损害赔偿、劳资纠纷等,只要群众有需求,社区法律顾问都会用心提出专业的法律咨询意见,帮助他们妥善解决矛盾纠纷。

有时候,律师们也会通过对经济困难且需要法律帮助的群众给予及时的法律援助指引,更好地解决打官司难的问题。而对于突发事件、疑难案件及群体性案件,法律顾问也几乎是随叫随到,及时参与案件的处理,并提出专业的法律意见。

思明区梧村街道某小区的居民、物业公司与开发商之间因业主委员会成立事宜长期存在分歧。2015年8月,三方再次因意见不一致引发矛盾纠纷。当事人情绪激动,谁也不肯让步,业主大会筹备事宜一度陷入僵局。得知这一情况,司法所、社区居委会立即邀请社区法律顾问到现场就相关法律问题给予解释并提供意见,协助开展人民调解工作。顾问律师耐心为当事人提供了法律咨询,细致分析了各方法律关系和诉求,引导当事人摆正心态,理智维权,依法表达合理诉求,通过合法程序实现社区自治。社区法律顾问指导筹备工作圆满顺利开展,并为投票选举程序提供了律师见证。12月18日,业主委员会的投票结果公示。业主、物业与开发商均表示将依法妥善处理分歧,共同维护小区的和谐安定。

"通过司法所与律师事务所的配合,由法律顾问以专业建议将矛盾化解在基层,不但可以减少群众的经济成本,也有利于邻里修复关系。"梧村街道司法所所长林福旺说。

为了把法律顾问的工作做好,律师们常常也会创新手段,更好地为群众服务。北京盈科(厦门)律师事务所的律师卢玉琼,目前担任莲前街道前埔南社区和前埔北社区等4个社区的法律顾问。除了每月按要求下社区值班两个半天,当面为社区居民提供多人次的法律咨询外,卢玉琼还契合互联网时代的发展,加入前埔南社区建立的"前埔南有你更安全"的微信群,通过微信平台为多位居民提供法律服务。

培育居民法治意识

多年来,厦门积极构筑人民调解平台,倡导多元化纠纷解决机制,打造品牌化调解工作室,力争将矛盾消灭在萌芽中。2015年5月,全国首个促进多元化纠纷解决机制建设的地方性法规——《厦门经济特区多元化纠纷解决机制促进条例》,正式实施,《条例》的实施,有助于发挥人民调解维护社会稳定"第一道防线"作用。

然而,厦门在探索中进一步发现,调解工作要能够顺利开展,不仅要靠调解员与当事人说情理,还常常需要专业律师从法律角度说服群众。

律师事务所执业律师定期到社区坐班的模式,为社区工作人员开展调解工作提供了强有力的法律后盾。对此,莲前街道的专职调解员宁可深有感触:"有了律师顾问后,情与法的结合,让社区调解工作开展得更为顺利。"

除了接受日常的咨询,法律顾问也会定期配合辖区司法所开展法制宣传、提供法律援助、参与人民调解,让群众在享受优质法律服务过程中,增强法律意识,培养法治思维,引导群众通过合法途径表达利益诉求,从源头上预防和化解矛盾纠纷,更好地维护合法权益。

据了解,为了提升社区工作人员的法律知识水平,厦门市各级司法部门还定期开展相关培训,针对如何依法、合理开展社区工作等问题,以实际案例为例进行教学。"有一次,一位群众拿着法院判决书来申请社区调解员再加上一条调解条件,正好前几天培训中学到'对法院的判决结果,不得再通过调解进行更改',我活学活用、及时转达,当事人也表示了理解。"莲前街道莲顺社区书记陈晓霞说。

碰到纠纷　先找驻村律师"问诊"

来源：厦门日报—厦门网　2016年6月13日

平安大篷车走进新圩社区

村民领到平安知识宣传物品，喜笑颜开

法律咨询进农户

杨金龙的坚持,源于新圩人对建设平安家园的参与,而北京盈科(厦门)律师事务所的郑冠杰作为驻村公益律师走进农家,则是新圩乃至平安厦门法治建设推进的又一个亮点。

2015年12月,郑冠杰在新圩镇政府以及新圩司法所的牵头下,成为新圩社区、马塘村、上宅村、面前埔村4个村居的驻村律师,每月至少3次,从岛内出发,开车1个小时到村庄"义诊",为村民们无偿提供法律咨询,化解矛盾纠纷。

除了每月不定时驻村,郑冠杰每次出差到翔安,还会顺道去村子里走一圈,看看有没有村民需要帮助的。就在上个月,一名马塘村的村民来"问诊":"别人找我借了钱,但没写借条,怎么办?"郑冠杰翻出法规答疑解惑,担心村民还有疑惑,还留了电话:"随时给我电话"。

"村民知道我周末不上班,比较有时间,就经常打来。"郑冠杰告诉记者,尽管村民的咨询越来越多,甚至周末时间也成了"义诊"时间。不过他说,这是好事,之前不少村民解决矛盾纠纷的方式,经常是吵架,甚至用拳头说话。如今,咨询的人多了,说明村民法治意识在提高,通过法律手段解决矛盾纠纷的案例在增多。

矛盾纠纷在减少,群众安全感在提升。据新圩镇综治副书记陈火育介绍,从5月份开始,镇综治办在全镇范围内评选"综治平安家庭",至今,已经有3200多户家庭获评。"家庭是社会的最基本单元,家庭平安和谐了,社会才会更稳定,平安建设需要人人参与,希望在今后,新圩有更多的家庭,成为综治平安家庭。"陈火育表示。

村民众说平安

林福海:"我是在新圩土生土长的老居民,2016年63岁,要给新圩派出所点赞。居民遇到什么问题,他们很快就会赶来现场,不仅说话客气,办事效率也高。"

黄丙良:"我是新圩浦尾下村人,经营一家干果批发店,新圩这几年发展很快,商户越来越多,但我从未遇到过小偷小摸的现象,商户之间关系都很不错,平时有事情也会相互沟通讨论,一起想办法解决问题。"

定分止争　助力和谐

省总工会请律师坐"班"

来源：福建日报　2009年4月21日

"企业改制后，员工利益有何保障？"17日上午，一名职工打电话到省困难职工帮扶中心咨询，坐"班"律师小郭当即给出答复。小郭是福建重宇合众律师事务所一名律师，也是省困难职工帮扶中心的一名志愿律师。

据省总工会法律部负责人孙勤介绍，省困难职工帮扶中心成立1年多来，全省职工来电、来信、来访人次达数万，其中很多都涉及法律方面的问题。这当中有不少是属于劳动法律关系之外的案件，省总工会法律部难以提供支持。为更好地做好职工维权工作，2009年初，省总工会与重宇合众律师事务所达成合作意向：由事务所派出志愿律师，每周一到周五上午坐"班"省困难职工帮扶中心，义务接待来电、来信、来访的职工，帮助他们解决实际困难。

据悉，除派出志愿律师坐"班"外，重宇合众律师事务所还将与省总工会合作，定期组织专项法制宣传和义务法律咨询活动，举办职工维权讲座、维权寻访等活动，并根据省总工会的安排，办理符合法律援助的案件。对于不符合法律援助条件的案件，该所也将酌情减免律师服务收费。

医患纠纷起波澜　律师介入促和谐

来源：三明市司法局　2009年7月17日

6月27日，三明市第一医院一名刚出生的婴儿死亡，引发了重大医患纠纷。婴儿死亡后其亲属情绪激烈，聚众到医院门口摆花圈，放鞭炮，围攻医院医生。一名医生为躲避患者家属围攻从五楼跳楼逃走。该事件在社会上造成了强烈影响，全国各大媒体高度关注。三明市委、市政府极为重视。市委副书记、政法委书记亲自接访死者家属。市律协会长黄宝成带领张健超、陈光兴律师参与接访死者家属。在接访中，律师耐心细致地做死者亲属思想工作，晓之以理，动之以情，喻之以法，引导他们走法律渠道解决问题。死者亲属开始时态度强硬，无意寻求法律解决，通过律师的耐心劝导。死者家属终于被感化，同意律师提出的调解方案，与医院达成了和解协议。最终，该纠纷得到顺利解决，一起突发重大医患纠纷被平息，社会稳定得到了维护。市领导对该事件的顺利解决非常满意，并高度赞扬了律师的敬业精神、专业素质和协调能力。

福建省首个律师调解工作室成立

来源：福建日报 2013年5月3日

近日，宇凡律师调解工作室在福清挂牌成立。调解工作室由福清市司法局玉屏司法所与福建宇凡律师事务所联手打造，是福建省第一个律师调解工作室。

工作室职责是了解社情民意，掌握纠纷动态，定期向设立地管理部门提供矛盾纠纷动态分析报告，受理法律援助申请，开展法律维权服务工作等。

泉州成立市消委会律师团
10位公益律师助力市民维权

来源：东南早报 2014年3月14日

昨日，泉州市消费者权益保护委员会律师团正式成立。新《消费者权益保护法》实施后，赋予了消委会公益诉讼的权利，为消费者发生群体消费事件时"出头"。今后，遇到重大、群体性消费问题时，公益律师们将为市民提供法律意见。

"消费纠纷五花八门，要准确厘清法律关系、认定法律责任，没有专业人士的帮忙往往困难重重。"泉州市工商局工作人员表示。另外，新《消费者权益保护法》规定，对侵害众多消费者合法权益的行为，中国消费者协会以及在省、自治区、直辖市设立的消费者协会，可以向人民法院提起诉讼。为保障市民合法权益，泉州市消委会在泉州市工商局、泉州市律师协会支持下，组建了泉州市消费者权益保护委员会律师团。

据悉，首届律师团由10名律师组成。其中，吴声钧是市工商局公职律师，万海龙、刘娟是泉州早报法律顾问团成员律师。这些律师均具有5年以上执业经验，既有热心公益、经验丰富的执业律师，也有朝气蓬勃、奋发向上的工商公职律师。

律师团的成立将为泉州市消费维权工作提供有力的法律支持。今后，这些公益律师不仅将义务开展有关消费者权益保护法律咨询宣传，活动还将参与重大疑难投诉案件的调查和调解，对重大消费事件做出及时反应并以律师团名义发表观点、提供法律意见。同时，也将为符合法律援助条件的消费者提供法律援助。此外，这些公益律师还将参与消委会与有关部门及行业组织的协商对话，对消费维权领域的热点、难点问题进行讨论研究等其他相关工作。

"律师团的成立仅仅是个开始，"泉州市工商局陈开基局长说，"今后我们将动员更多的执业律师参与到消费维权的公益活动中，共同把泉州消费维权工作做实做好。"

莆田组建反家暴公益律师团由18名律师组成

来源：福建日报 2014年6月13日

在莆田市法院的推动下，莆田市近日组建一支由18名律师组成的反家暴公益律师团。

当有关家暴的案件发生后，反家暴公益律师团将对符合条件的受害人提供法律援助；对经济确有困难又达不到法律援助条件的受害人，酌情减少或免收法律服务费用。公益律师团律师还将定期开展反家暴方面的专门业务技能培训。

福建律师促矛盾化解 成社会稳定器

来源：海峡都市报 2015年10月9日

  不久前，福建出现了一名"律师村官"——阙勇刚。2014年，他以非公职人员身份挂职明溪县雪峰镇城西村第一书记，成为全省律师界出任村支书第一人。他以法治方式解决问题，化解矛盾，以法律制度治理村庄，使法治观念逐步深入村民心中。

  "律师村官"的事迹，是福建律师助力法治福建建设的一个缩影。随着社会经济的发展，各种社会矛盾和纠纷也随之增多。近年来，福建律师这个群体，除了做好本职工作外，还投入大量精力来承担社会责任，及时化解大大小小各类矛盾纠纷，息访息诉，使不同个体的利益诉求得以表达，成了社会的稳定器。近3年来，福建全省有1.49万人次律师参与处置1.38万件信访案件，接待信访群众6.23万人次。全省律师通过非诉讼调解、庭前调解、庭审中调解等形式，化解了矛盾纠纷2.86万起；此外，还有2.87万人次律师参加义务法律咨询活动，接待群众法律咨询12.07万人次，为维护社会和谐稳定发挥了重要作用。

律师担任村（社区）法律顾问，助推基层民主法治建设

依法治村 "律师村官"定分止争

  2014年4月，明溪县委县政府经研究，决定安排53岁的阙勇刚到雪峰镇城西村挂职党支部第一书记。

阙勇刚是福建归化律师事务所主任,从事律师工作二十余年,法律业务精熟,但没有什么基层工作经验。而农村的事错综复杂,每个人的利益相互交织,如何处理好村里大大小小的事,让大家心服口服呢?阙勇刚提出:解决村里最疑难的事,要公开透明,一切事情都要按照法律规定办。

刚到村任职,城西村龙井上新农村建设安居房项目推进遇到困难。阙勇刚立即到村民家中走访,发现部分村民不支持的原因是对该项目有疑惑:"征地项目合同我们看不大明白,哪里知道能分到多大的住房啊?"

对此,阙勇刚立马拍胸脯保证:"我是律师,我一定能够公平公正依法办好这事,请大伙放心,肯定会维护大伙的合法权益。"

稳定了村民的情绪后,阙勇刚立即和县领导、镇领导沟通协调,召开村民代表会议,组织招标代理人、村干部、村民安居房建设项目理财小组的人员进行工作落实;明确各方的权利义务关系,并按照法律规定制定了标准的协议书和招标方案;明确了土地物权归属村民小组,项目建设由村民小组监督建设单位,建设资金由村委会监督,把该项目建设纳入法治轨道。最终,解决了372套安居房的分配问题。

原先不支持安居房项目的村民也对安置方案表示满意,大伙相信这位律师书记办事公正可靠。

征地的事历来在村里都是大事,要取得大部分村民的支持,是件很不容易的事。但阙勇刚用他所坚持的法治精神处理问题,还真做到了,让村民们心服口服。

律师帮助群众解决法律难题,服务经济社会发展

2014年5月,城西村5组村民的一块晒谷坪被纳入城市规划范围,阙勇刚组织村民召开村民大会,听取他们的意见,并将县里的补偿政策传达给村民。村民曾定珍提出,等楼房建起来时需要留有作为村民活动室的房屋,要不然村民会有意见。由于此项规划没有设计多余的房屋,不能满足村民的要求。阙勇刚带着村主任一边挨家挨户地走访了解情况,一边将村民的意见如实向县规划部门反映。经过几番与规划部门的协商,最后,双方以签订具有法律效力的协议书的方式,约定了"可以将大楼裙楼的一楼作为5组村民的活动室",问题得到了完美解决。

村委换届选举,是2015年城西村的头等大事。村民们希望,换届选举能公正公平,不要再出现以前拉票、搞小动作的情况。

为搞好换届选举工作,2015年6月底开始,阙勇刚在历时一个多月的选举过程中,大力宣传《选举法》。他常对参与竞选的干部说:"暗地里贿选、拉票、威胁他人投票是破坏《选举法》的行为,是要负刑事责任的。"为防止舞弊,阙勇刚对选举的每一个程序和细节都进行了把关、查验,避免贿选、拉票等现象的发生,确保选举的公平公正。

积极接访　引导群众依法维权

阙勇刚用自己所学的法律知识和热忱化解平息社会矛盾纠纷,在我省律师界堪称典范,类似的典型还有很多。

为了更好地化解民间矛盾,近年来,全省各设区市均建立了律师接访值班室或实行了律师接访制度,有的律师事务所还深入乡镇建立"律师调解室"参与民间调解工作。

三明市枫桦律师事务所制定了《律师参与处理突发事件应急预案》,协助当地党委、政府顺利处理了多起劳动安全事故、"医闹"、校园伤害、土地纠纷等突发群体性事件,受到当事人和当地党委、政府部门的高度好评。

2011年11月2日,三明市区某工地发生一起3人死亡的严重事故,死者家属聚集上百人,大家情绪激动,现场情况紧急。枫桦律师事务所接到通知后,立即启动处理突发事件应急预案,指派6名律师,赶赴死者家属驻地,就赔偿事宜与死者家属进行耐心沟通。经过六天六夜艰苦细致的工作,各方最终达成赔偿协议,一场重大纠纷得以化解。

随着社会经济的发展,各种社会矛盾和纠纷也随之增多。矛盾纠纷不怕多,怕的是处理不当,民众的利益诉求无法通过理性渠道得以表达。福建律师勇于承担责任,积极、主动参与各级政府的涉法信访工作,引导上访群众依法理性表达自己的利益诉求。目前,全省已建立省、市、县三级律师参与涉法信访工作体系,9个设区市律师协会和省直分会全部建立涉法信访志愿团,61个县级以上政府信访部门设立了律师接访室。

福建律师参与涉法信访、维护稳定的例子有很多。例如,省律师协会省直分会长期坚持每周三次,每次派1-2名律师到省委、省政府信访局值班。五年来,共有610名律师参与,接待信访次数超过3150次,提出工作建议书1984份;莆田市律师协会不断完善律师参与涉法信访工作机制,除组织963名律师轮流到信访部门值班外,还在每周一安排一名女律师到市妇联参与信访接访;漳州市律师共化解社会矛盾2969起,参与突发公共事件应对238起,提出工作建议68件;厦门市律师协会独辟蹊径以信访接待推进法治社会建设,参与社会管理,组织党员律师服务市长专线办公室,解答市民关心的涉法问题。

建言献策　推动福建法治进程

律师作为社会主义法律工作者,是国家法治建设的重要助推者和具体参与者,他们以其特有和敏锐的社会视角、专业水准对法治福建建设建言献策。

全省有48名律师担任各级人大代表,123名律师担任各级政协委员,他们发挥律师专业优势,认真履行代表委员职责,反映社情民意,积极建言献策,提出议案和提案。他们以其独特的专业视角,参与党委、人大、政府、政协的活动,提出的议案、提案、建议中涵盖了社会民生、经济发展、政府管理、行业发展、社情民意等多个领域。

近年来,福建省律师协会积极组织律师参与立法、公共政策或司法解释的起草、论证工作,先后参与了68项法律和地方性法规、规范性文件的制定与修订工作,积极助力法治福建建设;参与了《中华人民共和国刑法修正案》《中华人民共和国刑事诉讼法》等修改草案以及38项地方立法的意见征求、论证等工作;参与了消防、核电保护区、水土保持、节能、文物保护、固体废物污染、环境防治、森林防火、旅游、失业保险等30多部地方立法的制定与修订工作;承接全国、省市人大立法性研究课题,有《关于修改完善公司法的议案》《关于修改民事诉讼法建立民事公诉制度的议案》等。

如今,律师已成为各级政府不可或缺的好帮手。过去五年中,我省律师担任各级政府法律顾问4220家,为各级政府相关部门提供咨询63685次,出具法律意见书683321份。在推进构建公共法律服务体系建设中,我省积极选派律师进村(社区)担任法律顾问,全省有5016个行政村(社区)聘请律师为法律顾问。

龙海建立律师参与诉前调解工作制度

来源:福建日报 2015年11月16日

2015年11月10日,龙海市法院与市司法局联合出台《律师参与调解和信访化解工作制度》,决定在全县建立律师参与诉前调解和涉法涉诉信访化解工作制度,这是完善多元化矛盾纠纷解决机制的又一条渠道。目前已有3名律师自愿报名加入"公益服务律师库"。

根据这一规定,执业律师根据自愿原则参与诉前调解、代理和化解涉法涉诉信访案件,实行"一案一律师"服务模式:在信访室设"公益服务律师库",案件当事人或信访人可自行选择自己信任的律师为其提供免费的法律服务;在诉讼服务中心设"律师调解工作室",开展诉前调解。

厦门警方首建维权"律师团"
公职律师自愿无偿当顾问

来源：厦门日报·厦门网 2016年3月7日

2月26日上午，在市公安局督察支队维权法律顾问聘任会现场，8位律师手捧聘书笑容满面，这是我市警方首次聘任维权法律顾问。

维权"律师团"履行五项工作职责

厦门网－厦门日报讯（文/蔡东庆、张玲玲 图/郑燕足、朱利军）为认真贯彻落实公安部、省公安厅关于公安机关保障民警依法履行职务的重要举措,市公安局首次提出聘任维权法律顾问,并得到了市司法局和市律师协会等单位的大力支持。

2月26日上午,在市公安局督察支队会议室举行的简短而隆重的聘任仪式上,3位社会律师和5位来自公安系统的公职律师组成了无偿维权"律师团",接受了市公安局的聘书。"律师团"从即日起履行维权顾问职责,包括为公安机关保障民警依法履职提供法律咨询和工作建议;按照公安机关保障委或保障办的要求,参与规范性文件的起草、审议和修改工作;受公安机关保障委或保障办委托,代理参加诉讼等的五项工作内容。

市司法局律师管理处处长康儒才说:"我们觉得市公安局聘请律师担任法律顾问这种引入第三方维权机制非常好,会提升公安执法的公信力,有利于消除对公安机关不信任的负面影响,执法将更顺畅、更和谐。接到市公安局的邀请后,我们通过律师协会向所有律师发出邀请,并层层选拔推荐了王桂英、吕远铮和陈利群3位经验丰富的律师担当维权法律顾问。"

五位公职律师自愿无偿兼职当顾问

除了3位社会律师,5位公职律师也积极加入"律师团",他们来自市公安局各部门,都是公安民警。而他们从警年限,最高已有23年,最少也有15年,在执法方面有着丰富的经验。

"这本红色证书沉甸甸的,我很光荣,但是责任很重大,作为警察,又是公职律师,我责无旁贷。"刑侦支队二大队二中队指导员王前明说。

以案释法

会上,市公安局督察支队队长熊飞谈及此次聘任维权律师的目的时说,市公安局聘请维权法律顾问,特别是让专业律师参与民警维权工作,引入第三方的维权机制,是公安机关深化维权工作的有益探索,是公安机关自身维权向借助社会力量维权的拓展,既有利于提高维权工作的公信力和社会认可度,也提高了对侵权不法行为的威慑力,树立公安机关执法权威,以营造良好的执法社会环境,更好地维护社会公平正义,促进社会和谐稳定。

酒后报假警又袭警被判一年有期徒刑

2015年12月28日,厦门市集美区人民法院依法对暴力袭警犯罪嫌疑人林某峰判处有期徒刑一年,他也成为《刑法修正案(九)》(简称"刑九")实施以来,我市第一个因暴力袭警被判刑的犯罪嫌疑人。

民警凌晨接假警还被报警人殴打

2015年11月9日凌晨1时许,集美公安分局后溪派出所接到报警称,在后溪一栋出租房内发现在逃人员。当天值班的民警颜德钦马上出警赶到现场。民警在后溪镇岩内村一篮球场找到了报警人林某峰,他浑身酒气、醉态百出。他说坐公交车时看到警方《追缉》栏目播出一个在逃人员,就住在旁边一栋出租房里,说着他手指向那栋出租房的三楼。虽然报警人说的是"醉话",但颜德钦为求证还是决定上去看看。

来到三楼,颜德钦敲开了门,屋内只有一名男子独居,经过询问及核实男子身份,排除了男子是在逃人员的嫌疑。颜德钦下楼刚要质问林某峰为什么报假警,没想到林某峰看见民警下来,开始撒泼骂人,脱衣服在地上打滚耍赖,甚至要自残。颜德钦见状立即上前劝阻,并试图帮其穿衣服,没想到林某峰突然抓住颜德钦的胳膊用力推搡拉扯,造成颜德钦右小臂受伤。随后,林某峰家人赶到现场,诬陷民警打人,并以带林某峰去医院就医为由,逃离了现场。

回到派出所,颜德钦将情况上报给集美区公安分局,集美刑侦大队对此展开调查。经鉴定,颜德钦的伤势为轻微伤。结合民警当晚执法记录仪里拍摄的内容,集美刑侦大队判定犯罪嫌疑人林某峰暴力袭警的行为涉嫌妨害公务罪,决定对其展开抓捕。

"90后"男子醉酒暴力袭警被判刑

次日上午,民警在集美区后溪镇一家网吧内,将正在上网的"90后"犯罪嫌疑人林某峰抓获。他交代昨晚因为家庭纠纷,借着酒劲报假警,想让警察把亲属当逃犯抓走。后看到警察没有抓人,他心生不快,辱骂殴打民警,致使民警受伤。集美刑侦大队依法对犯罪嫌疑人林某峰采取刑事拘留。2015年11月16日,集美区检察院正式批准逮捕林某峰,并将此案移送到集美区法院审查起诉。同年12月28日,集美区人民法院判决犯罪嫌疑人林某峰暴力袭警违法犯罪事实成立,依法判处其一年有期徒刑。而林某峰也成为自2015年11月1日《刑法修正案(九)》正式实施以来,首个因暴力袭警而被判处有期徒刑的犯罪嫌疑人。

[声音]

"我从事律师行业有30年时间,对一线民警执法被侵权感触很深,有时候民警在执法过程中遭遇侵权,但因为第一时间没有公开、透明处理,很容易给社会造成误解,引入第三方律师,不仅体现公平、公正,而且能够减少行政成本,这个方法很好。"

——吕远铮(市律师协会刑事专业委员会主任)

"我在这5名公职律师中,身份最特殊。当时市公安局找到我时,我很犹豫,因为我们纪委就是要挑民警'毛病'的。我当初以为两者是矛盾的,后来仔细想,发现不仅无矛盾,而且可以相互促进。我一手抓纪律,一手抓维权,既确保公安队伍清正廉洁,又能引导民警通过法律途径维护正当执法权,确保队伍公正严明,何乐而不为呢?"

——洪清彪(思明公安分局纪委监察室副主任)

首颁"值班律师工作证"
福建推动律师参与化解涉诉信访案

来源：人民法院报　2016年3月22日

2016年3月21日,福建省高级人民法院正式启动律师参与化解和代理涉诉信访案件制度。福建高院院领导向首日履职的两位律师颁发了"值班律师工作证"。

据了解,根据此前福建高院联合省司法厅、省律师协会下发的《关于律师参与化解和代理涉法涉诉信访案件的实施细则(试行)》的精神,今后对全省法院作出的生效裁判或执行工作不服,以信访形式表达诉求的,可由律师采取听取信访人诉求,评析信访事项,有针对性地做好释法析理、提出处理建议、引导申诉等方式,促进案件得到依法公正处理,实现息诉罢访。

律师参与化解信访案件,遵守自愿平等、依法据理、实事求是、无偿公益的原则。在具体实践中,采取由律师协会选派律师到人民法院诉讼服务中心或信访接待场所,向信访群众提供现场咨询服务;就法院提出的涉诉信访案件,由律师协会向信访人推荐律师或由信访人在专门律师人才库中自愿选择律师;实行专案专人化解,聘请律师参与涉诉信访疑难案件包案化解等模式开展。

为促进此项制度的落实,福建省司法厅、省律师协会建立专门的律师事务所名录和律师人才库,从中选派一批具有良好职业道德和扎实法学理论功底、较强法律实务能力和社会责任感的律师参与化解涉诉信访案件,努力为信访人提供准确、完整的法律咨询服务。

首日在福建高院担任值班律师的福建省律师协会副会长于宁杰表示,律师参与化解和代理涉诉信访案件制度,将积极发挥全省律师在促进法律正确实施、维护社会公平正义等方面的重要作用,引导当事人在法律秩序内理性表达诉求,从而更加妥善地化解社会矛盾。

福建首个法援律师工作室开进法院

来源：法制网—法制日报　2016年3月23日

3月17日，福建省福州市法律援助中心在台江区人民法院正式设立法律援助律师工作室，这是福建首个开进法院的法律援助律师工作室。

《法制日报》记者近日走进台江法院立案大厅时，看到一名律师正在法律援助联络点窗口值班。法援联络点窗口对面一间办公室的门牌，赫然标着"法律援助律师工作室"9个大字。

工作室内，电脑、办公桌椅、陈列柜等办公设施一应俱全，墙上法律援助申请流程、法律援助中心来访接待等相关制度一览无余。

据介绍，法援律师办公室为独立办公室，内设独立台账和独立网络，融接待咨询、案件初审、办理、司法救助对接、宣传等功能为一体，与法援联络点"两位一体"同步运转，为受援人提供更为全面高效的法援服务。

福州市法律援助中心主任庄晶萍说："每个工作日都有法援律师值班，在温馨舒适的服务环境下，受理援助申请，开展法律援助宣传等服务，不断提高社会群众对福州市法律援助工作的认知度和满意度。"

据悉，目前，福州共有31名法援律师参加工作室、联络站点值班。

其实，早在2012年7月，福州市法援中心就已在福州市中级人民法院及5个城区人民法院建立了法援联络点及法援律师值班机制。

庄晶萍介绍说，一些受援人可能并不是很了解法律援助服务，但几乎人人都知道打官司去法院。"为了能更好地接近并帮助受援人，我们想出在法院设置法援联络点的办法。"

法律援助驻法院联络点建成后，福州市法援中心选派律师每天到法院立案大厅驻点值班，现场受理法律援助申请。这项工作开展至今，福州市法援中心已受理法院驻点转来的法律援助案件1348件，标的金额6300余万元。

虽然法援联络点已然收到不错的成效，但仅有一个值班窗口，仍不便于律师更加全面深入地开展法援工作。

于是，在法援联络点的基础上，福州市法援中心又提出在台江法院开设独立法援律师工作室的建议，并很快得到法院的认可。

一番精心筹划部署后，眼前这个法援律师工作室破茧而出。

正在值班的法援律师洪序耿说："独立工作室不仅意味着法援律师执业条件更为便利，也意味着对法援律师认可度的提高，增强了受援人对律师的认同感与自身的诉讼信心。"

台江法院立案庭庭长刘妙香认为，相比于立案大厅的嘈杂环境，独立工作室能够为受援人创造更好的沟通交流环境。尤其对家暴等隐私性较强的问题，工作室相对封闭的环境能够更好地对受援人形成保护，利于其放下思想包袱，讲清问题。

窗口式法援联络点由于条件限制，往往只能将一些法援案件移交到法律援助中心登记；有了独立工作室后,各种衔接更加方便,再遇到相关案件,只要符合标准,法援律师便可以直接在工作室内为其办理委托手续等,工作质效都有较大提升。

福州市司法局副局长林松告诉记者,法援律师工作室走进法院,实现了法律援助与司法救助一站式对接,使法援窗口进一步延伸至诉讼最前沿,标志着福州市法援中心推进便民利民法律援助服务措施的进一步完善。

龙岩市中院推进律师参与涉诉信访化解

来源:福建法治报—海峡法治在线　2016年3月25日

日前,龙岩市中级人民法院又邀请了20名律师参与16件疑难复杂涉诉信访案件的化解工作。

近年来,龙岩法院积极探索建立律师参与涉诉信访化解工作机制,部分久拖不决、缠访、闹访案件得到有效化解。为引导当事人在法律框架范围内理性表达诉求,龙岩中院根据省高院联合省司法厅、省律师协会下发的《关于律师参与化解和代理涉法涉诉信访案件的实施细则(试行)》的精神,主动联合市司法局、市律师协会,共同建立律师参与化解涉诉信访工作机制。

龙岩中院与市司法局联合建立涉诉信访案件律师库,全市两级法院可根据信访案件实际情况有针对性邀请律师参与化解涉诉信访案件。2015年以来,龙岩法院选取22起长期缠访、闹访案件作为接访案件,分别邀请1—2名律师共同参与化解,取得良好的社会效果。

同时,龙岩市两级法院在诉讼服务中心设立律师工作站,安排律师轮流值班,方便群众就近选择申诉。目前已接待当事人622人次,提供申诉代理服务34件次。

法律援助　义无反顾

专为"穷人"打官司　法律援助让律师深入贫弱者生活

来源：新华网　2002年2月15日

"打工仔"小冉以前以为律师总是喜欢和有钱人打交道，不久前的一场官司改变了他的印象。

从重庆农村到广东打工的小冉因工伤造成多根手指截断，厂方不仅没有支付赔偿，还开除了他。在他没钱住院并流落街头的时候，广州市法律援助中心的律师帮小冉安排了住处，还免费替他打赢了官司。

司法部有关统计显示，2001年中国有30多万人接受法律援助，其中72%是经济拮据的社会弱势人群，他们无力支付最基本的律师费和诉讼费。

法律援助作为一项司法救济制度，是国家为贫者、弱者和残疾者提供减费、免费法律帮助，以保障其合法权益的社会公益性法律制度。

司法部法律援助中心的专家说，2001年中国共办理法律援助案件17.9万件。截至2001年底，中国已有12个省市通过了法律援助相关法令，有法律援助机构2274个，专职人员8816人。

中国的《律师法》和《法律援助条例》等都规定了每位社会律师负有为贫弱者提供法律援助的义务。在中国私营经济十分活跃的福建省泉州市，社会律师2001年共办理法律援助案件714件。

泉州君宇律师事务所主任李玉珍告诉记者，事务所规定每位律师每年要承办两件以上法律援助案件。同时规定，法律援助案件的所有费用都可在所里实报实销。

由于从事法律援助的律师认真敬业，他们办理的大部分案件都得到比较理想的结果。在全国2001年的法律援助案件中，民事诉讼胜率达到80%以上，行政诉讼胜率更高达87%。

目前，法律援助律师在中国的名气越来越大，甚至远在偏僻山区的农民也知道有这样一批专为"穷人"打官司的律师。

湖北房县51岁的农村妇女曾选莲，丈夫病逝后，一家赖以生存的225亩山林被村支书侵占。在10年抗争没有结果后，县法律援助中心的胡律师替她讨回了公道。

法律援助吸引了大批律师的参与。"20世纪80年代初开始当律师时，大家以为当律师就能挣大钱。后来有了较高的收入和稳定的生活，却发现并没有得到真正的快乐。"李玉珍律师说。

现在她经常免费为那些急需法律援助的人奔走,有时甚至要自己贴钱。"法律援助使我找回了律师职业的神圣感。"李说。作为一位人大代表,李律师还发起了为法律援助立法的活动。

而北京至诚律师事务所的佟丽华律师则选择未成年人作为自己的援助对象。他与有关单位共同成立了"青少年法律援助与研究中心"。为了筹措活动资金,他甚至卖掉了自己的住房。

中国法律援助中心主任宫晓冰指出,开展法律援助行动,有助于确立法律是社会平等和正义象征的形象,让法律精神回归自身。而律师解危济困的良好社会形象一旦树立起来,从长远来看,这将是一笔巨大的无形资产。

"在一个实行以法治国的国家,让社会上的贫弱者受到伤害时不再感到无奈,是我最大的愿望。"李玉珍律师对记者说。

全心全意为农民工提供法律服务
——记省律协农民工维权(厦门)工作站

陈福猛

福建省是进城农民工流入较集中的省份之一。农民工维权工作是当前亟待解决的问题。为此,福建省律师协会决定成立专门为农民工提供法律援助的维权机构,组建了一支由六百多名律师参加的"农民工法律援助志愿团",并分别在福州、厦门设立"农民工维权工作站"。

2006年11月25日,福建省律师协会农民工维权(厦门)工作站在福建重宇合众律师事务所总部挂牌。省律协会长、省律协法律援助委员会主任洪波、厦门市律协会长林培森、厦门市律协副会长兼秘书长贺菊英、厦门市律协副会长郑振辉、省律协副秘书长娄晓丹出席了挂牌仪式。仪式上,洪波会长宣读关于成立福建省律师协会法律援助委员会暨农民工维权工作站的决定。工作站工作人员表示工作站全体同仁将全心全意为农民工提供法律服务。人民网、法制日报、厦门日报、福建电视台、厦门电视台等主流媒体都作了报道和专访。

福建省律师协会农民工维权(厦门)工作站地址位于福建省厦门市湖滨东路11号邮电广通大厦三十层福建重宇合众律师事务所内,配备专职律师一名,兼职律师七名,秘书一名,另有后备志愿律师及秘书若干,直拨电话两台,专用电脑两台,打印、传真、复印一体机及碎纸机各一台,办公用品若干。目前,该站的办公场所、所有设备用品及办案经费与行政管理人员的工资津贴均来自福建重宇合众律师事务所的垫付或捐助。

福建省律师协会农民工维权(厦门)工作站每周工作六天,每天至少两名律师和一名秘书为农民工提供十小时服务,周日也可电话预约或咨询。

福建省律师协会农民工维权(厦门)工作站根据律师业务规范特别是律师提供法律援助的相关规定办理农民工维权案件,并接受各级律协及法律援助机构特别是省市律协、省市法律援助中心的指导与协调。

自福建省律师协会农民工维权(厦门)工作站在福建重宇合众律师事务所正式挂牌成立一年多以来,接待的来访农民工和提供直接法律援助的案件已初具规模,得到了有关当事人的认可、媒体的关注。工作站先后组织对外讲座三次。2008年1月6日,应厦门市总工会进城务工人员服务中心的邀请,福建省律师协会农民工维权(厦门)工作站站长、福建重宇合众律师事务所首席合伙人、主任涂崇禹律师以《我可以吗——〈劳动合同法〉下的劳动者权利保障》为题,为进城务工人员开展了精彩的讨论并取得了热烈的反响。同时,本站正在与厦门市总工会合作积极筹备出版厦门的农民工维权手册,并与厦门外来员工最集中的殿前居委会、同仁工友之家等单位建立了协作关系,与厦门市总工会、厦门市劳动与社会保障局、各区劳动与社会保障局建立了联系和互动机制,同时也得到了包括法院在内的各个单位的理解和支持。

截至2008年5月31日,本站共为农民工提供法律咨询140例,受援430余人;其中工伤案件45例、工资纠纷59例、工程款纠纷17例、承揽合同纠纷5例、房产继承纠纷1例、交通事故纠纷7例、借款纠纷2例、执行案件4例。另外电话咨询102例。由福建重宇合众律所律师提供免费直接法律援助（代理劳动仲裁诉讼，协商谈判调解）42例，受援80余人，转厦门市法援中心指定律师办理12例，共为农民工当事人获得工资、工伤赔偿等达人民币60万余元。所有咨询案例以工伤、工资纠纷为主，约占咨询总数的80%—90%，还涉及交通事故、房屋装修款等案件。

福建省律师协会农民工维权（厦门）工作站在工作中与新闻媒体良性互动，加强维权宣传工作。通过厦门日报、厦门晚报、福建电视台、厦门电视台、海峡导报等新闻媒体报道维权案例，让农民工权益得到更多的关注，工作站的律师两次被邀请到电视台专题介绍维权情况。本站律师还准备通过政协提案的方式扩大农民工维权工作的实效。

从实践中来看，工作站的工作取得了较好的成果，农民工有难处就找工作站。本站已在厦门经济特区及其周边地区具有一定的社会影响。

农民工维权的道路是漫长的。当然，我们相信随着中国法治的完善和用人单位法律意识的提高，农民工的权益将越来越大程度地得到实现。作为农民工维权的中坚力量，工作站和工作站的成员有义务将农民工维权工作进行到底。

省律协洪波会长对工作站的工作充满殷切希望，提出做到简化程序、快速处理，及时便捷地为农民工提供法律援助的要求。今后，工作站将一如既往地接待来访农民工，确保每天有律师值班（星期天除外），以便农民工随时能够得到本工作站的接待，享受法律援助的便利；作好登记工作，对符合援助条件的农民工及时提供法律援助；降低援助门槛，扩大援助范围，以最大限度保护农民的合法权益。同时积极联系有关的部门（如劳动监察部门），引导农民工向本工作站提出援助申请，确保农民工知道有工作站提供义务的法律援助。工作站还要结合本地传媒（如报纸、电视、广播、网络），继续做好宣传、扩大影响，让更多的农民工知道工作站所能提供的援助。畅通农民工寻求援助的途径，提升农民工的维权意识。

福建省律师协会农民工维权（厦门）工作站的全体律师和工作人员以极大的热忱投入社会公益事业，用心尽力为农民工提供维权服务，通过法律途径及时有效化解矛盾，维护农民工合法权益，为构建社会主义和谐社会和建设海峡西岸经济区尽一份力。

法律援助平息上访　职工权益得到保障

来源：闽西日报　2011年6月17日

6月8日，龙岩市劳动争议仲裁委员会作出仲裁裁决：被申请人某火力发电公司应为申请人黄某等37人补缴1998年1月至2001年4月的养老保险金，补缴2002年1月至2008年4月的医疗保险金等。至此，某公司37名职工群体上访案件终结。该起案件能顺利结案，福建金磊律师事务所农民工法律援助站黄家焱律师的法律援助功不可没。

黄某等37名职工先后于2004年进入某火力发电公司工作。2010年11月30日，某火力发电公司根据《国务院批准发展改革委、能源办关于加快关停小火电机组若干意见的通知》和龙岩市政府的有关精神，实施关停，终止了他们的劳动关系，并按规定给予了经济补偿金，但因企业股权转让改制等原因，遗留有37名职工均未按照规定缴纳社保、医保的历史问题。某火力发电公司认为：这37名职工未缴纳的养老保险和医疗保险跟公司没有关系，属原股东应予缴纳的，公司无须为他们补缴养老保险和医疗保险，从而引发了37名职工集体上访。

2011年3月4日，龙岩市劳动和社会保障局信访办作出关于黄某等同志提出某火力发电公司关停导致职工权益被侵害的信访事项处理答复意见书，认为：对未按规定缴纳社会保险涉及的职工，由某火力发电公司按照劳动保障法律法规有关规定为职工补缴养老保险和医疗保险，对不愿补缴的职工，可与企业协商补偿一定金额自行缴纳社保。双方协商不成的，走法律途径（劳动仲裁或诉讼）解决。但火力发电公司坚持认为这是属于原股东应给予缴纳的，他们没有义务为37名职工补缴。

由于上访无果,这37名职工陷入了困境。就在此时,龙岩市总工会职工帮扶中心建议37名职工到福建金磊律师事务所农民工法律援助站寻求帮助。2011年4月21日,黄家焱律师收到他们的申请后,主动为这37名职工收集有关证据,以代理人的身份向龙岩市劳动争议仲裁委员会申请劳动仲裁。6月8日,仲裁委经开庭审理后,认为某火力发电公司应为申请人补缴养老、医疗保险,依法作出仲裁裁决。

当37名职工收到各自的仲裁裁决书时,激动的心情溢于言表,激动地说:"上访不如找律师,法律才是保护神!"龙岩市总工会职工帮扶中心主任林添福说:"群体性上访得以息访,维护社会稳定,农民工法律援助志愿者功不可没!"

法律援助志愿者为煤场工赢得社会保障

董叶倩

2011年11月29日,原龙岩市适中火力发电有限公司煤场农民工陈开先、马占铭、肖新凤、陈保丕等到福建金磊律师事务所农民工法律援助站,拿着刚领取的由龙岩市劳动争议仲裁委员会作出的仲裁裁决书,与农民工法律援助志愿者黄家焱、李秉强合影,并激动万分地称法律援助律师"真是我们困难群体的代言人"。

煤场工束手无策,维权之路异常艰难

陈开先、马占铭、肖新凤、陈保丕和程千丰等人分别于1997年至2000年进入龙岩市适中火力发电有限公司(以下简称火电公司)的煤场从事装卸工作,但都未签订书面劳动合同,火电公司也未按法律规定为他们办理社会养老保险、医疗保险、失业保险、工伤保险等。2010年11月,火电公司被龙岩市政府政策性关闭后,陈开先等人提交书面报告到龙岩市总工会、劳动和社会保障局等相关部门,要求就煤场劳工的经济补偿金及社会保险补缴问题作出妥善处理。但火电公司称:本公司于2007年11月1日已将火电公司的煤场供煤发包给了江西省进贤县长山乡山下村村民吴福根,双方还签订了《煤场供煤劳务承包合同》,陈开先等人是承包人吴福根雇佣的煤场供煤工人,故陈开先等人与火电公司不存在着劳动关系。

煤场工匆匆起诉,却以无奈败诉收场

2011年3月23日,煤场农民工之一的程千丰一人率先向龙岩市劳动争议仲裁委员会申请仲裁。2011年4月11日,龙岩市劳动争议仲裁委员会作出岩劳仲案字[2011]第32号仲裁裁决,认为:火电公司将煤场供煤发包给江西省进贤县长山乡山下村村民吴福根,与吴福根签订《煤场供煤劳务承包合同》,且吴福根并不是被申请人火电公司的员工。吴福根承包后,雇佣申请人程千丰到承包的煤场供煤工作,故认定申请人程千丰与吴福根形成了劳务关系。因此,裁决不予支持申请人程千丰的仲裁请求。程千丰含泪无奈领取了仲裁裁决书。

不辞艰苦,收集百份证据

陈开先、马占铭、肖新凤、陈保丕等人原本期望程千丰获得胜诉后,便可以效仿以使自己的权益得以维护,但听闻程千丰败诉后,他们却更加束手无策了。他们文化水平较低,家庭也十分贫穷,面对这样的裁决结果,一下子陷入了困境。迫于无奈,他们只能再去寻找相关部门反映问题,继续上访。在龙岩市总工会、职工帮扶中心的帮助和介绍下,经龙岩市法律援助中心指派,福建金磊律师事务所农民工法律援助志愿者黄家焱接下了这份重担。在申请劳动仲裁前,他带着李秉强律师不辞辛苦多次实地调查、走访了原火电公司的职工林丽娟、黄美红、卢爱珍、卢力争、卢荣江、江瑞雪、陈美玲、翁静恺等五十多人,收集了51份证人证言;调取了陈开先等4人的银行工资发放交易信息、吴福根的工作证明、仲裁裁决等有关证据多达七十多份,从而有力地证明了陈开先等4人的工资是由火电公司直接发放的,吴福根系火电公司的员工,吴福根与火电公司的承包属内部承包的重要事实。

援助律师锲而不舍,为煤场工赢得保障

在收集了大量、充分的证据之后,2011年10月18日,黄家焱、李秉强律师作为代理人,代陈开先等4人向龙岩市劳动争议仲裁委员会申请劳动仲裁。2011年11月21日,龙岩市劳动争议仲裁委员会作出岩劳仲案字[2011]第110-113号仲裁裁决,认为:吴福根系被申请人火电公司的员工,其承包煤场属内部承包,陈开先等4人在火电公司煤场工作。与被申请人火电公司存在着劳动关系。他们到被申请人火电公司工作,为火电公司提供劳动,遵守火电公司劳动纪律,接受火电公司的依法管理,依法应享受基本养老保险和基本医疗保险待遇。故作出裁决:陈开先、马占铭、肖新凤、陈保丕等人到被申请人火电公司煤场工作起至2010年11月离开被申请人火电公司止,被申请人应为他们补缴养老保险、医疗保险等。

法律援助志愿者真是困难群体的代言人

龙岩市总工会党组书记、副主席王云龙获悉煤场农民工保障官司打赢后,手捧劳动仲裁裁决书赞誉道:"陈开先等煤场工胜诉,取决于农民工志愿者律师认真细致、锲而不舍的调查取证和较高的法律服务水平。如果没有农民工志愿者律师竭尽全力的法律援助。那么,陈开先等人的结果将会与程千丰一样无奈败诉,农民工法律援助志愿者律师真是困难群体的代言人!"

煤场农民工此次赢得社保、医保而老有保障。不仅充分显示了龙岩市总工会、法律援助中心、法律援助志愿者在维护农民工权益方面所付出的不懈努力和作出的贡献,也让更多的困难群体看到了未来的希望,感受到了法治的阳光与温暖,大力弘扬了社会主义法治精神。

法律援助进漳州监狱 60名服刑人员得到帮助

来源：漳州新闻网 2011年12月9日

2011年12月7日,漳州市法律援助中心组织10名律师,走进漳州监狱为60名服刑人员提供法律援助,并为可以少服8年刑的吕某洪送去再审判决书。

在当天活动中,服刑人员沈某龙向律师提出援助申请。沈某龙是诏安人,因盗窃31万元获刑12年,而在没落网之前,他在1992年曾潜逃到泉州,并在打工期间认识庄某,两人同居并育有两个儿子,但两人一直未办结婚证。2008年,沈某龙带庄某及儿子回家过年时落网,随后被判刑。沈某龙称,在他入狱后,庄某还留在诏安老家照顾自己家人和儿子,现在大儿子15岁,小儿子也13岁了,不过由于他和庄某一直没有办理结婚手续,脑瘫的大儿子办不了残疾人证,小儿子也面临升初中不能提供户口证明的问题。庄某找到当地的民政局,工作人员则要求沈某龙回诏安办理结婚手续,但他又在服刑。援助律师向漳州监狱反映沈某龙的情况,接到援助律师反馈后,漳州监狱相关负责人表示将极力促成。

收到再审判决书的吕某洪很高兴,他称,能够得到法援中心的援助,刑期少了8年,再加上自己在2009年和2011年分别减刑两次,因此到明年2月17日,他就可以出狱了。他打算出去后先医治自己伤残的手,再做点小生意,然后在力所能及的范围内也去帮助别人。

漳州市法律援助中心负责人吴佩珠说,有些犯人对法律法规不了解,对法院的判决结果不服,服刑期间就有可能出现情绪波动和不服管教的情况。法律援助中心从2006年开始,每年都会组织律师进监狱为服刑人员提供法律咨询和解释,如真有冤假错案,申请人又符合法律援助的条件,援助律师就会给服刑人员提供法律援助。

"免费律师"为宁德43万职工提供各类法律援助

来源：宁德网 2012年7月23日

过去，不少职工在合法权益受到侵害时，或因为昂贵的律师费望而却步，或因为法律意识的淡薄只能不了了之。今后，这种状况将得到改善。7月21日，宁德市职工律师志愿者服务团正式成立，我市职工再遇侵权问题时，可向工会组织申请专业律师的免费援助。据悉，此举惠及了全市43万职工。

免费为职工提供各类法律援助

宁德市职工律师志愿者服务团由宁德市总工会、宁德市司法局、宁德市律师协会联合发起，要求律师具有执业律师资格，执业年限在3年以上，且每年志愿承担2件以上法律援助案件的，方可申请成为职工律师志愿者。

职工律师志愿者服务团主要通过开展法制宣传教育、提供法律咨询、帮助建立和完善企业劳动规章制度、提供法律援助等，进一步增强企业经营者与职工的法治意识，维护职工合法权益，促进企业劳动关系的和谐稳定。

其中，开展法制宣传教育主要包括，牢记使命，结合职能，发挥优势，正确处理"维权"与"维稳"的关系，通过以案说法、法律培训等途径和方法，开展对企业和职工的法制教育，提升企业依法经营和职工依法维权的意识和能力。

提供法律咨询主要包括，为企业和职工提供政策法规，开展法律咨询服务，解答相关法律条文，从法律专业角度为企业有效实施经营管理提供支持与服务。

帮助建立和完善企业劳动规章制度主要包括，协同宁德市总工会或所在县（市、区）总工会，每年至少帮助指导2家企业工会完善劳动合同制度；运用法律专业知识，对企业劳动规章制度的内容、程序提出建议和意见，帮助企业建立完善劳动规章制度，促进企业管理制度化、规范化。

提供法律援助主要包括，为申请法律援助的职工（农民工）承办法律援助案件，通过主动调解、诉讼代理等途径，帮助职工解决劳动纠纷，依法维护职工合法权益，促进社会和谐稳定。

职工向当地总工会提出申请

今后，我市职工（农民工）遇到侵权问题时，可通过宁德市总工会或所在地县（市、区）总工会请求法律援助，持工会书面介绍函向所在地法律援助中心或宁德市法律援助中心提出申请，经法律援助中心指派职工律师志愿者办理，不符合条件的，应向申请人告知理由并告知工会。

职工律师志愿者办理法律援助案件符合《中央专项彩票公益金法律援助项目实施与管理

暂行办法》资助条件的，由法律援助中心按该办法申报办案补贴，职工律师志愿者按规定领取办案补贴；不符合资助条件的，案件办结后由工会按照每件700元至1000元的标准给职工律师志愿者包干支付法律援助补助金。

职工律师志愿者为职工（农民工）或企业提供法律咨询、开展法制宣传教育、帮助建立和完善企业劳动规章制度的，由宁德市总工会或所在地县（市、区）总工会安排，并为律师志愿者提供补助，标准为每人每个工作日100元。志愿服务时间不足4小时的，按0.5个工作日计算；志愿服务时间超过4小时不足8小时的，按1个工作日计算。

首批41名律师进入志愿者团队

据了解，首批共有41名经验丰富的执业律师成为职工律师志愿者。其中，市直8名、蕉城区2名、福安市11名、霞浦县3名、福鼎市7名、柘荣县2名、古田县3名、周宁县2名、寿宁县2名、屏南县1名。

职工律师志愿者的聘用期限为一年，宁德市总工会和宁德市律师协会将定期对律师的工作进行考核，对于工作中成绩突出、服务成效明显的律师志愿者，给予表彰奖励，并在各类评先、评优中优先考虑。考核不合格的将取消律师参加志愿活动的资格。

据介绍，按照省总工会的要求，职工法律援助队伍建设的目标是，到2012年底，万名职工配有专兼职法律援助工作者和志愿者3人；到2013年底配有3.5人。力争到2014年底实现困难职工、农民工申请工会法律援助的劳动侵权案件做到"应援尽援"。

放弃 10 多万年薪　漳州律师支援青海 2 年

来源：东南网—海峡导报　2012 年 8 月 21 日

别人 1 年支援期满就回，郭国文坚守了 2 年，未领任何工资；这 2 年，他荒废如日中天的律师业务，10 多万年薪成泡影。不过，郭国文说："我帮助的是最底层、最需要帮助的人，这事儿有意义。"

"不指定服务地点、不提出任何条件，服从组织的安排。"漳州律师郭国文 2010 年作为漳州的优秀律师，成为当年福建省唯一赴青海省海西州从事法律援助的志愿者。

近日，导报记者专访了从海西州回来的郭国文律师，聆听他的故事。

没官司打，他成了"不聪明人"

近日，在漳州市司法局，导报记者见到了"'抛弃'安逸律师工作和家人，放弃 10 多万年薪的'不聪明人'"——福建闽隆律师事务所的郭国文律师。他 7 月底回到漳州，至今还处在适应期。

郭国文如何"不聪明"？20 年的律师生涯，说放就放，说断就断，一去就是 2 年，未领任何工资。回来后，郭律师笑着说，"都没人打电话找我打官司啦"。

服从安排，从龙海到海西州

郭国文的老家在龙海海边，那海拔就 3 米，但一下子升到了海拔 3000 多米的青海省海西州。直线的变化，伴随着直线上升的重重困难。郭国文回忆，高原缺氧太厉害。刚到的时候，在持续的头痛、胸闷、气短、嘴唇开裂下，郭国文 8 天行程近 2500 千米。在半个月的调研里，就提交了关于当地法律事业弱、难点的整改意见，让人眼前一亮。

去留抉择，他选留

高原的恶劣气候，让郭国文不适。"这个反差，对南方人来说，是一种意志的考验。我当时想再坚持几天，实在不行就打报告申请到别的地方。"这是郭国文第一次思想斗争。"多亏了猛灌水，我挺了过来，也坚定了决心。"

郭国文留下的原因，更在于这里需要全职的、懂法律的、能办事的人。

郭国文举了个例子：在一起案件中，当地就 1 名律师，无法进入辩方、反方法律程序。在他参与后，审判才得以进行。

1 年支援期结束，当地司法局离不开郭国文，想让郭国文再留一年。同行好心劝郭国文：

"别待了，待长了会得慢性病的。"但郭国文经过思想斗争后说："这里的法律事业，还离不开我。"

当选"十大优秀中国法律援助志愿者"

2年间，郭国文解答咨询、代写法律文书、办理案件、促成和解、动员放弃诉讼的数量，共近1000个。这些案件，加上整理的舆情分析、可行性报告、学术论文等，形成30万文字，留给相关部门做参考。

另外，郭国文还牵线海西州司法局到漳州市司法局学习，比如学赖水顺的多元调处中心工作模式、漳州市先进律师的办案技巧等。

因2年的出色表现，郭国文从300名支援律师中脱颖而出，被司法部评为2009—2011年"十大优秀中国法律援助志愿者"。

福建律师首次获评全国维护职工权益杰出律师

来源:福建日报 2013年2月22日

日前,福建省律师涂崇禹获评第四届全国维护职工权益杰出律师。这是福建律师首获该项荣誉。

涂崇禹现为福建重宇合众律师事务所律师、福建省农民工维权工作站站长、省总工会职工帮扶中心志愿律师。他曾举办《劳动法》千人讲座,连续16年在广播电台每周主持《百姓与法》《打工热线》等法制节目。近些年,他共承办210起法律援助案件。

4 法律援助 义无反顾

中国法律援助志愿者张秋生
赢得盐边困难群众高度赞誉

来源：攀枝花晚报 2014年2月25日

2月21日上午，盐边县桐子林镇司法所一间办公室里，一名中年男子正在查看来访群众的材料，耐心地向对方作解答。

他，就是"1+1"中国法律援助志愿者，来自福建融成律师事务所的张秋生律师。

来到盐边 做点有意义的事情

2014年48岁的张秋生，是福建融成律师事务所的律师，2003年3月开始从事律师工作。去年4月，福建司法厅招募"1+1"中国法律援助志愿者，一直热衷于公益事业的张秋生赶紧报了名。

通过审查后，2014年7月张秋生前往北京参加培训。7月19日，张秋生第一次踏上了盐边县的土地，开始为期一年的法律援助服务。

为何要放弃优厚的个人收入，不远千里，从福建省来到攀枝花市盐边县，从事法律援助工作？张秋生的回答很简单："我就是想为西部落后地区的困难群众，做点有意义的事情。"

花五个月　办完一个棘手案子

对久经"沙场"的张秋生来说,接手援助的第一个案件可谓记忆深刻——上班当天,他接到一起人身伤害赔偿案,此后用了近5个月才处理完此案。

该案受害人被人打伤,受害人判获民事赔偿18万元。其中一名凶手因情节轻微,没被追究刑事责任而拒绝民事赔偿,受害人无奈起诉。

接手此案后,张秋生花了大量时间寻找证人、收集证据,仅红格法庭一处就跑了8次。2013年12月,在奔波忙碌5个多月后,受害者终于拿到了1万余元的赔偿金。

自到盐边县法律援助中心从事法律援助服务以来,张秋生已办理各类法律援助案件20余件,接待法律咨询260余人次。

"张律师很不错,业务水平高,平易近人,能和困难群众打成一片,赢得了大家的赞誉。"盐边县司法局相关负责人说。

无暇顾家　感觉最对不起妻儿

张秋生在福州从业时,年收入不菲。如今的法律志愿服务,收入大大降低,但他没有把这笔经济账放在心上。

张秋生的妻子在企业从事会计工作,儿子今年15岁,面临中考。张秋生来盐边县工作后,家里的事情只能丢给了妻子一人撑着。"最对不起的人是我老婆,现在只能让她在福建那边一个人忙里忙外,而且,也没时间陪孩子……"张秋生说。

谈到从事法律志愿服务的体会,张秋生一点都不后悔,"西部地区需要发展,需要法律知识的配套服务,盐边县作为经济不发达地区,当地群众更需要法律援助服务。"

"用我人生中不长的一年,做点一生都会感到快乐的事,值得!"说这话时,张秋生的神情淡然而坚定。

我省五位律师赴西藏开展志愿服务

来源：福建日报 2014年3月18日

　　2013年12月30日上午，中华全国律师协会在北京召开了"赴青海、西藏两省（区）无律师县志愿律师派遣工作会议"，此次派遣工作志愿者共35名，分别来自北京、上海、江苏、山东、福建。

　　我省有五位律师光荣入选：吴剑萍、陈向伟、林志钦、吴善宽、吴德梓，他们分别被派遣到日喀则地区和阿里地区的三个无律师县自愿服务一年。

省律协"1+1"法律援助工作受到司法部等单位表彰

来源:福建省人民政府网站 2015年7月27日

2015年7月9日,"1+1"中国法律援助志愿者行动2015年总结派遣工作会议在北京人民大会堂召开,会上对2014年度表现突出的个人和单位进行表彰。

我省选派的志愿者律师朱文华、江玉基、张秋生、林天文、林礼国同志荣获"1+1中国法律援助志愿者行动2014年度优秀法律援助律师"称号;福建省司法厅律师工作管理处、福建省律师协会荣获"1+1中国法律援助志愿者行动2014年度先进单位"。

法律援助助力维权　成效显著

来源：福建日报　2015年9月10日

省消委会法律援助中心及省消委会律师团自成立以来,主动选择一些重大或典型的侵害消费者权益案件,为消费者主动提供法律援助。近18年来,全省先后受理了古田县劣质菇种案等各类案件近1000件,其中省一级消委会受理50多件。

1998年10月,黄女士到永泰县人民医院接受引产手术时,先后被割掉子宫、右输尿管和右肾,丧失了劳动能力。其两次向县卫生局提出进行医疗事故鉴定的申请,均遭拒绝。为此,省消委会和省妇联邀请专家律师对案例研讨后,决定支持黄女士向福州市中级人民法院提起诉讼。此案前后历经4年,两次庭审两次鉴定,二审判医院赔付黄女士17万元,成为全国首例"民告官"医疗事故行政诉讼赔偿案件。

除此之外,省消委会提供法律援助的不少成功案例多是全国首例。如福州顾客迪吧伤害案以终审迪吧赔偿顾客16万元审结,此案判决对于消费者在娱乐场所受到第三人伤害如何维权方面开创了全国同类案件维权之先河。省消委会支持的东煌房地产案经央视《焦点访谈》两次报道,引起建设部的重视;福州消费者陈女士购买的进口三菱汽车存在质量问题,省消委会支持起诉后,终审判决经销商退车并赔偿用户购车损失,该案不仅是一个消费者依法理性维权的成功范例,也是全国首例消费者投诉国外汽车商品并获胜的案例。

为加快法律援助力度,省消委会还与福建建达律师事务所建立"支持起诉快捷通道",免费为消费者进行诉讼,大大加强了消费维权力度,收到良好的社会效果。除此之外,省消委会积极探索公益诉讼的具体实践,稳妥推进公益诉讼职责的落实。一方面组织律师团开展调查研究,总结福建省几年来支持起诉的工作体会和经验,起草了《福建省消委会公益诉讼导则》,得到中消协的肯定。另一方面开展专题研讨。如2015年上半年,省消委会选择有代表性的,有可能进行公益诉讼的金融案件,组织召开"银行系统收费问题研讨会",听取相关金融主管部门、司法界等各方意见,积极向有关部门咨询,开展案件研讨和理论研究。由于掌握并发挥法律支持的重要作用,省消委会开创了消费维权工作的新局面。

法援律师为民维权　打造"民心工程"品牌

来源：海峡都市报　2015年10月8日

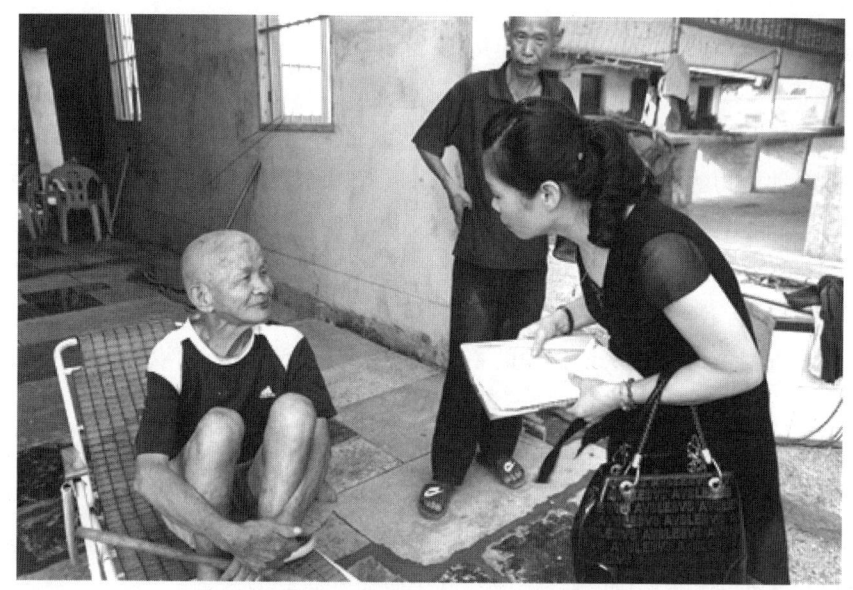

法援工作者为孤寡老人办理援助手续

近年来，福建省律师界涌现了一大批优秀律师，他们不计报酬、不计得失，为困难群众挺身而出，四处奔走，维护老百姓的合法权益。

老人患癌儿子不管　法援律师助追15年赡养费

晋江老人洪依伯81岁，患有肝癌，每天需要上百元的医疗费用，生活困难，十分孤单，儿子却不给医疗费，不尽赡养义务。在老人无路可走的情况下，法援律师站了出来，为老人从其子那里追回15年赡养费38400元，使洪依伯老有所安。

2011年1月21日，洪依伯来到晋江市法律援助中心，拿出一大堆的医疗费票据还有病历，说自己患有原发性肝癌、急性上呼吸道感染，一直在治疗中，但其子洪某一直没有支付老人的赡养费和医疗费用，要求援助中心提供法律援助。

福建华晖律师事务所郑聪颖律师接到指派后，及时到老人的住处，详细了解了案件情况。根据掌握的材料，依法依据认真地撰写民事诉状，并将该案诉至晋江市人民法院。在法院审理过程中，郑聪颖发现洪某经常不在境内、出入台湾，且有可能逃避应该承担的赡养费，为了便于洪依伯追索赡养费，郑聪颖向法院提起限制洪某出境申请，得到法院准许。由于老人治病急需医疗费用,郑聪颖又向法院申请先予执行洪某的部分赡养费。法官对老人的遭遇深表同情,同意了代理人先予执行的申请,并将洪某的银行账号冻结,划拨了13546.08元给洪依伯作为治疗疾病之急用。

2011年4月21日,晋江市人民法院作出判决:洪某应支付其父自1995年1月份至2010年12月份的赡养费38400元。随后,郑聪颖加大催收力度,在执行法官共同努力下,使后续支付得到顺利进行。

郑聪颖律师说,当时接触到这个案子,看到老人是那么无助可怜,其儿子如此绝情,决定一定要全力帮助老人,为他讨一个公道。百善孝为先,也希望通过这起诉讼,能教育洪依伯的儿子孝顺父母,尽到赡养义务。

法援律师向老年人宣传普法,提供免费法律咨询

工头跑路讨薪无门　热心律师帮忙讨回血汗钱

四川籍农民工任某为包工头干活,工程完工后,包工头没付工钱,留下一张欠条就跑路了。这可让任某急坏了,被欠2.6万元可是他几个月起早摸黑的血汗钱,一家老小都等着这笔钱过活。当这个可怜的男人无计可施之时,法援律师伸出了援手。

2011年底至2012年,任某为将乐县安仁乡烟基工程浇筑路面,福建德某建设工程公司为安仁乡烟基工程石富标段施工单位,福建九某建设工程公司为安仁乡烟基工程伍宿标段施工单位,以上工程项目两施工单位均发包给包工头方某负责施工。方某则找到了任某为其施工,工程完工后,方某却未能及时支付拖欠任某的工资。2013年1月26日,方某出具一份2.6万元的欠条后便"人间蒸发"了。任某一直找不到方某,无法与之联系,便找福建德某建设工程公司和福建九某建设工程公司两施工单位讨要工资。不过,两施工单位对于任某请求支付工资的要求不予认可,认为其已将工程发包给方某,且工程款已支付给方某,其与方某的施工合同已履行完毕,而跟任某没有任何直接关系。

2014年5月,走投无路的任某走进了将乐县法律援助中心求援。该中心经审查,当即受理了任某的申请,并指派将乐县黄潭援助站杨文兵承办此案。

杨文兵第一时间与受援人进行了沟通,作出了法律分析:福建德某建设工程公司和福建九某建设工程公司将工程项目转包的行为客观上促成非法转包的事实得以实现,应就方某对工程中工人工资的拖欠承担连带责任。

案件审理过程中,法院采纳了杨文兵提出的法律适用和案件事实,判决方某应于判决生效之日起3日内支付任某工资2.6万元;福建德某建设工程公司和福建九某建设工程公司对上述欠款承担连带清偿责任。判决生效后,方某和两家工程公司均未如期支付工资,杨文兵向法院申请强制执行,为农民工讨回血汗钱。

少年打人被追刑责　法援律师让他幡然悔悟

南靖县17岁少年蔡某在一所中专学校念书,少不更事,被初中同学怂恿,跟着去殴打他人,将对方打成轻伤。该县法律援助中心律师张天才接手此案后,通过努力,检察院做出了不起诉的处理,成功挽救了这个孩子。如今,蔡某回学校继续念书,并立志成为有用之才。

2015年1月15日,南靖县法律援助中心接到南靖县人民检察院通知,为17岁的蔡某辩护,当即指派律师张天才为蔡某提供辩护。张律师通过阅卷及会见犯罪嫌疑人蔡某了解到:犯罪嫌疑人蔡某不仅是未满18周岁未成年人,还是漳州市某职业中专学校电气运行与控制专业在校学生,学习期间表现良好。2014年9月中旬的一天,犯罪嫌疑人蔡某初中同学兰某(另案处理)告诉他,要打一个人,有钱挣,约他一起去,蔡某就同意了。2014年9月26日上午,经雇凶者王某(另案处理)指点路线,蔡某用摩托车载兰某到南靖割山高速路口等候,于当天中午1时经跟踪到东田村村道上,兰某用镀锌管将要打的人打伤,法医鉴定被害人伤情为轻伤一级。

张律师接案后,考虑到蔡某是未成年人,又是在校生,被动犯案,可以挽救,便及时与经办检察官沟通提出:对蔡某作不起诉处理,让其继续中专就读。随后,张律师多次积极参与被害人的赔偿调解。最终,2015年4月1日,蔡某与被害人达成和解协议,蔡某赔偿对方各项损失计1.5万元。

检察院采纳张律师的辩护意见,于2014年4月30日送达了对蔡某作出附条件不起诉决定书。蔡某向张律师连声道谢:"谢谢你,张律师。如果不是你,我可能真的完了。是你给了我一个可以继续读书的机会,我以后一定学好一技之长,成为有用之才!"

法律援助送暖　构建和谐社会

来源：福建日报　2015年10月8日

近日，由2015年"1+1"中国法律援助志愿者行动派遣的110名律师和64名大学生奔赴内蒙古、广西、海南、四川、贵州、云南、甘肃、宁夏、新疆的110个县、区。"1+1"中国法律援助志愿者行动是一个旨在帮助中国内地解决无律师县的法律援助项目。经过6年的实施，截至2015年3月，这一项目已彻底解决了内地无律师县的问题。

两年前，福建融成律师事务所的张秋生律师也曾作为一名志愿者，被派往四川省盐边县从事法律援助工作。盐边县属于高山区，县城海拔1200米，境内的白灵山海拔4200多米，交通十分不便。在援助工作期间，他克服了语言障碍和饮食习惯不同等方面的困难，怀着极大的热情和耐心认真做好群众来访工作，真诚地为西部困难群众服务。他共接待来访居民300余人次，每一次都能让来访者满意而归。特别是他积极参与纠纷调解工作，曾先后经办了郑继勇与攀枝花白灵山泉水有限公司人身损害赔偿纠纷案，2013年10月7日二滩电站泄洪致四人死亡事故案，攀枝花龙蟒矿业有限公司与益民乡村民环保、安全保障纠纷案，毛木橄等与盐边县人民医院医疗纠纷案等案件，并促成前两个案件的当事人达成调解和赔偿协议，为援助地的维稳工作做出了突出贡献。

近3年来，我省有29名律师响应司法部、中华全国律师协会、中国法律援助基金会和中央统战部的号召，积极奔赴西部地区开展"1+1"中国法律援助志愿者活动，为青海、西藏两省（区）无律师县提供志愿法律服务和"同心律师服务团"对口边远山区法律服务活动。2014年我省有五位律师志愿者奔赴西藏日喀则地区和阿里地区的三个无律师县进行义务法律援助，2名民主党派或无党派律师派遣到云南省巧家县，开展律师法律植根西部计划，把法律的公平与正义送到西部群众手中。

一起时间长度横跨十年的特殊工伤保险待遇纠纷案，生动体现了法律援助制度给困难群众带来的人文关怀。2003年3月，永泰县后亭溪流域长坪电站施工现场浇捣主厂房砼屋面发生工作面模板坍塌，造成现场施工人员从12.3米高的坍塌面坠落，并造成其中一人当场死亡。而根据双方达成的"和解协议"，死者家属只能获得赔偿金4.2万元，仅相当于当年法律规定赔偿标准金额的七分之一。而且在经历二审终审生效判决、检察机关提起抗诉之后的十年间，部分当事人在漫长的维权过程中已经年迈死亡。为此，省法律援助中心指派福建国富律师事务所张本钟律师为此案提供法律援助。张本钟律师不负重任、不畏烦琐、不怕困难，认真介入调查、取证，积极为死者据理力争，最终帮助死者家属获得了近30万元的赔偿款。

在龙岩，同样也有一名深受困难群众交口称赞的好律师。他就是福建金磊律师事务所农民工法律援助站主任、农民工法律援助志愿者黄家焱，他致力于法律公益援助21年，被誉为福建省法治进程标杆人物。仅2014年一年，黄家焱所在的农民工法律援助站就免费为龙岩地区的农民工等困难群体承办案件526件。其中，"福建畅丰车桥制造有限公司违反最低工资标准的规定案"还被全国总工会评为"2014年十大劳动违法典型案件"。

据了解,长期以来,龙岩市律师协会组织124名律师组成农民工维权志愿者,深入厂矿企业开展法律咨询,指导签订劳动合同,帮助解决拖欠工资以及社会保险福利待遇问题,为农民工提供法律帮助,维护农民工合法权益;福建枫桦律师事务所制定了《律师参与处理突发事件应急预案》,协助当地党委、政府顺利处理了多起劳动安全事故、"医闹"、校园伤害、土地纠纷等突发群体性事件,受到当事人和当地党委、政府部门的高度好评。

此外,全省广大律师积极、主动参与各级政府的涉法信访工作,通过律师的接访活动,引导上访群众以依法理性的渠道表达自己的利益诉求。

——省律师协会省直分会长期坚持每周三次,每次派1—2名律师到省委、省政府信访局值班。

——莆田市律师协会不断完善律师参与涉法信访工作机制,除组织963名律师轮流到信访部门值班外,还在每周一安排一名女律师到市妇联参与信访接访。

——厦门市律师协会独辟蹊径以信访接待推进法治社会建设,参与社会管理,组织律师党员服务市长专线办公室,解答市民关心的涉法问题。

参政议政　建言献策

李玉珍代表：构筑保护职工的"安全网"

来源：福建日报　2007年1月30日

"我省劳动者因工致伤或职业病伤害后，最大的愿望就是能够获得及时的医疗救助和经济补偿，但工伤的认定非常复杂。认定工伤后，用人单位的费用负担又难以协调，制定出台工伤保险条例、进一步强制推行工伤保险制度恰能为解决这个问题提供可靠保障。"今年"两会"上，省人大代表、福建君宇律师事务所主任李玉珍的一席话道出了大伙的心声。

李玉珍说，2004年1月1日国务院《工伤保险条例》实施后，福建省人民政府迅速出台了《实施工伤保险条例的办法》，在各类企业个体工商户中强制推行工伤保险制度。但这两项法规可操作性不强，导致这项制度的落实不够到位。全省工伤保险参保人数明显少于养老保险参保人数，大量的私营企业或个体户游离在外，没有纳入统筹之中。

李玉珍呼吁，应进一步加大推行工伤保险制度的力度，特别要扩大到私营企业和个体工商户。同时，要进一步理顺行政管理体制，解决工伤业主的思想包袱，构筑保护工伤职工的"安全网"和减轻企业负担的"减压阀"。

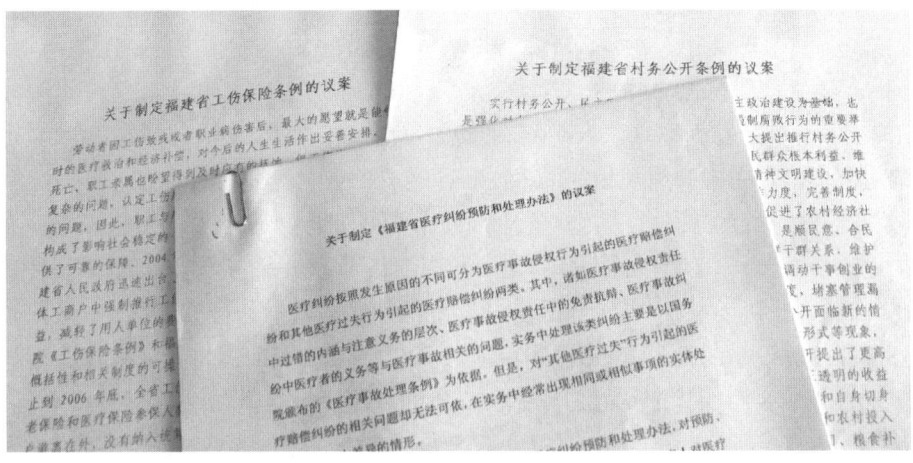

建言献策:为农民工提供住房保障

来源:台海网 2008年1月20日

在省十一届人大一次会议期间,代表们纷纷建言献策。

扶持农村可再生能源项目

李玉珍、陈荣聪、吕培榕、郭清华等10名省人大代表向大会提出《关于制定〈福建省农村可再生能源条例〉的议案》。

10名代表认为,发展农村可再生能源项目,不仅可以充分发挥我省山多水多海岸线长、可再生资源丰富的优势,还可以弥补我省石化资源短缺、能源建设不足的弱势。近年来,我省广大农村的实践活动已经积累了丰富的工作经验,制定我省的农村可再生能源条例是完全有必要的。

在制定农村可再生能源条例方面,我省可以把县级以上人民政府应当将农村可再生能源工作纳入国民经济和社会发展规划,并制定相应的优惠政策和保障措施,扶持农村可再生能源的科研开发和推广应用;省发展改革、经贸、科技、财政部门应当在项目安排、创新奖励、政策及资金扶持等方面,支持农村可再生能源的科研开发和成果转化。

在条例中还提出,我省要把列入国家和省农村可再生能源产业发展指导目录、符合信贷条件的建设项目,按照国家和省的有关规定享受财政贴息贷款,并享受税收优惠。

加大公益性殡葬设施投入

近几年,由于殡葬行业"垄断"体制尚未打破,殡葬市场尚需改革与发展。至2006年底,全省殡仪馆建成58所,占省政府规划的85%,全省建成的农村公益性骨灰堂(楼、塔)只有4173个,占覆盖建制村总数的三分之一。有些地方火化率虽然上去了,但老百姓还是将火化后的骨灰装棺二重葬。

为此,部分省政协委员认为,殡葬队伍建设亟待加强。省政协委员建议,省政府加大对贫困地区公益性殡葬设施的投入,以促进落后地区火化率的提高。福州地区的许多陵园为社会困难群体及有益于弘扬社会正气的人群提供墓地的做法值得肯定和提倡。

"最高产"律师代表 一人提交6件议案

来源：东南快报 2009年1月15日

平时跟朋友吃饭聊天，每个细节、每个小故事，都会激发我提议案的灵感。""你们会不会弄错了？"昨日上午，当记者告诉李玉珍，她在本届大会提交了"最多议案"时，她连连摆手，满脸诧异。李玉珍是我省第九届、十届、十一届人大代表，民建泉州市委副主委、厦门泉州仲裁委员会仲裁员、福建君宇律师事务所主任，成了"最高产"的李玉珍生活中一直很低调，很少接受媒体采访。李玉珍是三届人大代表，在任职省人大代表期间，总共提交了将近40件议案。而在2009年省人代会上代表们提交的近40件议案中，李玉珍就占了6件。李玉珍还有个身份是律师，虽然律师给人的感觉是严谨和严肃，但李玉珍长得"很贤妻良母"。她还有甜美的嗓音，一张口不亚于专业歌手。

记：为何您对"最高产"这个头衔感到很诧异？
李：大会刚开始，厦门市的陈津代表一口气交了4件议案，当时我们都以为他后面还会提很多议案，"最高产"这个头衔应该属于他。
记：您任职省人大代表期间，共提交了多少件议案？
李：将近40件，其中法律援助计划已经颁布实施，还有一些议案已经列入五年立法计划。
记：您在本届人代会上主要提了哪些议案？
李：这次我提的议案都侧重于民生，比如关于制定《福建省房屋租赁管理若干规定》的议案、关于制定《福建省商业零售经营单位安全生产规定》的议案、关于制定《福建省欠薪保障金筹集和垫付的若干规定》的议案等。

记：您提这些议案的动机是什么？

李：金融危机下，不少中小企业经营陷入困境甚至濒临倒闭，欠薪现象也时有发生。如果政府能够建立欠薪保障金筹集和垫付机制，就能帮助企业摆脱一时的困境，撑过最艰难的时刻。同时，也能保障员工的利益。

记：您提议案的灵感来自哪里？

李：议案不是凭空可以想象出来的，它往往来自于工作和生活。从事律师行业二十几年，经常涉及方方面面的人和事，这份工作为我积累了很多素材。此外，平时经常跟朋友吃饭聊天，餐桌上的每个细节、每个小故事，都会激发我提议案的灵感。

记：作为一名女律师，还有这么多的头衔，您的最大压力来自哪里？

李：可以说来自工作和家庭之间的权衡。虽然说鱼和熊掌不可兼得，但闽南女性除了事业，家庭也是摆在第一位，不能放弃的。我们闽南女性工作、生活两不误。

相关链接

李玉珍律师在担任福建省第九届、十届、十一届人大代表期间，提交了很多的提案、议案，这些提案、议案大部分被相关政府部门采纳。

关于制定《福建省法律援助条例》的议案

关于加快港城联动步伐 描绘和谐泉州新貌的议案

关于修改建设部《城市房屋租赁管理办法》的议案

关于制定《保障和规范律师依法执业的若干规定》的议案

关于制定《福建省文化娱乐场所经营单位安全生产规定》的议案

关于制定《福建省商业零售经营单位安全生产规定》的议案

关于制定《福建省房屋租赁管理若干规定》的议案

关于制定《福建省住宅区公共设施专用基金管理条例》的议案

关于制定《福建省企业欠薪保障金筹集和垫付的若干规定》的议案

关于制定《福建省医疗废物管理条例》的议案

关于制定《福建省医疗纠纷预防和处理办法》的议案

关于制定《福建省沿海防护林建设与保护条例》的议案

关于制定《福建省村务公开条例》的议案

关于制定《福建省工伤保险条例》的议案

关于制定《福建省展会知识产权保护办法》的议案

关于制定《福建省安全生产条例》的议案

关于制定《福建省农村可再生能源条例》的议案

关于制定《福建省房地产登记条例》的议案

关于制定《福建省烟花爆竹安全管理办法》的议案

关于制定《福建省节约能源条例》的议案

关于制定《福建省集体用地使用权流转管理办法》的议案

关于制定《福建省中医药管理条例》的议案

5 参政议政 建言献策

第二部分 情洒八闽
PART 2

关于制定《福建省城市排水管理条例》的议案

关于制定《福建省工资支付条例》的议案

关于在全省重点乡镇（街道）建立健全全侨联组织的议案

关于加快异地重建福建省女子监狱的建议

关于修订《福建省城市市容和环境卫生管理办法》的议案

关于制定《福建省封山育林条例》的议案

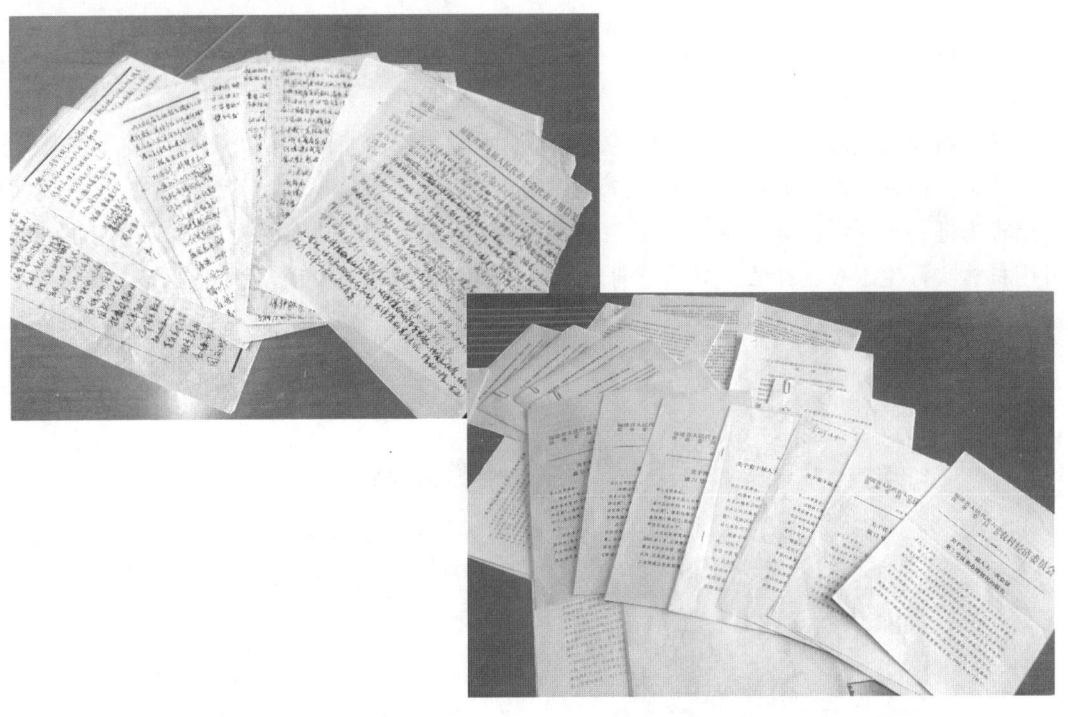

省政协委员蒋方斌:完善森林生态效益补偿机制

来源:福建日报　2011年1月16日

省政协委员、福建至理律师事务所主任蒋方斌建议,应进一步完善森林生态效益补偿机制,加大生态公益林补偿。

蒋方斌建议,应加大政府补偿,让生态公益林业主享受像"种粮直补"和"退耕还林"那样的惠农政策。根据公益林的生态要求,实行区别对待、分类管理,允许林木所有者按有关审批程序处理。进一步加强各种资源费的征收使用和管理,加大用于森林生态补偿支出中的比重。对用材林实行生态效益补偿。可通过向国家申报速生丰产林建设项目,争取国家资金投入。

我省重视推动律师参政议政

来源：法制网 2011 年 7 月 28 日

《福建省司法厅关于进一步加强和改进律师工作的意见》最近下发，要求积极做好从优秀律师中选拔法官和检察官、推选律师担任党代会代表及人大代表和政协委员等工作。记者从省律师协会了解到，我省近年来越发重视推动律师在参政议政方面发挥重要作用。基层法律工作者参政议政的意识和水平正逐步得到社会各界认可，参政议政所发挥的作用也越来越受到社会关注。

我省律师主要通过以下途径参政议政：一是通过担任法律顾问向各级党委、政府以及所在部门提出意见和建议；二是通过接受人大、政协或政府有关部门的委托，进行立法论证；三是通过参与信访、投诉案件的接访，化解社会矛盾纠纷，引导广大群众通过法律途径表达利益诉求。目前全省律师事务所已发展到 446 家，执业律师 5486 名，共有 119 人（次）律师担任各级人大代表及政协委员，律师人员参政议政比例逐年增加。

我省律师充分发挥专业优势，围绕社会热点、难点问题，提出提案、议案，积极参与立法、监督行政，献计献言的内容广泛，为有关部门提供决策参考。先后共提交提案 395 件，其中关于设立专家学者库建议、邀请政协委员参与人民法院诉讼调解等建议相继被各级法院所采纳，不少提案议案还被评为优秀提案议案。

省律师协会秘书长刘瑞兰表示："一方面，律师参与地方立法、为政府法律咨询委员会担任顾问，帮助政府制定法律法规政策，为政府提供法律服务；另一方面，律师也监督政府依法行政，严格依法办事。律师接触到的是民生问题，关注的也是民生问题。律师参政议政人员比例增长也说明其参政议政意识不断增强，层次不断提升。"

三位律师的参政议政故事

来源:东南网 2011年10月19日

奔忙在基层一线,敢于直言,善于协调,参与立法,积极实践,他们用自己的行动改变着我们的生活,推进了社会的法治进程,请看——3位律师的参政议政故事。

在我们身边,活跃着这样一个群体——他们奔忙在基层一线,对社情有着"春江水暖鸭先知"的切身感触;他们敢于直言,是反映民意的"绿色通道"。善于协调,是缓解社会矛盾的"润滑剂";他们参与立法,参与实践,推动了法治的进程,他们就是逐渐走上参政议政前台的律师们。

陈立新:向"一案多判"开炮

提起"一案多判",律师陈立新的眼中闪过一丝锐利的光:"这是应该从制度上防范、杜绝的不正常现象,不然,损害的不仅是群众利益,更是法律的公平和正义。"

2005年前后,陈立新代理的几起案件出现不同程度的"一案多判"。福州市晋安区一个家具城因台风被淹,现场评估,财物损失约18万元,但老板向保险公司索赔100万元。双方协商无果,告上法庭。一审法院判保险公司赔付20万元左右,保险公司不服上诉,福州市中院发回重审，重审后保险公司被判赔付 60 万元左右。一样的案情，在同一法院不同法官之间，为什么赔付额差了 3 倍？原来，在对家具城损失的评估上，两个法官分别采信了不同评估公司的数据，导致结果迥异。

"这绝非孤例。同一类型的案件，中级人民法院与基层法院、不同基层法院之间、同一法院不同法官之间判决不一致，甚至同一法官在不同时间作出的判决也不一致，这让老百姓很不理解，甚至对司法公正提出质疑。"陈立新分析其中的客观原因，"社会在发展，各种新型法律纠纷层出不穷，涉及建筑、房地产、金融、医疗、知识产权等很多领域，专业性越来越强。法官毕竟不是无所不知的全才，司法鉴定也只能解决一部分争议问题，仍有很大一部分问题，只能由法官根据自身的审判经验进行自由裁量，一旦对案件作出的事实和法律认定与案件涉及的专业知识不符，就容易出现偏颇"。

"专业问题，请专家解决！"2007 年 2 月，身为福州市政协常委的陈立新撰写了《关于福州市中级人民法院设立专家学者库的建议》，建议在法院系统内部设立专家学者库，在新型案件出现专业性问题时，由专家、学者提供专业意见，作为司法审判的参考依据。福州市中院采纳了建议，率先在全省建立专家学者库，陈立新被吸纳为成员之一。时任省委政法委书记鲍绍坤对陈立新的提案作批示，批转省高级人民法院办理。今年 3 月，省高院也设立了专家学者库，并在全省各地法院逐步推行这一做法。

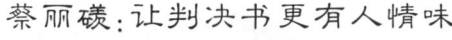

蔡丽礠：让判决书更有人情味

从 2008 年 11 月起，在我省打官司的当事人拿到的判决书跟以往不同了：一页"相关的法律条文"被附在了裁判文书的正文后，将案件裁判所依据的法律、法规、司法解释等具体内容悉数列出。这一富有"人情味儿"的变化，是省人大代表蔡丽礠律师的一个建议促成的。

"以前的判决书，只是简单注明依据某部法律的某个法条，这对我们专业人员来说不成问题，但对一般老百姓来说，却是个难题。"在漳州当了近 20 年律师，蔡丽礠经常碰到有人拿着判决书来询问：法院引用的法条具体内容是什么？该到哪里去查找？一次，一名当事人被生意伙伴赖账,经过千辛万苦终于打赢了官司,满心欢喜地等着对方还钱,谁知一等再等,始终不见动静。最后,等他来找蔡丽磙时,已经超过向法院申请强制执行的时效。眼看判决书成废纸,几年的辛劳付诸东流,这名当事人捶胸顿足,痛悔不已。这一幕深深刺痛了蔡丽磙,她想:"假如判决书能够附注所引用的主要法律条文,能够明确提示执行申请时限,这样的遗憾完全可以避免!"

于是,在2008年省第十一届人代会第一次会议上,蔡丽磙提出《关于在全省各级法院推广在法律文书后面附注所引用的主要法条及执行申请提示的建议》。省高院十分重视,当年4月即下发通知,先行倡导推广这一做法,同年11月5日,省高院正式发文,在全省施行。

"这是我省判决文书改革的一个亮点。"省高院相关负责人介绍,新判决书能让当事人清楚知道案子"怎样判"、"为什么这样判",官司不论输赢,都能够明明白白,既传递司法为民的人文情怀,又让每一份判决书都成为一种特殊的、直接的普法教材。

蔡启新:一张铁嘴直言不讳

连续三届担任南平市人大代表,连续5次被南平市人大评为"优秀代表"的蔡启新律师,有着一张直言不讳的"铁嘴"。

作为人大代表,蔡启新参政议政时很有专业"含金量"。看到有些代表法律知识不足,他就主动为他们举办《代表法》、《选举法》讲座,送上法律服务卡,提供法律帮助。视察、检查、调研,他总能犀利地发现问题。一次,他和文化稽查队、计生局进行行政执法检查,毫不客气地当场"揭丑":"这是什么询问笔录?只有潦草的一句话,如果被处罚对象提起行政复议,你们在程序上就站不住脚!""处罚文书必须送达本人才生效,可你们呢,没给人家签收就执行,太不规范了……"对于老蔡的直言不讳,这些部门心服口服:"我们的确只注意实体合法,没注意程序合法,老蔡提的问题很专业,我们立即改正!"此后,类似的行政执法得以规范。

作为建瓯市政府法律顾问,蔡启新常常在政府与百姓间牵线搭桥,从法律角度排解民忧,把大量民事纠纷化解在萌芽状态。他是未成年人保护志愿者律师和农民工法律援助志愿者律师，义务为农民工、贫弱群体打官司。建瓯当地的百姓，尤其是农民遇到难题，都会想到："找蔡律师去。"

2003年春，青椒收成时节，建瓯市东峰、东游、顺阳、水源等乡镇的200多户农民却愁上心头。他们被不法商贩误导，买了1300多包名为"香椒一号"的种子。不料，这批种子开花后落花落果，一季的收成都打了水漂，经济损失达30多万元。

"得找人给我们做主！"急火攻心的农民们到市政府上访。蔡启新配合农业执法部门协调此事。他提供免费法律代理，指导农民们依法维权。200多户农户，蔡启新一一调查取证，奔波数月，历经两审，终于为他们讨回公道，种子经销商赔偿了农民的大部分经济损失。

律师参政呼唤社会环境

来源：东南网—福建日报 2011年10月19日

"律师对国家政治生活的参与程度，乃是一国法治实现程度的标尺。"北京大学法学院教授贺卫方说。

从1988年全国人大代表中首次出现律师的身影开始，越来越多的律师代表、委员在民主法治建设中逐步发挥作用。省律协调查显示，目前我省有446家律师事务所，5486名执业律师，共有119名现任各级人大代表和政协委员，连任两届及以上的32人。

现状：更专业更务实

"热情高涨，珍惜机会，体现出良好的专业素养和实践水平。"这是省人大法工委副主任陈美华对参与我省立法调研、论证的律师们的评价。

我省律师参政议政的主要途径，一是在各级人大或政协担任人大代表或政协委员，以提案、议案的方式参政议政；二是参加民主党派，间接参政议政；三是担任党委、政府、人大、政协等部门的法律顾问，为国家机关各部门提供法律建议；四是由各级司法行政机关、律师协会推荐参与人大立法调研、论证。

2000年以来，省律师协会组织律师参与了省人大法工委有关《物权法》、《婚姻法》、《妇女权益保障法》及《福建省遗体和器官捐献条例》等20部法律、法规的调研、修改、论证、听证等。陈美华记得，2002年5月9日，省人大举行的第一场立法听证会有关《福建省城市房屋拆迁管理条例》，在20名陈述人当中，律师占了5名。"他们作为法律专业人员，在陈述中能遵循法律原则地反映社会普遍要求，讲得精彩、到位，给我们很多启发。"

省政协社会法制委相关负责人也表示："政协的参政议政、民主监督离不开法律，专题视察、调研等活动会涉及很多法律问题，委员会提交的报告质量很高，重要的一点是我们有法律人才，律师委员的意见有建设性、可操作，很受欢迎。"

在参政议政过程中，律师们提交了许多有社会影响力的提案、议案，被采纳的有395件。2009年省"两会"，省人大代表李玉珍律师一人提交6件议案，被新闻媒体誉为"最高产"律师代表；漳州市游东亮律师是市政协委员议案中被立案最多的委员之一，采纳他的提案，漳州市公安局废止了一些律师会见在押犯罪嫌疑人的不合理规定，为化解律师会见难问题作出有益尝试。

前景：完善制度设计

作为一个社会群体，律师的参政议政之路当然并非一片坦途。据调查，我省担任各级人大代表和政协委员的律师仅占全省律师总数的2.16%，比例过低。

社会认可度不高是必须迈过的第一道障碍。由于民间化、商业化色彩过浓,在公众眼中,律师事务所被归类于当事人和司法机关之间的中介机构,对律师的信任度难免大打折扣。流通渠道狭窄是律师参政的第二道障碍。目前,绝大多数律师是以其他身份、界别当选代表或委员。由于渠道少,加之律师执业较分散,限制了更多优秀律师参政议政的机会。第三道障碍则来自现行体制的束缚。如想在司法机关或其他国家机关工作,应首先具备公务员资格,而作为专职律师,则必须先辞掉公务员资格。这个制度梗阻了律师和司法界政界相互流动的渠道。

律师"走向政治"是历史的必然。在美国,律师出身的参议员在参议院中所占的比例最高达60%,历届总统中,具有律师资格或曾是执业律师者占半数。在日本,律师不但参与立法和司法建设的质询、审议,还可参加议会及议会法务委员会审议法案。

"律师制度恢复20多年来,中国律师事务所处的社会生态环境却没有得到根本性的改观。最根本的原因在于律师缺少应有的政治地位,缺少律师与立法、行政、司法等国家机关间一种有效的沟通与监督机制。因此,我们呼吁尽快构建并完善律师参政议政的相关制度。"省律协有关人士说。

参政议政履好职　建言献策促跨越

来源：福建日报　2013年1月25日

[提要]24日,出席省政协十一届一次会议的委员们,带着参政议政的责任和热情,从八闽大地、从境外海外风尘仆仆地赶来。福建拓维律师事务所首席合伙人许永东便是一位新委员,他希望通过参政议政,为完善法制建设献智献策。

冬日榕城,阳光和煦,暖意融融。

24日,出席省政协十一届一次会议的委员们,带着参政议政的责任和热情,从八闽大地、从境外海外风尘仆仆地赶来。他们表示,今后五年,是福建提前建成小康社会的关键五年,要深入贯彻中共十八大精神,按照中共福建省第九次代表大会的部署,把思想和行动统一到十八大精神上来,认真参政议政,为建设更加美丽更加和谐更加幸福的福建集智献计。

在梅峰宾馆、左海大厦等大会报到处,没有彩旗,没有装扮,现场布置简朴有序,但服务热情有增无减。

今年是换届年,十一届省政协新增了许多委员,年轻面孔多了,朝气更足了。

福建拓维律师事务所首席合伙人许永东便是一位新委员,他希望通过参政议政,为完善法制建设献智献策。"福建民间资金很充足,相伴生的是民间借贷活跃。"许永东建议,"要尽快出台相关法规政策,引导扶持私募基金的发展。这不仅可留住民间自有资金,还可以吸引外来资金,为资金找到好'婆家'。"

过去的五年,十届省政协委员、各参加单位和专门委员会认真履行政治协商、民主监督、参政议政职能,主动融入全省工作大局,坚持把服务发展作为履职第一要务,共提交经济建设方面的提案2512件,占提案总数的50.6%。

在报到现场,记者听到了委员们真实坦率的声音,感受到他们高涨的参政议政热情。

福建金沙辉煌有限公司董事长王秋阳一报到完,就赶着出去洽谈业务。她说,这几年,中小企业在融资、招工等方面遇到不少困难,希望政府能出台更多扶持政策,帮助中小企业渡过难关。

发展的最终目的,是为了更好地保障和改善民生。中共十八大以后,委员们对社会发展、民生大计的关注度更高。

民盟福建省委常委、福建师范大学研究生处处长李永青对如何办人民满意的教育,先后提交了多个提案。他满怀憧憬地说:"今后,我将继续呼吁给高校松绑放权,也真诚希望下一个五年,我省能够真正落实好《高等教育法》,让高等教育改革的步伐迈得更大一些、更快一些,开全国风气之先。"

民生连民心,枝叶总关情。过去的五年,省政协委员积极关注民生保障和改善,认真履职,踊跃献策,共提交民生方面的提案1328件,报送有关民生的社情民意信息专报件1500多件,在政府和群众之间搭建起了一条畅通的沟通纽带。

福建光明资产评估房地产估价有限公司董事长雷云,把关注的目光投向了癌症患者。

"福建是癌症的高发区,每年新发癌症患者都在增加。尽管福建已选择15个点,对恶性肿瘤高发点进行筛查,但这还远远不够。"他说,"一个人得了癌症,花费大量医疗费不说,还牵扯进一个家族,社会成本很高。因此,我省要先行先试,出台相关政策,引导百姓健康生活,定期检查身体,开展好防癌抗癌工作,让百姓过上无病无忧的幸福生活。"

三明市歌舞团团长童桂贤说,去年我省提出"要像抓经济一样抓文化、像抓工业项目一样抓文化产业",文化发展迎来了春天,迎来了一个前所未有的好时代。

童桂贤举例说:"我们三明歌舞团,一度背着沉重的历史包袱,政府帮助我们解决了400万元的社保问题,让我们轻装上阵,还把老歌舞团旧址改建成员工宿舍,新建了1500多平方米的办公场所。政府重视文化产业发展,重视民生建设,真的是看得见、摸得到。"

"文化体制改革,让三明歌舞团重焕生机,年收入从不足80万元增至2012年的1500万元。"童桂贤的喜悦之情溢于言表。

福建省五名律师参加福建省政协十一届一次会议

来源：福建省律师协会　2013年2月6日

2013年1月26日至30日，福建省政协十一届一次会议在福州隆重召开。福建省蒋方斌、杨新华、涂崇禹、金惠敏、许永东等五名律师当选福建省政协十一届政协委员，蒋方斌律师当选本届政协常委。

本次会议共有来自福建省各行各业701名政协委员参加。五位律师作为福建省律师行业代表，充分履行政协委员职能，针对政府及两院工作报告建言献策。

会上，蒋方斌、杨新华、涂崇禹、金惠敏、许永东律师分别就制定政协委员调研程序规范、制定城市居民回归农村保障政策、取消大城市户籍制实行居住证制、建立政协与其他类型监督互动机制、重视法律服务业对社会经济发展的撬动作用等议题提出建议意见，围绕我省法治建设、经济发展方式转变、民生保障、现代产业体系建设等中心工作进行了讨论。

省政协委员杨新华建议:鼓励民营资本进入养老市场

来源:海峡都市报 2014年1月11日

"养老问题,涉及千家万户,目前我省60岁以上的老人有400多万人,因政策和法律方面问题,养老体系还不够健全,希望我省出台更具体的养老实施细则,鼓励民营资本进入养老市场。"昨日,民盟福建省委委员、经济与法制委员会主任杨新华在接受本报记者采访时表示。

在杨新华看来,政府投资建设的养老机构基本上是保障性的,供不应求。但是民办的养老机构很少,且规模小。其主要原因是民办养老机构,原来的政策规定是非盈利性质的,投资人建设养老机构政策上限制是非盈利的,非盈利的最基本的特征是不管你赚不赚钱,赚了钱只能再投入用于扩大规模,投资人不能把它作为利润拿走,这在很大程度上制约了民营资本进入养老市场的积极性。

"民营养老机构在经营中还遇到不少困难,比如用于建养老机构的土地难审批,去银行贷款也难,而且民营养老机构周边如果没有好的医疗配套服务,许多老年人就不愿意来。因为老年人比较容易生病,遇到一些紧急情况,时间就是生命。"杨新华说。

杨新华说,2011年,国务院出台了《社会养老服务体系建设规划(2011—2015年)》,希望我省出台实施细则,鼓励民营资本进入养老市场。在土地规划上,按人口一定比例来配置土地,供养老机构使用。政府是养老机构的主体,应该做好医疗配套设施。

杨新华：福建落实依法治省要有中纪委反腐的决心和力度

来源：人民网—福建频道 中国青年网 2014年12月24日

专家简介：杨新华，男，1963年3月出生，中华全国律师协会理事，福建省律师协会副会长，福建辉扬律师事务所主任。兼任福建省政协社会法制委员会委员，福建省法学会财税法研究会副会长、行政法研究会理事，民盟福建省委员会委员、经济与法制委员会主任，福州仲裁委员会仲裁员等职务。

"今年，国家层面的最重要的事情就是十八届四中全会召开和行政诉讼法修改。"福建省政协委员、中华全国律师协会理事杨新华认为，福建省委召开九届十二次全会讨论贯彻党的十八届四中全会精神和全面推进依法治省，福建省委书记尤权指出的重点把握"坚持科学民主立法，提高地方立法质量"让他感触良深。

尤权强调依法治省要把握正确政治方向，还提到立法要解决"全面正确实施宪法和法律，维护国家法制统一"的问题。杨新华提到，依法治省，首先要有"法"才能治理，福建省有权制定地方法规的只有福建省人大及其常委会、厦门特区人大及其常委会，能制定规章的包括福建省政府、福州市政府和厦门市政府，其他一些部门只能出台规范性文件。现实中，存在用规范性文件替代法律法规的现象。

有些部门用规范性文件或规章的形式来制定一些规定，存在"乱立法"的问题。他说，行政机关依红头文件办事比依法办事的意识要强得多，"各部门应该按照法律权限规范各自职责，不该立的法不要立，免得和上位法重复、冲突"。

"很多时候，我们不是缺法律知识，而是缺法律意识。"杨新华觉得首先要在立法上避免部门立法，"有立法权的要科学立法，没立法权的把法执行到位。"他认为，以前涉及部门的法规就委托该部门起草草案，这种做法容易滋生部门利益保护和权力腐败。在地方立法上，应该吸收专家学者参与起草并进行调研论证，最后提交人大审议通过。

立法质量提高后，深入推进依法行政，要加快建设法治政府。杨新华认为，行政机关要认真执行法律法规、严格履行各自的职责。涉及政府决策的重大问题都要论证其合法性，避免和相关的法律法规相抵触，还应该举行听证会，了解百姓的心声、提高决策的民主性。11月20日，在福建省政协委员活动日上，他就提出景观改造要听取社情民意的建议。

有了好的法律法规，还要有好的执行力。"经再好，和尚也会念歪。"杨新华认为，在教育方面，虽然公平教育还有不足之处，进城务工子女的教育问题得到很大改善，这和各地政府的重视是分不开的，政府的执行力还要加强。除了大的如义务教育法的贯彻执行需要加大力度保证公平接受教育的权利外，像"一次性餐具不能收费"这样小的规定被一再强调却屡禁不止的问题,充分暴露了执行不力的问题,必须加强各项规定的执行力。执行不力的根子在于相关政府职能部门没有尽到监管的职责。

立法并解决执法问题,接着是要"保证公正司法,提高司法公信力和权威性"。杨新华说,执法人员的素质、意识等存在的问题,也会影响司法公平和公正。法官的业务能力和职业道德等素质要提高,而现有体制上存在的"审而不判"和"判而不审"的现象,客观上造成权责分离,错案不能追责的问题,是司法不公的原因之一。还有,中央强调的避免党政干扰也是值得重视的问题。他认为,要实现公正司法,就要加强监督,建立行之有效的监督体系和责任追究机制。

怎么"增强全民法治信仰,推进社会治理法制化"呢?杨新华认为,"民告官"中,行政首长应当直接参与诉讼,只有出庭应诉,才知道自己错在哪儿,避免一错再错,而全社会要树立"公民的法律信仰"重在政府行动,司法公正了,百姓就有了法律信仰;领导有法律意识,老百姓就会有法律意识。

官员也是高风险群体,缺乏监督也让官员走向不归路。杨新华感慨:我们已经进行了"六五普法",相当于一个大学生念了七八个四年本科了。十八届四中全会后,还有一些部门公然违法的现象存在,缺少责任追究机制是一个重要原因,即违法成本太低甚至没有成本。如果能够像中纪委抓"八项规定"落实的力度和决心来解决执法问题,那法律、法规就能得到很好的贯彻执行了。

政协委员杨新华：福建法治政府要依法行政不能"有钱任性"

来源：人民网 2015年1月30日

"政府首先要守法，营造依法治省的良好氛围。不能有权就任性。"福建省政协委员、民盟福建省委经济与法制委员会主任杨新华说，十八届四中全会研究了全面推进依法治国若干重大问题，对行政诉讼法进行修改，福建省政府工作报告中也提到"全面推进依法行政"和"持续深化作风建设"，依法办事将对建设新福建的"大厦"打下坚实的"地基"。

本次参加福建省政协十一届三次会议，杨新华提的是《关于加强政府采购行为监管的建议》和《关于建立行政机关重大决策合法性审查机制的建议》，这两个建议呼应福建省政府工作报告中"加快建设法治政府和服务型政府"的内容。

福建省是改革开放的先行省份，较早建立起了各级负责政府采购的行政和专业监管机构，依法担负起指导、管理、监督的职能。杨新华说，《政府采购法》立法的目的，是规范政府采购行为，提高政府采购资金的使用效益，维护国家利益和社会公共利益，保护政府采购当事人的合法权益，促进廉政建设。福建省内各地政府采购规范程度参差不齐，有的地方对政府采购活动的监管形同虚设，导致违法采购问题屡有发生，应当引起有关部门高度重视，尽早启动监察程序，通过查处典型案件加强对政府采购工作的整顿和规范。

行政机关要有正确的意识，财政预算拨给行政机关的钱不能当自己的钱，这钱是国家的，是纳税人的，不能花起来不心疼。杨新华说，《政府采购法》第3条规定，政府采购应当遵循公开透明原则、公平竞争原则、公正原则和诚实信用原则。他建议，严格依照《政府采购法》的规定规范政府采购行为，做到有法必依，违法必究；加强政府采购管理机构工作人员的业务培训；对被举报的违反采购项目进行认真调查，对于违法采购行为依法查处，对失职人员依法处分；依法清除违法企业，净化市场环境；对涉嫌犯罪的线索立案调查。

十八届四中全会的决定明确要求把公众参与、专家论证、风险评估、合法性审查、集体讨论决定确定为重大行政决策法定程序，违反决策的法定程序，就要承担相应的法律责任。在《关于建立行政机关重大决策合法性审查机制的建议》中，杨新华提到十八届四中全会"建立行政机关内部重大决策合法性审查机制"和"建立重大决策终身责任追究制度及倒查机制"的内容，建议各级政府、行政机关，应当制定重大行政决策合法性审查制度，做到有章可循；重大行政决策合法性审查事项的范围应当明确详细，并易于操作，还要规定启动合法性审查的方式；进行合法性审查后必须出具《合法性审查法律意见书》并具备完整的内容；保障审查的独立性，并建立审查责任制；建立行政首长异议制度。这样做，也是在某种程度上约束权力、保护官员。

为什么要提相关的建议呢？杨新华说，"权力不能任性"是社会的共识。深圳市一个民主党派人士发现福建省某行政机关采购不规范并予以实名举报。作为一名委员和律师，他觉得更应该责无旁贷履职。采访中，他和另一名委员张琼珊都提到，市政建设中挖了填填了挖的重复浪费现象不少见，让市民颇有微词，而中央停建楼堂馆所也是要阻止"有钱就任性"。

多方参政议政　助力法治福建

来源：福建日报　2015年10月8日

阙勇刚，53岁，福建归化律师事务所主任、党支部书记，三明市律师协会副会长。2014年，他以非公职人员身份挂职明溪县雪峰镇城西村第一书记，成为全省律师界出任村支书第一人。

阙勇刚到村任职后，了解到城西村龙井上新农村建设安居房项目被困的原因后，立即向村民保证："我是律师，我一定会按法律办事，一定会公平、公正地解决好这个问题。"在县、镇的支持下，城西村召开村民代表会议，明确了土地物权归属村民小组，项目建设由村民小组监督建设，建设资金由村委会监督使用，把该项目建设纳入法治轨道，从而顺利解决了372套安居房。

今年是村委换届之年，为了给城西村选好"带头人"，从6月底起，阙勇刚在历时一个多月的选举过程中，大力宣传《选举法》。

面对城西村的变化，村民不但对阙勇刚依法办事感到满意，还逐步树立起了相信法律的信念，法律意识慢慢浸透到村民的心里。

阙勇刚是近年来我省律师参政议政，助力法治福建建设的一个缩影。

律师作为社会主义法律工作者，是国家法治建设的重要助推者和具体参与者，他们以其特有和敏锐的社会视角、用专业水准对法治福建建设建言献策。

全省有48名律师担任各级人大代表，123名律师担任各级政协委员，他们发挥律师专业优势，认真履行代表委员职责，反映社情民意，积极建言献策，提出议案和提案。

他们以其独特的专业视角，参与党委、人大、政府、政协的活动，提出的议案、提案、建议中涵盖了社会民生、经济发展、政府管理、行业发展、社情民意等多个领域。

2012年1月15日，福建省政协十届五次会议召开表彰会议，担任省政协委员的杨新华、金惠敏、涂崇禹等3名律师被评为"省政协优秀委员"。南平市蔡启新律师连续两届被南平市人大评为优秀人大代表。

近年来，我省律师协会积极组织律师参与立法、公共政策或司法解释的起草、论证工作，先后参与了68项法律和地方性法规、规范性文件的制定与修订工作，积极助力法治福建建设。同时参与了《中华人民共和国刑法修正案》《中华人民共和国刑事诉讼法》等修改草案以及38项地方立法的意见征求、论证等工作。广泛参与了消防、核电保护区、水土保持、节能、文物保护、固体废物污染环境防治、森林防火、旅游、失业保险等30多部地方法规的制定与修订工作；并承接了有全国、省市人大立法性研究课题《关于修改完善公司法的议案》《关于修改民事诉讼法建立民事公诉制度的议案》等。

福建拓维律师事务所多年来承担了福州市多部地方法规的起草工作；福建建达律师事务所受托起草及修订了我省《节能条例》《旅游条例》等法规，并参与电力、核电、国资资产监管等多部法规条例的修改研讨。律师独特的社会视角和严谨的工作态度，受到了有关政府部门和立法机关的肯定和赞扬。

目前,全省有5016个村(社区)拥有法律顾问,为村(社区)群众提供法律咨询、法律援助、矛盾纠纷调解等系列专业法律服务。其中漳州市已实现"村居法律顾问"全覆盖;南平市将"一村一法律顾问"和"一居一法律诊所"建设工作纳入对县(市、区)党政领导综治考评范围;厦门市将法律顾问服务费用列入各街镇平安综治建设专项经费。

律师送法上门,法律服务"四进"。人民群众期盼和需求在哪里,律师及时服务到哪里。全省律师事务所采取多种形式,积极开展律师法律服务进社区、进学校、进乡村、进企业"四进"活动。目前,全省641家律师事务所中90%与社区、乡村、学校及小微企业"结对子"。特别是在老、少、边地区的律师在"四进"活动中,更是交出了一份让社会满意的答卷:

——南平地区有31家律师事务所与133个社区和42个学校签订了法律服务协议;

——龙岩市每个市直律师事务所挂钩一个司法所、一所学校、一家企业和一家企业基层工会;

——三明、宁德地区坚持周末派10名律师到各社区提供义务法律咨询。

扶贫救灾　捐资助学

福建省律师为灾区捐款达 150.94 万元

来源：中国律师网　2008 年 5 月 27 日

灾害无情人有情，一方有难八方援。四川汶川大地震发生后，福建省律师非常关心，时刻牵挂着灾区人民的安危。全省律师在各级司法行政机关和律师协会的积极倡议下，纷纷伸出援助之手，为灾区人民献上一份爱心。根据各地律师协会、省直分会不完全统计，截止到 2008 年 5 月 22 日，全省各律师事务所和律师个人共计捐款达到 150.94 万元。各地律师捐款情况如下：福州市：19.04 万元；厦门市 53.02 万元；莆田市：2.49 万元；泉州市：15.96 万元；漳州市：7 万元；龙岩市：2.59 万元；三明市：5.15 万元；南平市：2.31 万元；省直分会：43.38 万元。

福建省律师为社会捐款达 950 万元

来源：福建日报　2015 年 10 月 8 日

原标题：播洒法治阳光　热心公益事业

福建律师始终以热心公益、奉献爱心为己任。六年来，全省律师为社会公益赈灾捐款、捐资助学、扶贫济困金额达 950 万元。

全省有 36 家律师事务所自发设立了捐资助学的常设性基金，基金额达 380 万元。

今年 5 月 28 日，省直分会未保委主任曹卫、副主任张志榕、委员郑雄英等人会同省司法厅厅机关党委、妇委会、法制宣传处及关工委的领导、干部，一行 16 人赴省厅帮扶挂点的顺昌县仁寿镇参加"庆六一暨法制宣传进校园"活动。律师们不仅给仁寿镇中心小学的 50 位三好学生及 80 位父母在南平以外打工的留守儿童带去节日的礼物（文具），还通过十几个小案例，就未成年人日常法律问题，以互动的方式给学生们作解析，启发他们守法、用法。

此外，律师们还向仁寿镇中心小学图书馆开展捐赠法律书籍活动，并走访慰问贫困、残疾儿童家庭，为孩子们送去节日慰问金。

5 月 29 日下午，福建宇凡律师事务所联合福清市法律援助中心、福建师范大学法律援助站前往龙江中心小学开展了以"法律在身边"为主题的未成年人法制宣传活动。

志愿律师谢廷芳讲授了防盗、防抢、防骗以及未成年人在治安、交通、网络等方面的法律常识；参加活动的律师还将法律融入游戏当中，寓教于乐，让同学们在各项法律游戏中领悟和弘扬法治精神。此外，为了加大"六一"普法的宣传力度，事务所副主任翁凡还组织本所律师赴金墩社区开展"关爱未成年人"的法律咨询活动。

蒋文斌:播撒法治阳光 热心公益事业

来源:福建日报 2015年10月8日

蒋方斌是福建至理律师事务所的一名律师,也是社会公益活动的积极参与者。

2002年6月,蒋方斌一次性捐款200万元创立福建省律师协会明媚助学专项基金,这是全国首例(目前也是唯一一例)由律师个人捐资创办的助学基金。明媚助学基金设立的目的是为了资助那些当年考取了大学,但因家庭困难而无力上学的应届大学生,帮助他们解决大学四年的生活费用以及部分学杂费。基金的本金原则上不动,以其收益用于公益性支出,每年资助6名应届大学生,每人1.5万元。自2002年6月设立以来,明媚助学基金已资助了四批共24人。

"创办助学基金不是我一时的冲动,而是多年的愿望。"谈到创办基金的初衷,蒋方斌说,"作为在全国首批取得从事证券法律业务资格的律师,从1993年3月开始,我致力于企业股份制改组、股票发行与上市的法律业务,经过多年的奋斗,在经济上有了一定的积累,内心酝酿已久的创办助学基金的愿望终于得以实现。"

2014年,他收到一封寄自西安交通大学的来信,这名受资助的大学生在信中说,自己已被教育部选派赴法留学,这也是在全国范围内选派的该专业中的两名学生之一。蒋方斌欣慰地说,看到这些青年学子在社会的关爱下不断地茁壮成长,快乐之情油然而生。

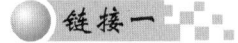

蒋方斌个人捐资200万助学
——全国首个由律师设立的助学专项基金诞生

来源:福州晚报 2002年8月27日

2002年8月,福建省律师协会明媚助学专项基金正式启动,它是由福建至理律师事务所蒋方斌律师个人捐资200万元,经省司法厅同意和省社会团体登记管理办公室批准设立的公益性基金。这是我国第一个由律师设立的助学专项基金。

今年36岁的蒋方斌,在我省有"从事公司改组改造、金融证券上市第一人"之称。自1987年从中南政法学院法律系法律专业毕业后,他一直在闽做律师,曾被省司法厅授予"福建省司法行政系统拔尖人才"荣誉称号,并被评为"福建省十大杰出青年律师"。

"明媚"助学专项基金,属于省律协分支机构,旨在帮助我省当年已考取大学本科而家庭生活特别困难的大学生完成学业。基金的本金原则上不动,以其收益用于公益性支出,具体资助方案为:从第一学年9月份开始至第四学年6月份止,每人每月发放生活费300元,在第一学期开学时另行发放入学补贴1200元,合计每人15000元。此专项基金必须由本人提出申请,经过基金办公室审核后由专项基金管委会审议确定资助对象。

"创办助学基金不是我一时的冲动,而是多年的愿望。"谈到创办基金的初衷,蒋方斌说,"作为在全国首批取得从事证券法律业务资格的律师,从 1993 年 3 月开始,我致力于企业股份制改制、股票发行与上市的法律业务,经过多年的奋斗,在经济上有了一定的积累,内心酝酿已久的创办助学基金的愿望终于得以实现"。

2014 年,他收到一封寄自西安交通大学的来信,这名受资助的大学生在信中说,自己已被教育部选派赴法留学,这也是在全国范围内选派的该专业中的两名学生之一。蒋方斌欣慰地说,看到这些青年学子在社会的关爱下不断地茁壮成长,快乐之情油然而生。

链接二

蒋方斌又向明媚助学基金捐款 300 万元

2007 年上半年,蒋方斌再次捐款 300 万元,使明媚助学基金规模达到 500 万元,资助人数由原来的 6 人增加至 10 人。2012 年开始,每个学生每月发放生活费由 300 元增加至 500 元。截止到 2016 年,明媚助学基金已经运作了 14 年,共资助了 120 多名优秀大学生。

长期以来,蒋方斌一直热心于公益事业,主动参与各项社会公益活动。1997 年,福建省律师协会号召全省律师捐款创办"福建律师希望小学",蒋方斌积极响应,捐款 3000 元;1998 年,我省闽北地区发生特大洪灾,蒋方斌捐款 1.2 万元和部分衣物;2003 年 5 月,蒋方斌积极捐款支援抗击非典斗争,捐款 2 万元;2004 年 4 月,蒋方斌参加由福建省政协社会法制委员会、共青团福建省委等部门联合主办的慰问进城务工青年活动,捐款 5000 元;2005 年 5 月,蒋方斌响应民盟福建省委号召,捐款 3000 元,支援我省闽北地区救灾工作;2008 年,汶川发生特大地震后,蒋方斌捐款 2 万元,帮助灾区恢复重建。

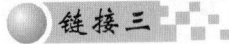

我为什么要创办助学基金

蒋方斌

编者按：

雨果说得好："比陆地更宽阔的是海洋，比海洋更宽阔的是天空，比天空更宽阔的是人的心灵"。平凡的律师，也有宽阔的心胸，人生中，什么是快乐？什么是幸福？每个人都有着不尽相同的理解。在我省律师先进事迹巡回报告团首场报告会中，有这么两位律师坦陈了对幸福与快乐的理解，编者感慨至深，特将他们的报告刊载，以飨读者。

我于2002年8月捐款200万成立了福建省律师协会明媚助学专项基金，对于这件事情，我省律师界至今仍然存在着种种议论。可谓是褒贬不一，今天借此机会，我想向大家介绍一下本人创办明媚助学专项基金的动因以及明媚助学专项基金目前的运作情况。

创办助学基金绝不是因为我一时冲动，而是我多年的愿望。过去由于缺乏经济基础，这一愿望仅仅只是一个梦想。随着我国改革开放，特别是随着我国社会主义市场经济体制的确立和依法治国方略的实施，律师业得到了飞速发展，在各级领导的关怀下，本人有幸于1993年3月成为全国首批取得从事证券法律业务资格的律师，从此，本人致力于企业股份制改制、股票发行与上市的法律业务。经过多年的奋斗，本人在经济上有了一定的积蓄，内心酝酿已久的创办助学基金的愿望终于得以实现。

为什么要创办助学基金？是出于对贫困学生的同情、怜悯，还是其他什么原因？很多人都向我提出过这个问题，我觉得这个问题很难用一个词或一句话来回答。它涉及一个人对人生的理解和领悟。

我们每个人，生活在这个世界上，都在追求幸福和快乐。不论是富人，还是穷人；是有权有势的人，还是无权无势的人，大家都在追求幸福和快乐。幸福和快乐是人们赖以生存的精神支柱。何为幸福？何为快乐？如何才能得到幸福和快乐呢？我们每个人也都在思索。幸福和快乐是一种主观心理活动，它是一种心理感受、一种心境或者说是一种心态。幸福和快乐并没有一个客观标准，它和物质财富的多少并没有对应关系，物质财富越多，并不意味着幸福和快乐就越多。这就是我们大家通常所说的，有钱人不一定快乐。国外有学者研究认为，同两千年前相比，或者同两百年前相比，今天人类的痛苦和不幸不是减少而是增加。由于自然环境被破坏，污染严重，交通拥挤、市场竞争激烈，社会压力增大等等，都导致了人类的痛苦和不幸增加。最近，英国有个研究机构对多个国家人们的幸福和快乐状况作了一个调查，结果是尼日利亚人觉得生活最幸福、最快乐，而美国人的生活快乐指数仅仅排在第17位。回想我自己的童年时代：我出生在"文化大革命"全面爆发的那一年即1966年湖北省的一个农村，家里兄弟姐妹有七个，母亲身体不太好，不能从事较重的体力劳动，家庭的生活负担主要压在我父亲一人的肩上。在这样一个年代这样一个家庭，大家可想而知，生活是多么的贫困。但是，我的家庭是一个非常团结和睦的家庭，不管家里遇到什么样的困难，全家人总是会齐心协力、共渡难关。现在回想起童年的生活,我并没有感觉到有什么痛苦和不幸,相反,让我铭记在心的只有父母对子女无私的爱和兄弟姐妹之间同甘苦共患难情,留在我记忆里的只有幸福和快乐。童年的记忆让我深深地体会到,关爱是幸福和快乐的源泉,人与人之间只有相互关爱,才会让我们感受到幸福和快乐。

关爱是一种真情的交流。关爱,首先要有真情的付出,有真情的付出,才会有真情的回报;要得到真情的回报,必须要有真情的付出。本人创办明媚助学专项基金的目的,就是为了向那些家庭生活特别困难而无法上学的大学生表达一份社会对他们的关爱。当然,这种真情的付出并不一定是金钱的付出,也不在乎金钱的多少,这种真情的回报也不一定是金钱的回报,这种真情是无法用金钱来衡量的。给予那些需要安慰的人一份安慰,给予那些需要帮助的人一些帮助,让他们能够感受到生活中的幸福和快乐,也会让我们自己真正体会到生活中的幸福和快乐。我记得,2002年明媚助学专项基金曾资助一名考取了中国政法大学的女生,她的家庭状况是这样的:父母双亡,没有兄弟姐妹,跟奶奶在一起生活,奶奶已丧失劳动能力,每月仅靠当地民政部门的基本生活补贴50元为生。对于这样的学生我们能不帮助吗?该生在获得明媚助学专项基金的资助后,顺利地走进了大学的殿堂。她在上学后给我们来信写道:现在,她再也不用时时刻刻担心因生活费解决不了而面临被迫辍学的境地,她可以专心致志地把全部心思都花在学习上;虽然失去了父母亲的慈爱,但她感受到了社会对她的关爱,她觉得她的生活和别人一样充满了幸福和快乐。她表示一定要努力学习,不断进步,将来要好好回报社会。每个学期结束后,她都会将她的成绩单及时寄给我们,看到她每个学期都取得了优异的成绩,看到她在社会的关爱下不断地茁壮成长,我们总是感到由衷的欣慰。

关于明媚助学基金的运作情况。明媚助学专项基金的资助对象是针对福建省当年考取了大学本科,但家庭生活特别困难而无法上学的学生,由基金帮助他们解决大学四年的生活费用,为他们解除生活上的后顾之忧,让他们能够顺利地完成大学学业。由于基金的本金原则上不得动用,只能以其收益用于公益支出。我们设定明媚助学专项基金的年收益率目标为5%,即每年收益为10万元,1名大学生四年的生活费估计为1.5万元(按照每月300元月另加适当的交通费用计算),这样,我们每年可以资助6名大学生,合计需要支出9万元,剩余1万元作为必要的办公费开支。自明媚助学专项基金于2002年成立以来,我们已经资助了三批共18名大学生。但每一年提出申请的大学生的数量却远远超过此数,2002年共有130多名大学生提出申请,2003年共有80多名大学生提出申请。每一年提出申请的大学生的资料,我都逐份逐份地仔细查阅,基本上所有提出申请的大学生的家庭都非常困难。有的是父母双双下岗,有的是父母都在务农而家里弟弟妹妹较多导致家庭负担特别重,有的是父母残疾,有的是父亲或母亲早逝,有的甚至是父母双亡。基本上所有这些学生都需要得到资助,但是由于明媚助学基金的规模有限,我们不可能满足所有这些学生的需求。每一年,明媚助学专项基金的理事们要从申请学生中挑选6人,确实是一件非常艰难的事情,选择了其中6人就意味着舍弃了其他学生,在这些学生最需要得到社会关爱的时候,我们却让他们丧失了一次得到社会关爱的机会,使他们不得不重新面临辍学的选择,使他们在未来的人生道路上增加了一些不确定的因素。对此,我们感到于心不忍,但又爱莫能助。获得资助的学生是幸运的,而对于那些提出了申请而没有获得资助的学生,我则深深地感到惭愧和内疚。在此,我真诚地祝愿,将来会有越来越多的需要获得资助的学生能够得到资助,让更多的人能够感受到生活中的幸福和快乐。

最后,我想说明的是,明媚助学专项基金之所以能够成功运作,这绝对不是我一个人的功劳,明媚助学专项基金的日常工作是由省律协的工作人员兼任,每一年我们要对申请学生的家庭状况进行调查,这项工作是委托申请学生所在地的律协或律师事务所承担,每一年资助对象的选定有省司法厅和省律协领导的直接参与,他们都是无偿地承担上述工作。正是由于他们的积极参与和无私奉献,明媚助学专项基金才得以顺利运转。在此,我要向关心、支持和帮助明媚助学专项基金的领导和同仁们表示诚挚的感谢!

链接四

曾经贫穷更知贫穷　爱心律师爱心助学生

来源:今日福建　2002年11月14日

11月8日,17岁的杨凌杰收到福建省律师协会明媚助学专项基金会通知:他被批准为2002年度受资助的对象之一,终于可以圆了大学梦。

小杨是泉州安溪县金谷镇元口村人。2000年6月,因其父病逝,全家顿失主要经济来源,陷入窘迫。两位年迈的祖父母、在校学习的兄弟俩及多病的母亲,全靠政府发给的每人每月106元抚恤金度日。去年小杨的弟弟考入永春师范学校,家庭经济已无力承担。因此,当小杨今年8月24日接到福建医科大学临床医学专业五年制本科的录取通知书时,他既喜且忧,喜的是有了进入高校深造的机会,忧的是没有钱上学。

绝望之际,他从报纸上看到了"明媚助学启动,律师倾注爱心"的报道,仿佛是在黑暗中看到了一丝光明。于是抱着尝试心情,向基金会办公室申请资助。

11月12日上午,作为6位受资助的特困学生代表,小杨从陈芸副省长手中接过首笔助学生活费。

链接五

感谢信

尊敬的明媚基金以及律师协会的各位叔叔阿姨:

你们好,我是西安交通大学2003级的学生陈张伟,在我2003年从屏南县第一中学毕业考入西安交通大学机械工程自动化专业以后的四年里,贵协会蒋先生创立的'明媚阳光基金'一直给予我经济上的资助,让我和我的家人减轻了许多负担,也使我能够积极投入到自己的学习当中去,顽强拼搏,勇攀高峰,使我在交大一二年级的时候成绩名列学院前茅,并且更加让人欣慰的是,我在2004年底经过了学校和法国方面的层层选拔,有幸入选'中法教育4＋4合作交流项目',成为这个政府间教育合作项目的留学交换生,并且于2005年6月份抵达法国,入读法国里昂中央理工大学,进行为期两年的交流学习。而且根据该项目协议,在读完中央理工大学的两年课程之后,我将会被保送成为原来的交大机械学院的硕士研究生,然后再进行3年的硕士研究生学习,最终我将获得法国工程师文凭和中国西安交通大学的硕士文凭,即中法双学位文凭。

而现在，我已经完成了中央理工大学的两年校内学习，正在世界知名的通用电气公司（General Electric）进行为期3个月的工程师应用实习。我在法国的两年学习生活即将结束，我也将满载而归，于2007年8月底回国，并且在9月份开始研究生的学习。法国两年的学习生活经历，让我感受颇深，自己不仅在学识、眼界上得到了深刻的开拓，也在其他方方面面得到了应有的锻炼。在法国的两年让我积累到了许许多多区别于在国内的经验和经历，也让我对东西方文化、社会、经济、历史、科学、艺术等等方面的差别都有了进一步的清楚认识。在此我要由衷感谢一直以来从未停止过对我无微不至关心和帮助的基金会和律协的各位叔叔阿姨们，尤其是蒋叔叔、杨阿姨还有原来联系我的基金会卢主任，没有你们如父母般的热情支持和关怀，没有你们的无私爱心，我就不会取得今天的成就。请允许我代表我和我的家人对你们的资助和爱心表示衷心的感谢！！！

4年的时间真地过得很快，转瞬即逝，然而你们对我的关心和帮助将会让我铭记一生。我知道，现在我还不能做什么，唯有自己在未来研究生求学日子里取得更加辉煌的成绩才是对你们最好的回报。

我们会继续保持联系的，祝福各位叔叔阿姨工作顺利，生活快乐。也祝愿所有受助同学能够在各自学业上取得更大进步！！

此致

敬礼！

陈张伟

2007年8月4日于法国

有一点可以肯定:贫困地区的人们对贫困有更刻骨铭心的感受——他们知道,要想让他们的下一代摆脱贫困,唯一的办法就是让他们受教育。虽然政府每年拨出了大批教育资金,但对于许多贫困地区的人来说,仍然是杯水车薪。如果我们社会有更多人,关注教育,捐资助学,兴建更多的希望小学,那么我们的教育也就会有更多的亮色。

——题记

真情回报
——来自福建律师捐建希望小学的报告

文 蕊

有人说,一个法制健全的社会离不开律师。因为律师是正义之剑,是民主之犁,是步入文明社会历史进程的催化剂,也是每个公民权利的保护神。他们或担任辩护人、代理人为法律尊严,为司法公正,慷慨陈词于法庭之上,或作为法律顾问单位左右周旋于谈判桌前,谈笑风生,巧解纠纷……

随着中国改革开放的进一步深入,随着市场经济体制的逐步确立和民主法制不断完善,律师事业蓬勃发展,律师已然成为一个不可或缺的社会主体。特别是在市场经济战场中,他们作为活跃分子,大规模地闪亮登场,不能不引起人们的刮目相看。人们称道律师是支撑社会和经济活动齿轮的转动轴,发挥着无可替代的传动力作用。

"谁言寸草心,报得三春晖"。改革开放造就了一代律师。

爱心,在奉献中凝聚

近年来,福建省司法行政机关和各地律师协会、律师事务所和广大律师都从各种途径积极参与捐资助学扶贫济困活动,深受社会的好评。今年开春,厅机关党委会倡议机关干部参与省妇联发动的救助失学女童的"春蕾计划"活动,福建省律师协会代表律师义无反顾地出资捐助了五名失学女童。许多律师个人也慷慨解囊与"失学女童"结了捐助对子。

奉献爱心、凝聚真情,何不聚沙成塔,集腋成裘。"春蕾计划"似乎给律师们一个启发,对!集资捐建一、二所"律师希望小学",救助的将不仅仅是一个失学儿童,一个贫困家庭,而是一个学校、一片春天土地上的永久希望。于是,一个春天的计划就这样在他们心中酝酿着……

在厅党委的关心和支持下,福建省律师协会与闽西、闽东二个贫困山区的父老乡亲取得了联系。1998年5月底,省律协一行实地考察了龙岩市上杭县通贤乡大东村。走进闽西革命老区那破旧的大东村小学,人们仿佛又被十年前那一双渴望求学的大眼睛扣动心弦一样——再穷不能穷教育,再苦不能苦孩子。关注贫困,关注那些贫困的失学儿童,实际上也就是关注我们共同的前程!

1998年6月,福建省律师协会第五届五次常务理事扩大会议在福州召开。会上,这个重要的设想经过讨论终于逐渐成形——配合福建省希望工程,在龙岩市大东村捐建"福建律师希望小学",以资助失学儿童重返校园。此举意在带动福建律师界对贫困山区失学少年的整体援助。于是,会议一结束,省律协即向全省2000多名律师发出充满激情的倡议书:"这是件功在当代,利在千秋,凝聚着千千万万人们爱的神圣事业……"倡议书在一双双热忱的手中传递着,一个个踊跃捐款、奉献爱心的活动也如海潮一般地在福建律师界中迅速涌动。

早在五届五次常务理事会召开期间,省律师协会会长洪进宝、副会长陈立达就当场表态捐款1000元,常务理事会的几位同志也慷慨解囊,捐款上万元。截至10月底,全省律师事务所、律师共捐款约58万元。其中省直属律师事务所79600元,莆田地区14500元,漳州地区40200元,龙岩地区27500元,宁德地区29000元,三明地区10000元,泉州地区52000元,福州地区75700元,厦门地区约20万元。据不完全统计,捐款在1000元以上的个人就有十余人。

省司法厅厅长陈保明对此十分重视,从律师捐建希望小学的提议、倡议捐款至择址建校各个阶段工作都予以热心的关注和支持,分管律师工作的副厅长薛育卿则亲自主持策划、实地考察、捐款。

常言道:衡量一个社会文明进步程度的重要标志之一是这个社会全体民众共同爱心的程度有多深。南平市今年遭受了百年不遇的洪灾,部分律师事务所场所和律师业务工作受到很大损害,但是他们心系"希望工程",服从大局,面对大灾损失,仍不失爱心,大家你100我200地汇聚着一片片爱心。

——这些发自内心纯朴的善举虽然不足以惊天地泣鬼神,却让社会上所有耳闻目睹的人们感到由衷的温暖。

按规定,全省律师的捐款数目,用以捐建两所希望小学。面对凝聚着全省律师心血的捐款,省律协全体工作人员深深地被感动了,决心不负全省律师厚望将这件事办好!

8月19日,省律协邀请省希望办负责同志以及龙岩市司法局领导和上杭县通贤乡大东村小学负责人现场就"希望小学"的投资问题再次进行讨论。副会长陈立达代表省律协对基建问题提出了具体要求,并指出:好事要办实,实事要办好,抓紧时间,保证质量。会上确定:委托省希望工程办公室与上杭县政府签署协议,省希望办对我会负责,由龙岩市司法局协助监督这项工程。

9月份,全省律师实务研讨会在龙岩市连城召开。会议期间,会长洪进宝、副厅长薛育卿、全国律师协会秘书长杨金国等领导一行,在当地有关部门领导陪同下,驱车前往上杭县对即将建成的"福建律师希望小学"进行实地视察,并对工程再一次提出具体要求。

全国律师协会秘书长杨金国在视察后,深有感触地对福建律师说:"全国现在律师希望小学有20多所,福建一下子就要建两所,足见各位的爱心啊。"

希望,在追求中升腾

身处经济特区的厦门律师情牵故土,得知省律协发出捐建"福建律师希望小学"的倡议后,个个慷慨解囊,踊跃捐款。一时间就筹集了20多万款项,具备了单独捐建一所"希望小学"的条件。1998年9月8日,厦门市司法局副局长、市律协会长江鸿寿、律协副会长兼秘书长陈华南专程来榕向省律协申请单独建校要求。薛育卿副厅长专门听取了汇报,并指示省律协:1.同意厦门单独捐建一所希望小学;2.将"福建律师希望小学"更名为"福建厦门律师希望小学";3.建校事宜由省律协统筹;4.省律协在宁德寿宁县另择一址,捐建"福建律师希望小学"。

一位不愿留下姓名的厦门律师在为希望工程捐出千元后,又为北方灾区一次性捐出万元,他说:我们捐出的不仅是钱,我想应该是一种精神!这是无法用物质和金钱来衡量的。作为一位律师,若我能看到我所奉献的绵薄之力和"律师希望小学"这金光闪闪的称号紧密联系在一起,让我更充分地感受到了自己的价值。一位很有名望的律师说:"作为为社会提供法律服务的专业工作者,为正义的事业鼓与呼,为法律的公正拼与搏,是我们律师心头天平的一头;另一端,我们则应是义无反顾地挑起社会关怀的重担。这样,我们人生的天平才会平衡。"

这段肺腑之言,确实是掷地有声,写下了一个大大的"人"字。

爱心,在奉献中凝聚;希望,在不懈的追求中升腾。在厦门律师的共同努力下,福建(厦门)律师希望小学教学楼,在今年九月初正式破土动工。

上杭县通贤乡曾是一片滚烫烫地革命热土。但从1985年定为省级贫困乡以来至今尚未脱帽。教育经费严重缺乏。大东小学现有教职工14人,9个教学班,全校只有770多平方米的校舍,其中近百万平方米的校舍为土木结构平房,潮湿、阴暗,目前尚有两个教学班在不规范的教室里上课……

当上杭县希望工程办公室转来省律协的援助款后,大东小学全体师生感动得流下热泪。如今,综合楼加层、教学楼扩建的工程已全面动工,预计1999年元旦前后竣工。到那时,一个全新的"福建(厦门)律师希望小学"将出现在这片热土上。金光闪闪的"福建(厦门)律师希望小学"的招牌,不但将悬挂在焕然一新的教学楼大门上,也将珍藏进革命老区人民的心里。

心灵,在呼唤中沟通

有位律师说:律师不是打工仔,不是挣钱的机器,作为律师应有穿越世纪时空的思维思考能力。"希望工程"是利在千秋的事业,也是律师的事业。是啊!曾创造过秦流盛世、唐宋风韵的中国人,在20世纪末又把创造与创业的活力,注入12亿炎黄子孙的血液。人们发现,再没有什么比教育问题更牵动人心了!面对新世纪的挑战,我们不得不把希望寄托在跨世纪的青年一代身上。没有人怀疑教育是国计民生的百年大计。振兴中华的强国之路就是科学、教育。科教兴国,是中国步入21世纪文明前景的奠基之石。关注中国的教育事业,关注那些贫困而失学的少年,是每一个中国人应具的社会道义和责任。在这世纪之交,被经济大潮推在前沿的福建律师,深深地感到他们不但要以提供法律服务,传播法律为己任,也要以高度的社会责任心为我们的教育事业奉献力量。

正当"福建(厦门)律师希望小学"工程在紧锣密鼓地建设之时,福建省律师协会又在为捐建第二所"福建律师希望小学"夜以继日地计划着……

电波让时空缩短了距离,爱,让人的心灵贴近。

一封署名宁德市寿宁县下党中心小学全体少先队员的来信这样写道:

尊敬的省律师协会领导、叔叔、阿姨们:

你们好!

望着窗外美好的夏景,怀着激动的心情提笔给你们——省律师协会的领导、叔叔、阿姨们写这封信,祝你们身体健康!工作顺利!

我们下党很穷很穷……没有一张像电视中那样崭新的课桌椅,只有那些破桌椅;而且有的桌子还没有抽屉;没有那电视中的水泥黑板,只是用几块木板拼成黑板;目前我们寄在人家屋子里读书学习。尽管条件这样艰苦,但我们的老师为了祖国明天的希望仍然在学校里教我们读书。老师就像那红烛一样,为了别人而燃烧自己。我们决不辜负老师对我们的期望,一定好好学习。

我们这些十几岁的孩子,正处于接受基础教育的花季,我们本应该在明亮的教室里无忧无虑地学习。可这离我们实在太遥远了。然而今天多年的愿望终于要实现了。省律协的领导、叔叔、阿姨与我们非亲非故,你们毅然掏出了自己辛辛苦苦挣来的钱为我们建学校,叫我们用什么来向你们表示感谢呢?我们想,你们为我们建学校,一定是为了我们能在舒适的环境中更好地学习,长大以后,能够成为跨世纪的接班人。请放心吧!省律师协会的领导、叔叔、阿姨们,我们决不辜负你们的希望,一定更加发奋学习!

——这是心灵的呼唤,催人泪下,再穷不能穷教育,再苦不能苦孩子啊!

10月20日,省律协副秘书长林顺生一行,带着全省律师的重托,又一次来到宁德市寿宁县下党乡。这是一个特困偏远山乡,人均年收入不上千元。目前,下党小学教学用房确实严重紧缺,有3个教学班170名学生仍在原来土木结构的旧教学楼就读,每逢下雨教室四处漏水,严重影响了教学活动的开展……

下党乡小学师生送了考察同志一程又一程。他们把无限的希望都寄托在考察同志的身上……考察人员风尘仆仆地带着沉甸甸的希望又一次回到福州。

11月2日,省律协召开常务理事会,审议通过了厦门律师单独捐建希望小学的申请,并作出两项决议:将上杭县的"福建律师希望小学"更名为"厦门律师希望小学";在宁德寿宁县下党乡捐建"福建律师希望小学"。

消息传到下党小学,师生们欢呼雀跃……

"这是爱的奉献,这是心的呼唤……只要人人都献出一点爱,世界将变成美好的人间……"

也许在茫茫人海中,在与一个个陌生人擦肩而过的时候,我们很难感受到人心底的那种善良。然而,在"福建律师希望小学"的几个大字上,在律师们一双双饱含真诚和爱心的眼中,我们看到了人性那最美好的品质——永远的真情。

当下个世纪人们纪录中国告别贫困的历史时,一定会写下"希望工程"、"幸福工程"这几个字,它唤起人们心底温馨的感觉,把千千万万人的心连在一起。

省律协向全省律师发出捐建律师希望小学倡议书

近年来,我省各地律师为公益事业、扶贫救灾做了许多有益的事,省律协设想将零星分散、不成规模的事例形成规模,集全省律师爱心,捐建一两所希望小学。第五届五次常务理事会扩大会议通过了律协该项设想,并作出决议。近日,省律协向各地律协、各律师事务所、全省律师发出倡议书,现将该倡议书全文发表如下:

各地律协、各律师事务所、全省律师:

希望工程是团中央、中国青少年发展基金会倡导发起的一项旨在救助贫困地区失学青少年的重大活动。这是件功在当代、利于千秋,凝聚着千千万万人们爱心的神圣事业。这一事业在邓小平理论的伟大旗帜指引下,在党和国家的重视以及全社会的支持下,得到了迅速发展,使蓝天下无数贫穷而失学的青少年重新回到了课堂。

我省自改革开放以来,基础教育有了很大的发展,但是由于各地经济发展不平衡,目前,还有一些经济落后的贫困地区,教育经费严重不足,学校设备简陋,教室、校舍多年失修,危房增多,严重影响了教育工作的正常开展。这一状况越来越引起我省各界的关注,许多律师自觉行动起来,参与了捐资助学的工作,并取得了一定的成绩。为了更好地开展这项工作,今年6月5日,省律协第五届五次常务理事会扩大会议作出了在龙岩市上杭县通贤乡大东村捐建"福建律师希望小学"的决定。这是我省第一所律师希望小学,她将凝聚着我省律师对老区教育事业的关怀关心。我会倡议,各地律师协会、各位理事、各地律师事务所、全体律师及工作人员,按照省律师协会关于捐建希望小学的捐资办法踊跃捐资,使这所希望小学顺利破土动工,早日在这片革命老区的红土地上建成。

全省律师同仁们,为了祖国的未来和下一代的幸福,为了振兴老区的教育,让我们共同伸出友爱之手,献出我们的一片爱心。

福建省律师协会
1998年7月1日

> 信息链接

省律协常务理事会决议：

踊跃捐款　奉献爱心

　　福建省律师协会第五届五次常务理事扩大会议6月4日至5日在福州召开。会议决定在龙岩等地捐建"律师希望小学"。两个多月来，各地律协和律所精心部署，认真传达、贯彻常务理事会决议，全省各律师事务所和广大律师积极参与，踊跃捐款，截至10月底，共捐款50余万元，其中福州87400元，厦门215300元，漳州39800元，泉州52500元，三明28910元，莆田14500元，龙岩27500元，宁德29000元，省直79600元。同时，捐款在1000元以上的个人近10人。南平市今年遭受了百年不遇的洪灾，部分律师事务所和律师损失严重，业务工作受到很大影响，但是面对大灾损失，他们不失爱心，积极支持这项工作，当前捐款活动正在全面发动开展之中。

　　为了规范办校行为，8月中旬，我会邀请省希望工程办公室、龙岩市司法局、上杭县通贤乡、通贤乡学区等单位领导进行座谈，统一了认识，协调了步骤。省希望办主任在座谈会上再三表示，要对全省律师负责，把"律师希望小学"这项工作，作为下半年一项重要任务抓好。省希望工程办公室还与上杭希望工程办公室按有关规定签订了协议。地处上杭县通贤乡大东村的律师希望小学基建工作已于8月中旬按预定计划破土动工，可望今年年底落成。省律协将于本月底赴宁德地区开展另一所"律师希望小学"的选址工作。

福建厦门律师希望小学落成

1999年1月28日,龙岩市上杭县通贤乡大东村举行隆重的"福建厦门律师希望小学落成仪式",该校是由福建律师捐助革命老区建立的第一所律师希望小学。

链接一

回访希望小学

2003年5月29日至30日,省律协副会长孙卫星,常务理事周红、谢贤伟,厅关工委主任王家祥、副主任刘晓峰,省律协副秘书长刘瑞兰一行以及厦门市律协会长江鸿寿、副会长郑振辉、常务理事王平、秘书长陈华南、市司法局副局长林培淼等在龙岩市司法局局长陈粤闽、副局长张依安等陪同下,回访了上杭县通贤乡大东村"福建厦门律师希望小学",看望、慰问了全体师生,并听取该校近期工作汇报和三年事业发展规划介绍。在回访的同时,省律协捐赠助学慰问金1万元。根据上杭县"福建厦门律师希望小学"三年事业发展规划及学校的申请,经厦门市律协常务理事会议研究决定。厦门市律协向该校捐款4万元,帮助学校建立电教室。

链接二

厦门律师回访"厦门律师希望小学"

2008年3月14日,厦门市律师协会在厦门市司法局局长林知光的率领下,一行6人来到了上杭县通贤乡"厦门律师希望小学",看望了学校的全体师生,并再次为学校捐赠了人民币2万元。厦门律师心系红土地教育事业、心系革命老区经济发展,积极投身社会公益事业。厦门律师协会表示将会继续关心支持帮助学校建设,解决学校办学中的困难。"厦门律师希望小学"是1998年由厦门律师捐资23.5万元兴建的,至今已陆续为学校捐资近40万元。

第二所福建律师希望小学在政和县落成

1999年5月24日,省司法厅副厅长、省律协常务副会长薛育卿、副秘书长林顺生一行,在南平市司法局同志的陪同下,前往南平市政和县镇前镇洋舍村考察。

1999年9月10日,我省律师捐建的第二所福建律师希望小学,在闽北山区——政和县镇前镇洋舍村落成并举行了隆重的剪彩仪式。省司法厅副厅长、省律协常务副会长薛育卿,省律协副秘书长肖仁辉,南平市司法局局长、市律协会长汪其生,共青团省、市、县三级委员会的代表以及政和县人大、县人民政府、县司法局、县教育局的领导等到会祝贺。上午9时30分,当主持人宣布剪彩仪式开始时,鼓乐喧天,鞭炮齐鸣,操场上挤满了欢乐的人群,孩子们的脸上露出了幸福的笑容,"福建律师希望小学"八个铜字在阳光的照耀下熠熠生辉。仪式上,洋舍村委会主任汇报了这所希望小学筹建的情况,省司法厅副厅长、省律协副会长薛育卿代表厅党委、省律协及全省律师发表了热情洋溢的讲话,省希望办邱孝感副主任也在仪式上讲了话。出席剪彩仪式的领导还与学校的老师进行了座谈,并对希望小学今后的发展提出建议。

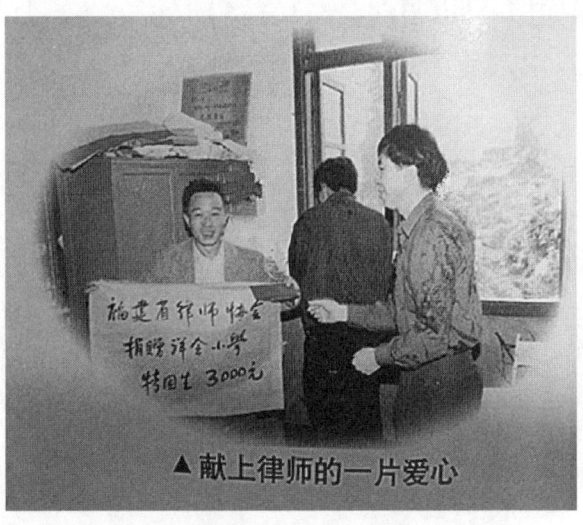

▲ 献上律师的一片爱心

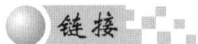

回访捐建的希望小学

2003年5月22日至23日,省律协副会长郑新芝、省律协顾问洪进宝、厅关工委领导陈立达、省律协副秘书长肖仁辉一行,在南平市司法局局长游炳辉、副局长徐元岩的陪同下,回访了政和县镇前镇洋舍村"福建律师希望小学",并慰问全体师生,与镇、村干部及部分教师进行了座谈。在回访的同时,省律协捐赠助学慰问金一万元。

第三所福建律师希望小学在寿宁县下党村落成

2000年6月,福建律师捐建的第三所律师希望小学在寿宁县下党乡下党村落成。

链接

回访福建律师希望小学

2003年3月23日,省司法厅副厅长、省律协会长薛玉卿、副会长兼秘书长洪波、常务理事林顺生、郭星一行与宁德市委常委、政法委书记林鸿坚一道回访了两年前我省律师在宁德市寿宁县下党村捐建的律师希望小学。

6 扶贫救灾 捐资助学

第二部分 情洒八闽
PART 2

沪闽律师希望小学落成

为奉献社会、回报社会,增进沪、闽两地律师交流与协作,沪、闽两地律师协会决定共建一所希望小学。经宁德市委、市政府的推荐和两地律协领导的实地考察,最后这所希望小学定址在霞浦县水门畲族乡大洋村。在建设"沪闽律师希望小学"中,上海市律协出资15万元,福建省律协出资10万元。通过福建省希望办的协调,霞浦县政府提供了相应的配套资金并进行了筹建工作。

2004年9月25日,凝聚着上海律师和福建律师深情的大洋沪闽律师希望小学在福建省霞浦县水门畲族乡大洋村举行了隆重的落成庆典仪式。以上海律师协会会长朱洪超为团长的上海律师代表团一行18人来闽参加了仪式。

该希望小学位于闽东与浙江省交界的山区中,交通极不方便,周围村子的孩子上学需走几个小时的山路,且老的校舍破旧不堪。为使当地的孩子有一个良好的学习环境,让他们感受到社会给予他们的关心和温暖,上海市律协与福建省律协联手共建了这所希望小学。上海市律协、福建省律协和福建律协省直分会还分别为希望小学师生购置了电视机、电脑、音响等教学设备以及学习用品。

6 扶贫救灾 捐资助学

第二部分 情洒八闽 PART 2

沪闽小学学生给前来看望的领导们系红领巾

右为福建省律师协会原会长洪波 左为上海市律师协会会长朱洪超

上海市律师协会为希望小学师生购置文化用品

省律协为希望小学师生购置文化用品

省直分会为希望小学师生购置文化用品

沪闽小学学生在翻看捐赠的图书

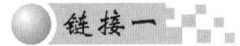

为寒门学子撑起一片蓝天
——捐资助学倡议书

全省律师同仁们：

孩子是祖国的未来，是民族的希望，知识改变命运，学识成就未来。多少贫困地区的农村孩子，在贫瘠的土地上顽强生长，奋力求知，不仅改变了自身的命运，也影响着中华民族的现在和未来。然而贫困像一堵大墙堵在寒门学子成长的道路上，在贫困山区，许多孩子由于家庭的拮据而在求学的道路上举步维艰、欲进不能，更有一部分少年儿童因此辍学在家，幼弱的肩膀过早地承载家庭的责任，扛起与其年龄不相称的生活重担。还有一些学生，他们以优异的成绩考上了大学，可是面对家徒四壁的窘境，面对年老体弱的父母，他们不敢有任何的奢望，只能默默地把录取通知书收起来，独自一人在黑夜默默地哭泣。因为贫困，他们选择了放弃，因为贫困，他们只能放弃学业。

面对这一切，任何有良知的人都无法不为之动容。福建律师界向来重视对贫困学生的帮助，广大律师都积极参与捐资助学，许多律师还与贫困学生结成对子，帮助他们完成学业。从1998年到2004年，我省律师在闽西、闽北老区捐建了4所希望小学。2002年8月，我省蒋方斌律师个人出资200万元建立的明媚助学基金正式启动，至今已经捐助了30个寒门学子，为他们圆了大学梦,这一个个善举,无不体现着福建律师对这些贫困孩子们真诚的关爱。

今年4月份,省律师协会行业管理调研组在宁德调研期间,专程去拜访了2所我省律师捐建的希望小学。村干部、学校老师、孩子们的家长都来了,他们很热情,总不忘对我们说感谢。老师们高兴地给我们讲述孩子们的故事,孩子们活泼的笑脸,给我们留下很深的印象。他们说,他们渴望有很多很多的图书,他们渴望有一张乒乓球桌,如果城里孩子电脑更新换代了,把淘汰的电脑给他们。是啊!我们看到了教室里除了几张破旧的课桌椅,再没有什么了。

孩子是祖国的未来,用您温暖的双手帮助他们吧,生命会因此而更有光彩和意义!

为此,我们全体女律师决定开展捐助活动,我们要为这些学校孩子建立图书室,添置教学设备、学习用品……同时,我们向全省律师同仁发出倡议,律师同仁们:伸出您温暖的双手,为这些孩子做点什么吧,参与到我们捐资助学活动中来,用我们的爱心为祖国的未来撑起一片蓝天。

省律协女律师工作委员会
2006年8月25日

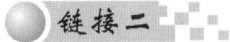
链接二

我省女律师为希望小学送温暖

2006年,福建省律师协会女律师工作委员会在全省律师界开展捐资助学活动,共收到全省女律师捐款15790元和七成新少儿读物千余册。12月23日下午,省律协常务理事、省律协女律师工作委员会主任廖爱清、副主任王云英、委员张志榕、丁萍、陈立新等偕同省律协副秘书长刘瑞兰一道代表全省律师前往霞浦县水门畲族乡大洋村的沪闽律师希望小学,为师生们送去二台电脑、千余册图书、乒乓球桌等文体用品,并向每一个学生赠送了一个书包和学习用品。

红十字会的常客 青年律师10年每月捐款不求回报

来源：福州日报 2014年9月28日

昨天，省红十字会来了一位常客。这是一位而立之年的青年律师，供职于福州一家律师事务所，他叫郭培。与往常无异，郭培完成捐款手续后便匆匆离开了。

坚持捐款10年

10年前的9月，刚迈入社会的郭培开始实施一直萦绕在心头的计划：每月捐款助困。"当时省红十字会还在湖东路，我骑着自行车一路询问，最终拐进一个巷子。"郭培向记者回忆起10年前第一次捐款时的情形。

大学毕业第一个月，郭培带着自己的第一份收入，站在省红十字会门口。"哪里能捐款？"郭培向工作人员说明来意后到财务部交钱，从此开始了他的爱心历程。

"整整10年，我们搬到哪，他就跟到哪！"省红十字会工作人员说。无论省红十字会的地址如何变迁，郭培始终都没间断他的爱心捐款。

不求感激回报

对身为律师的郭培来说，人人生来平等，通过红十字会捐款，正是为了保护被救助者的隐私和尊严，维持双方平等的关系，"10年来，我从没主动联系过被救助者，一来我不求他们的感激和回报，二来也避免给对方造成心理压力"。

郭培告诉记者，十年来他为很多红十字项目捐款，包括红十字帮困、红十字助学、红十字义诊、红十字复明、红十字博爱送万家、红十字爱心天使基金、光明天使基金、希望天使基金……

延续平凡爱心

许多人问过郭培这么做的原因，他总是这么回答："对我来说，每个月的500元只是少吃几顿大餐，少买几件衣服。但对于家庭贫困的人来说，这些钱可以帮助他们做很多事，甚至挽救生命。"

郭培告诉记者："如果当初我给自己设定了目标，也许达成后就无法再坚持下去了。"如今，捐款对他来说已渐渐成了习惯，是一件与刷牙洗脸一样再平凡不过的事。

郭培捐款向来"量力而行"，每月多则上千、少则一百。"我不是大款，也不是富翁，只是平平常常的工薪阶层，我的能力很有限。但我知道，我在努力做着对社会有用的事。"郭培说，他将坚守自己的慈善理念，把每月的爱心捐款延续下去。

福州一律师捐赠50个爱心红书袋

来源：福建日报　2015年11月12日

近日，福州永泰县同安镇迎来一批特殊的客人——永泰县三捷小学和永泰县洋中小学的50名留守儿童。福建省读书援助协会将价值8000多元的50个红书袋送到了这50名孩子手中。

这50个红书袋是由福建谨而信律师事务所的谢光辉律师捐赠的。谢光辉本身是一名晚期尿毒症患者，却有着一颗爱心。"可能和自身经历有关，我也是来自山区的，山区的孩子想获取知识的途径不多，只有通过书籍。"偶然听说了"爱心红书袋"的公益活动后，经济也不宽裕的谢光辉毅然决定捐书给孩子们。

龙岩市律师心系灾区　踊跃捐款献爱心

来源：龙岩市司法局

2015年7月中下旬以来龙岩市因连降大雨和暴雨，导致连城、上杭、新罗等地大面积受灾。灾情发生后，龙岩市律师不忘老区人民的养育之恩，心系灾区，积极响应龙岩市律协的号召，踊跃向灾区捐款。到目前，龙岩市中心城区各律师事务所和律师已捐款3万多元。

慈善捐助　支教助学献爱心
—— 福建建达律师事务所长期坚持慈善捐助

来源：福建建达律师事务所

建达人长期以来有着优良的慈善捐助传统，在助学、济困、赈灾等方面慷慨解囊，为困境中的人们送去温暖和关怀。近年来，福建建达律师事务所定期组织本所律师赴宁德慰问长期资助多年坚守在山区的多位民办教师，并与在校师生座谈，为学生讲授法律知识。连续10多年到闽侯善恩园送温暖，送去大米、花生油等食品；建达泉州分所李兵律师还长期与农村经济困难家庭子女结对子，进行一对一的帮扶助学活动。2013年起建达律师每年为福建工程学院法学院贫困学生提供2万元助学资金；截至2014年建达律师慈善捐助数额累计26万元。

2013年正月初三所党支部5人到宁德虎贝乡小学慰问多名贫困教师

爱心资助春蕾女童

来源:福建枫桦律师事务所　2015年5月19日

近日,福建枫桦律师事务所巾帼文明岗开展了捐助"春蕾女童"的爱心活动,为春蕾女童捐款,用一腔热血,一片爱心,托起"春蕾女童"的未来和希望。本次活动,捐助了8名家境较为贫困的学生,款项共计3200元人民币,由梅列区妇联转交给这些贫困女童,帮助她们完成年度学业。此次捐助活动体现了福建枫桦律师事务所对困难群体的关爱,展示了大家积极参与构建和谐社会的责任感和使命感。

泉州律协为贫困母亲募捐10多万元

来源：东南早报 2016年4月21日

泉州律协为贫困母亲募捐10多万元
昨日第一笔善款3万元送上门

"谢谢！感谢律师们对我们一家的关怀。"昨日上午，当黄宝兰接过泉州市律师协会会长柯秀丽代表律师们送来的3万元爱心款，她感激地说。

家庭连遭变故 一家四口全是病人

黄宝兰家住鲤城区东鲁社区，这位柔弱的女子，当家庭遭受一次次变故时，她以超乎常人的毅力挑起家庭的重担。

20年前，黄宝兰在医院生下长子，然而她还来不及享受为人母的喜悦，就陷入无边的黑暗。原来，孩子被诊断患有严重脑瘫，黄宝兰哭得昏天暗地，为了儿子，她擦干眼泪，四处求医问药，尽管花费30多万元，儿子还是未能医好。

老大十岁时，黄宝兰生下次子，这个新生命的到来，并没有给这个苦难的家庭带来幸福和快乐。次子患自闭症并伴有多动症，花费20多万元康复治疗，现在只会说"妈妈"和"你好"。

十年前，黄宝兰的老公不幸患上糖尿病，并伴有高血压，身体中风，造成轻度半身不遂。灾难接踵而来，几乎就在她老公发病期间，黄宝兰也生病了，先是乳腺癌切除，相隔六年后再次入住医院，进行子宫切除手术。

律师纷纷献爱心 4天募捐10多万元

黄宝兰家的每一次变故,对一般人而言,一次就足以将人压垮,但黄宝兰挺了过来。"抱怨是没用的,你只能坚强面对。"

昨日记者在黄宝兰家看到,她家虽然住在老旧的套房里,但收拾得干干净净,井井有条。一面墙上挂着她的一幅十字绣,绣十字绣也是她撑起这个家的重要经济来源。她说一幅好的作品可以卖几千元,她拿出新作《清明上河图》给大家看,引来大家一片赞许。

黄宝兰说,三年前的一天,社区书记、主任到她家走访,发现这个家四个人全是病人,过后社区和各级部门给予她家很大的帮助。

今年3月初,黄宝兰在市妇联组织的一次大会上作为代表发言,她用亲身经历打动每一个与会者,柯秀丽就是其中的一位。"她的坚强令人动容。"柯秀丽说,她了解到还有不少母亲与黄宝兰有类似的经历,"我们可以帮忙做点事情"。

柯秀丽的建议得到律师界的热烈响应,3月7日市律协发出为贫困母亲募捐的倡议后,短短4天就有124名律师奉献爱心,合计捐款107810元。昨日柯秀丽一行将其中的3万元善款送到黄宝兰手中。

黄宝兰说,社会各界的关怀,温暖他们一家的心,让他们一家在爱中坚持,在爱中前行。

柯秀丽表示,其余善款将陆续资助其他符合条件的贫困母亲。

省司法厅赴顺昌县开展"关爱留守儿童暨法治进校园、进乡村"活动

来源:省司法厅直属机关妇委会   2016年6月7日

5月8日闽江上游暴发洪水,顺昌县发生洪涝灾害,省司法厅情系受灾群众、关爱山区留守儿童,6月2日-3日,省司法厅机关党委、厅关工委、厅直属机关妇委会、省律师协会省直分会未保委委员及部分志愿律师一行13人赴顺昌县仁寿镇中心小学、桥下村和高阳镇花桥村开展"情系山区·关爱留守儿童暨法治进校园进乡村"活动。

此次活动,共向顺昌县仁寿镇中心小学、桥下村和高阳镇花桥村246名留守儿童、困难儿童发放了书包、水杯、文具用品等慰问品,走访慰问了6名困难残疾儿童和10名困难灾民;向学校图书馆、农村书屋捐赠了法律、国学、农用书籍等近2000本。

省律师协会省直分会未保委委员和志愿律师们还分别走进学校班级,就孩子们日常生活息息相关的小案例声情并茂为他们进行法制宣传,并不时地展开互动问答等。生动、活泼的普法形式受到孩子们的热烈欢迎,让孩子们在欢声笑语声中增强了法律意识和懂得用法律武器来保障自己的权益。

福建泉中律师事务所为汶川灾区捐款 36200 元

来源:福建泉中律师事务所　2012 年 6 月 1 日

　　灾情无情人有情,一方有难八方支援。四川汶川大地震发生后,福建泉中律师事务所律师非常关心,纷纷伸出援助之手,为灾区人民献上一份爱心。截至 2008 年 5 月 22 日,福建泉中律师事务所律师及工作人员共捐款 36200 元:其中张荣聪、蔡舒达、郭琳及洪庆东律师各 100 元,林培德律师 300 元,曾杰峰、庄宏榕、郑文峰、周昌淦律师各 500 元,吴显列、杨萍律师各 1000 元,尤文斌律师 1200 元,施素芳律师 2000 元,刘娟律师 2300 元,施国民、蔡丽杭律师各 3000 元,涂明忠律师 10000 元,福建泉中律师事务所 10000 元。

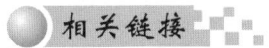

相关链接

福建泉中律师事务所再向中国法律援助
基金会捐款 10500 元

　　2012 年 6 月 8 日,福建泉中律师事务所律师再次捐款 10500 元支援"1+1"中国法律援助志愿者行动。其中王文基律师 100 元,吴显列、周昌淦、刘志民、庄宏榕律师各 200 元,施素芳、曾杰峰律师各 300 元,郑文峰、张倩雯律师各 500 元,杨萍、刘娟、施国民、蔡丽杭律师各 1000 元,涂明忠律师 4000 元。

　　福建泉中律师事务所律师已连续三年向中国法律援助基金会捐款共计 20500 元,其中涂明忠主任个人捐款 14000 元。

　　2008 年以来,福建泉中律师事务所律师为赈灾、法律援助基金会共捐款 56700 元。

福建簪华律师事务所捐款2万元

来源：漳州新闻网 2013年4月26日

2013年4月24日，福建簪华律师事务所全体人员捐款20000元，由市红十字会转交给四川雅安红十字会，表达他们对地震灾区人民的一份爱心。

雅安雅安　祝愿平安

——福建宇凡律师事务所所党支部联合团支部组织全所员工为雅安灾区捐款

来源：福州普法网 2013年4月25日

4月20日早上8点02分，四川雅安芦山发生7级地震，地震给灾区人民的生命和财产带来了巨大损失，房屋倒塌、交通阻塞、通讯中断，余震接连发生。这一切，似乎与五年前的汶川地震有着惊人的相似。灾区情况时刻牵动着全国人民的心，也牵动着远在千里之外的福建宇凡律师事务所员工们的心。4月24日，在事务所党支部、团支部的联合倡议和组织下，全体员工积极伸出援助之手，为灾区人民捐款。

当日早上，事务所全体员工在主任翁凡律师的行动感召之下纷纷慷慨解囊，奉献出自己的一份爱心。翁凡律师率先垂范，当场捐款5000元，陈玮律师捐款500元，其余律师和员工也积极解囊相助，在短短几分钟的捐款赈灾仪式中，全体员工就为雅安灾区共捐款7700元。接下来，事务所会尽快将该笔捐款通过合法途径送往灾区，用于灾区救助。

5年前的疮痍还在平复，人们心中的伤口也未愈合，而在今天，再次面对灾难，全国人民众志成城，团结抗灾。地震无情人有情，我所的员工们虽然不能亲赴灾区抗震救灾，但也以自己的实际行动为灾区人民尽一份绵薄之力，与灾区人民共渡难关。雅安，远在千里之外的福建宇凡律师事务所全体员工为你默默祈祷、祝福，愿逝者安息，伤者早日康复，愿雅安的明天一切平安。加油芦山，加油雅安，加油四川！

福建旭丰律师事务所与厦大法学院合作设立"旭丰奖、助学金"

来源：福建旭丰律师事务所

2013年5月10日，福建旭丰律师事务所与厦门大学法学院合作签约暨2013年度"旭丰奖、助学金"颁奖仪式在旭丰所的会议室举行，厦大法学院领导、获奖学生、旭丰所部分合伙人出席了签约仪式。

厦门大学法学院院长徐崇利教授和旭丰所主任吴旭律师分别在合作协议书上签字。根据协议，旭丰所每年将向厦大法学院提供人民币3万元的奖、助学金，并在所里建立"厦门大学法学院教学实践基地"。吴旭表示今后将进一步推动与厦大法学院的合作，希望通过"旭丰奖、助学金"的设立，为更多莘莘学子的就学尽微薄之力。

2016年9月29日，旭丰所在厦大法学院举行了"旭丰民商法论坛"法学教育发展基金的捐赠签约仪式。签约仪式上，旭丰所主任吴旭律师代表旭丰所与厦大法学院院长宋方青正式签订了合作协议书，并向法学院捐赠人民币30万元整。

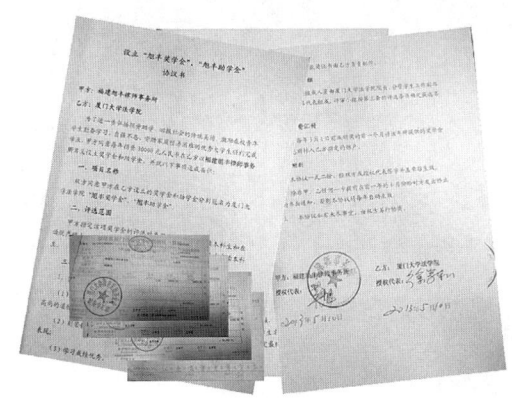

赈灾送暖　拓维在行动

来源：福建拓维律师事务所　2016年7月15日

"尼伯特"过境，福建伤痕累累
闽清、永泰、莆田，万物待兴
一方有难，八方相助
赈灾不只是口号
拓维，更是行动派

7月13日，拓维党支部委员刘晨璐和党员吴善照带着筹集到的部分爱心捐款和100箱泡面、500箱饮用水，奔赴闽清，为灾区献上一份心意与一份关怀。

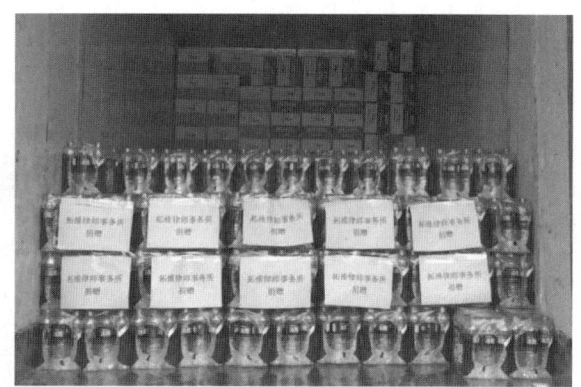

国浩福州办公室发起赈灾助学倡议
带头向福建台风受灾地区捐款

来源：国浩律师（福州）事务所

台风"尼伯特"重创福建省闽清、永泰等地乡村，福建省青联等单位共同发起赈灾助学活动，拟筹集 60 万元，专项用于保障遭受本次灾害的闽清县、永泰县一百户困难家庭孩子继续上学，重点帮扶今年九月份开学的大学新生和高三学生。

国浩律师（福州）事务所作为发起单位之一，捐款 5 万元，并将参与和监督活动执行全过程。践行社会责任，国浩一直在努力。

捐赠证书

感谢 国浩律师（福州）事务所 ：

公益事业，公众支持；聚沙成塔，善莫大焉！

感谢您慷慨解囊。滴水之恩，铭刻于心。

本次善款 ¥ 50000 将按照捐赠意愿严格使用。

特颁此证，以志承诺，谨致谢忱！

福建省简单助学公益协会

2016 年 07 月 15 日

涓涓细流 干净清澈

爱心助学 走进坂东
——福建宇凡律师事务所爱心捐款活动

来源：福建宇凡律师事务所　2016年8月6日

受今年第1号台风"尼伯特"的影响，福建省闽清县受灾严重。而地处闽清县南部的坂东镇，作为此次主要受灾地区，情况更是空前严重。截至7月17日12时，这次洪灾已造成闽清县直接经济损失52.3亿元，因灾死亡73人，失踪17人，其中不乏许多原本就家庭困难的寒门学子。

天灾无情，人间有爱。得知这一消息后，宇凡律师事务所翁凡主任立即在所里发动捐款，律师们纷纷伸出援手，定向捐助坂东镇12名来自受灾家庭的贫困学生。同时，福建省律协未保委主任蔡丽磋和副主任黄宇健也致电表示想通过此举传达自己的爱心，积极捐助了6000余元款项。

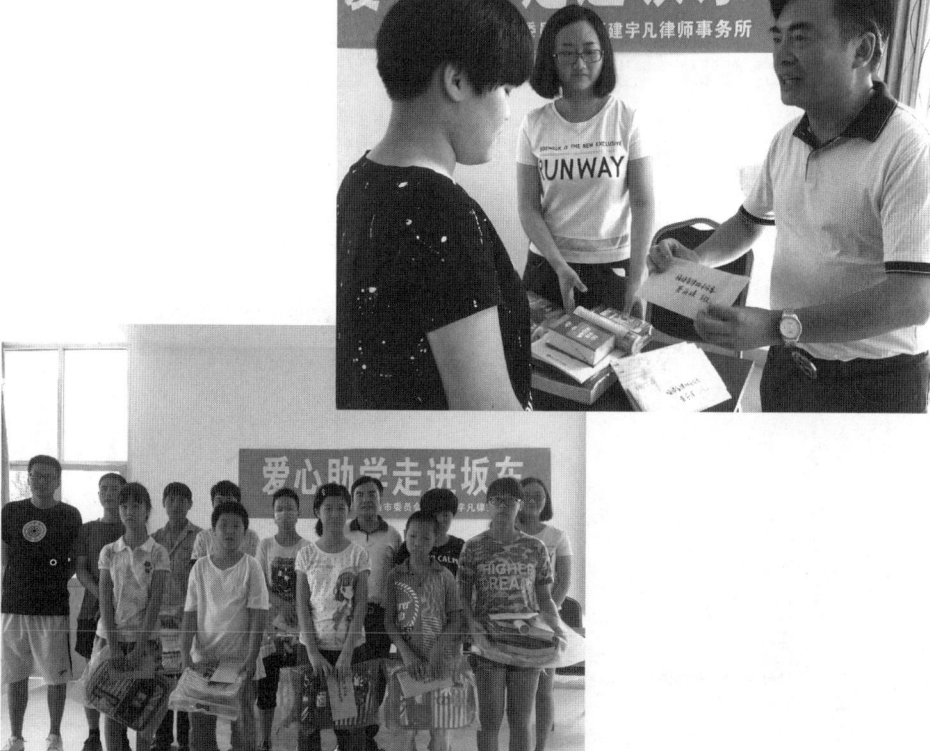

带着宇凡所全体律师的爱心,8月4日,由翁凡主任带领的赈灾小分队协同共青团福清市委员会副书记王晨楠,身体力行来到了坂东镇灾区,实地调研灾情,并为定向捐助的12位困难户学子带去慰问,以帮助他们渡过难关。

一方有难,八方支援!多年来,福建宇凡律师事务所一直热心公益事业,多次捐款捐物,为公益事业添砖加瓦,奉献绵薄之力。翁凡主任表示,律所理应自觉承担社会责任,为社会奉献自己的一份爱心!同时,他也呼吁能够有更多的组织、个人加入这个公益大家庭,与灾区人民一起共筑大爱长城!

福建联合信实律师事务所向厦大法学院"法学教育事业发展基金"捐赠100万元

来源:福建联合信实律师事务所

厦门大学法学院作为国家重点大学——厦门大学的王牌学院,每年都为社会输送大量高素质法学人才。至2016年,厦大法学院已成立90周年。

为更好地推动法学教育事业发展,厦大法学院在2016年3月3日设立了"法学教育事业发展基金"。怀着对母校的感恩情怀和对社会的奉献态度,福建联合信实律师事务所为厦大法学院"法学教育事业发展基金"捐赠人民币100万元整,成为厦大法学院"法学教育发展基金"的首笔基金捐赠者。

福建联合信实律师事务所主任王平律师(左一)

福建拓维律师事务所与厦门大学法学院合作成立"拓维财税法教育发展基金"

来源：福建拓维律师事务所

2013年12月13日，拓维所与厦门大学法学院签署合作协议，以厦门大学国际税法与比较税制中心为依托平台，成立"拓维财税法教育发展基金"，支持中心财税法理论与实务研究的人才培养和举办各类财税法研讨论坛。

厦门大学法学院林秀芹副院长与拓维首席合伙人
许永东律师代表双方签约并交换协议

签约仪式现场合影

为培养更多品学兼优的财税法专业高层次人才，根据协议，经研究决定在"拓维财税法教育发展基金"下设立"拓维财税法奖学金"，每年从"拓维财税法教育发展基金"中提取人民币1.4万元，用于奖励品学兼优的财税法学专业和财税法研究方向的博士研究生和硕士研究生。拓维所衷心希望通过双方合作，推动国内财税法方面复合人才的培养，为中国财税法制建设贡献自己的一份微薄之力。

福建重宇合众律师事务所分别在厦门大学法学院、厦门大学嘉庚学院开设奖教金及奖学金

来源：福建重宇合众律师事务所

作为一家大型综合法律服务机构，福建重宇合众律师事务所在发展过程中，始终没有忘记自己的社会责任，一直关心和支持法学教育事业的发展，2007年，事务所捐资45万元在厦门大学嘉庚学院法学院设立崇慧奖学金，为品学兼优以及贫困的法律学子提供经济资助和精神支持，这是迄今为止厦门律师界最大的单笔捐赠，至今已有90多名学生获得奖学金；2014年又在厦门大学法学院新捐资设立"崇海奖教金"共15万元；事务所还先后捐资福建省周宁县贫困村镇、四川汶川大地震灾后重建、福建莆田"小学爱心图书室"、厦门国仁工友之家、厦门市教育基金会、厦门大学法硕联合会和安徽省的贫困中小学生。事务所主任涂崇禹还从2006年起持续担任厦门大学嘉庚学院法学院客座副教授，厦门大学法学院兼职硕导，讲授三门法律课程，培养法律人才。

2009年，重宇合众所更是成为厦门大学首个共青团中央"青年就业创业见习基地"，该所首席合伙人涂崇禹律师担任厦门大学法学院兼职硕士研究生导师，并为厦大法学院学生开设实务课程。同时重宇合众所作为厦门大学法学院教学实习共建合作单位，于2014年在厦门大学法学院捐资30万元设立"崇海奖教金"和参与其他助学普法活动，2016年进一步扩大为在十年内捐资60万元协助厦大法学院奖教助学普法。

天衡律师向厦门大学法学院捐赠100万元成立"厦门大学两岸四地法学交流基金"

来源：福建天衡联合律师事务所

在厦门大学法学院90周年院庆来临之际，福建天衡联合律师事务所向厦门大学法学院捐赠100万元人民币，与厦门大学法学院共同发起成立"厦门大学两岸四地法学交流基金"。根据现有公开资料显示，该基金应为全国首个针对两岸四地法学交流的基金。

2016年10月12日，捐赠仪式在厦门大学法学院举行。厦门大学党委副书记、副校长李建发，厦门市政协港澳台侨和外事委员会主任胡政兴，厦门市人民政府台湾事务办公室巡视员林延勋，厦门市人民政府外事侨务办公室副主任姚建洪，厦门市司法局副局长、厦门市律协党委书记贺菊英，厦门仲裁委主任汪兴裕、常务副主任林建文，厦门市台商投资企业协会会长陈信仲，厦门市律协副会长吴旭、李海，厦门大学厦门校友会法学分会副会长李毅阳，厦门大学港澳台办副主任张胜强，厦门大学教育发展基金会办公室副主任赵晓慧，厦门市鹭江公证处副主任汤庆发等出席仪式。福建天衡联合律师事务所主任孙卫星率30余名合伙人出席仪式，厦门大学法学院党委书记李智勇、院长宋方青与法学院教职工热情接待了领导嘉宾，仪式由厦门大学法学院副院长林秀芹主持。

捐赠仪式上，福建天衡联合律师事务所主任孙卫星表示，天衡所捐赠100万与厦门大学法学院共同设立"厦门大学两岸四地法学交流基金"，是在践行陈嘉庚先生艰苦创业、捐资助学的精神，律师作为社会法制建设的推动者需要通过自己的实际行动推动社会尤其是教育公益事业的发展。这个基金的设立融入了天衡所对厦大法学院的深厚情谊与两岸四地关系发展的希冀，为加强两岸四地的法学教育的学习和交流，为厦门大学法学院的学者们"走出去"和港澳台的法律人"引进来"提供更多的机会。天衡所发起设立基金只是一个开始，希望社会各界都来支持"厦门大学两岸四地法学交流基金"的发展，并通过基金聚合社会的力量共同促进两岸四地关系尤其是法学教育的发展。

厦门大学法学院宋方青院长与天衡所孙卫星主任签订捐赠协议书

孙卫星主任向法学院党委李智勇书记赠送转账支票

到场的多位嘉宾对天衡捐资助学并与厦大法学院共同成立基金会的行动表示赞扬，厦门市司法局副局长贺菊英，厦门市人民政府外事侨务办公室副主任姚建洪，厦门仲裁委主任、前厦门市人大常委会副主任汪兴裕，厦门市台商投资企业协会会长陈信仲发表了各自的观点与看法，呼吁更多来自民间的力量能够参与到这项事业中来，培养出更多优秀的人才。陈信仲会长还现场代表厦门市台商投资企业协会慷慨捐赠10万元，为"厦门大学两岸四地法学交流基金"贡献一份力量。台籍青年学生江依珊以自己来到厦门大学法学院求学的经历及观念变化为例,说明了两岸法学青年对交流的渴望。

厦门大学副书记副校长李建发在致辞中提到:"涓涓细流汇聚成河,星星之火点燃希望。"并表示此次天衡所与法学院的深度合作,使得双方在人才培养、教学科研等方面进行了多层次、全方位的互动与交流,是厦门大学校企校地合作结出的又一硕果。

最后,厦门大学法学院宋方青院长与天衡所孙卫星主任签订捐赠协议书、孙卫星主任向法学院党委李智勇书记赠送转账支票将仪式推向高潮,"厦门大学两岸四地法学交流基金"设立仪式暨"天衡律师向厦门大学法学院捐赠100万元"捐赠仪式圆满落幕。

至此,"厦门大学两岸四地法学交流基金"正式成立,作为厦门大学法学教育发展基金的子基金,主要由厦门大学法学院运营管理,并持续开通向社会募集的渠道。该基金将主要用于资助厦门大学法学院开展的各项与台湾、香港、澳门三地的法学学术交流、学生交流及教育培训活动,旨在促进两岸四地法学研究及教育交流、增进两岸四地的青年法律人互相了解和学习,同时更好地推动厦门大学法学院法学基础学科建设。

福建君立律师事务所向厦大法学院捐赠10万元

来源:福建君立律师事务所

2016年12月10日,在厦门大学福州校友会法律分会成立大会上,福建君立律师事务所主任蔡仲翰律师代表本所向厦大法学院"法学教育事业发展基金"捐赠人民币10万元整。

福建君立律师事务所主任蔡仲翰律师(右一)

好人好事　社会赞誉

泉州热心律师乐当"月老"　办公益青年联谊派对

来源：泉州晚报　2015年11月10日

肖志云乐当兼职"月老"，工作之余筹划免费公益青年联谊活动

肖志云是一名律师，可是熟悉他的人发现，今年以来，他却忙着帮人张罗对象。原来，热心的肖志云工作之余，乐当"月老"，筹划免费公益活动，为单身青年男女牵线搭桥。

受委托发布征婚信息

昨日下午，在中心市区田安北路的律师事务所里，肖志云接待完客人后，回到电脑前，继续他之前在编写的方案。这个方案内容是关于在11月11日"光棍节"举办免费的单身男女青年联谊派对。

从专职律师，到兼职"月老"，他可不是瞎张罗。这样的机缘巧合，始于他的好人缘。他从事律师职业20多年来，工作和生活中结识了不少朋友。今年七夕节前，一位朋友委托他通过微信朋友圈发布一条征婚信息，发动身边的亲朋好友推荐合适的对象。

"没想到征婚消息刚一发出来,便接二连三有朋友来委托我。"而他也乐于成人之美。

朋友圈证婚者破百

肖志云说,发布在微信朋友圈的征婚信息越来越多,引起不少朋友的关注。有朋友建议他,对男女青年进行分门别类、编号,这样方便别人问询。自从编上号后,反响更加强烈了,征婚择偶的人数也不断上升。在他的撮合下,不少男女青年"对上眼",继续交往。

"编号都编到上百了。"短短三四个月时间,他的微信朋友圈里每天都在更新多名单身男女青年的信息,但是,即便按照男女方的择偶条件,给他们配对,见面联谊的机会也不多,而且效率不高。"有什么样的方法能促成更多人呢?"肖志云说,他不会放弃一直热爱的律师职业,只是想促成更多人的美满姻缘。

免费办"光棍节"活动

"举办公益的青年联谊活动,不收取分文,参加者不用交纳任何费用。"他说,他把这个想法和几个朋友说了以后,大家都认为很好。

很快,大家达成了在"光棍节"这一天举办免费公益联谊活动的想法。知名易学人士曾聪明表示愿意无偿为单身青年们进行人生规划咨询;国家二级心理咨询师陈秋玲表示可以提供婚恋心理讲座;知名主持人"大嘴"愿意无偿主持活动;化妆师毛芳梅可以为参加联谊的女孩免费化妆。同时,还有知名策划人士提供了完善的活动方案,许多朋友表示愿意为活动做义工。

"活动的场所、男女青年活动搭乘的大巴,都有朋友愿意免费提供。"肖志云说,他的方案得到了各界好友的呼应,这让他颇为感动。

在11月11日光棍节这一天举办公益联谊活动,消息刚发布几天,便有七八十名单身男女响应。"这次活动开个头,以后有时机,我还会联合朋友们继续举办免费公益活动,帮助单身男女青年找到另一半。"肖志云笑着说,只要身边的朋友有需要,他还会继续当好他的"月老"。

众策团队打造泉州首份手绘司法地图
旨在宣传泉州法治

来源：东南早报　2015年5月4日

耗时数个月，由福建伟盛律师事务所众策律师团队精心打造的泉州首张手绘司法地图一出炉，就受到各界的关注。"为宣传泉州法治出点绵薄之力"，众策律师团队创始人杨嘉文道出制作该地图的初衷。

手绘泉州司法地图　为宣传泉州法治

杨嘉文律师是众策律师团队创始人、众策律师业务总设计师。

杨嘉文律师介绍，泉州市手绘司法地图是大泉州地区首次将与律师办案紧密相关的司法机关、行政机关等单位的公开信息进行统计、收集，通过喜闻乐见的手绘形式表现出来，融入创意元素，旨在为泉州法制宣传贡献微薄之力。

地图正面仿效真实地图走向，以卡通形象大致标注泉州主要的司法机关、行政机关等。背面内容包括：一是正面提及的各个司法机关的联系电话及通讯地址；二是司法手绘地图的封面；三是众策律师团队的相关介绍。

"正反两面相结合，兼顾观赏性和实用性，希望能为广大律师同行、司法相关人员、市民等人士提供便利。"杨嘉文律师表示，该地图由专业的福建省制图院编制，经福建省地图出版社出版发行，专业性和权威性相统一，是合法的出版物。

积极参加社会公益活动　多篇论文获奖

记者了解到，制造这张司法地图，不仅耗时且耗力，众策律师团队还为此自掏腰包数万元，这是为何？

这不得不提到众策律师团队创始人杨嘉文律师。据悉，从事律师执业近十年来，他热心公益事业，是福建省首届社会公益青年律师，同时兼任了很多社会职务，如省青年法律工作者协会常务理事、省律协理事、省律协经济法律委员会副主任、省律协青年律师工作委员会委员、市律协副监事长等。

繁忙工作之余，他积极参加各种行业比赛和研讨，先后获得市首届公诉人律师电视辩论赛团队一等奖、市第二届律师辩论赛最佳辩手、省律师行业创先争优先进个人（省司法厅党委）、省首届优秀青年公益律师（省律协）等荣誉。

办案之余，杨嘉文善于思考，笔耕不辍。他编写的《信仰的力量》——当代著名律师办案纪实，由人民日报出版社出版发行；撰写的《公平礼赞》收入中国当代著名律师经典案例，还有多篇论文获奖，其中《网络病毒的侵权行为法研究》一文获福建省律师实务论文研讨会一等奖。

打造众策律师团队　提供专业高效优质法律服务

如何更好地为客户提供专业、高效、优质的法律服务？杨嘉文认为，必须依靠团队的力量。2014年5月20日成立的众策律师团队，就是以"众志成城、群策群力"为团队理念。

众策律师团队成立以来，一致认为必须向社会提供专业化的法律服务，在结合以往提供法律服务的经验、法律服务的案例的基础上结合闽南地区特色的经济需求，将团队的服务内容定位于金融借贷、项目投资及常年法律顾问三大板块。团队设立金融小组，负责金融借贷及企业挂牌新三板、Q板，贷前尽职调查项目等。团队中设有秘书处，负责对外联络、业务培训、客户关系维护等事宜。

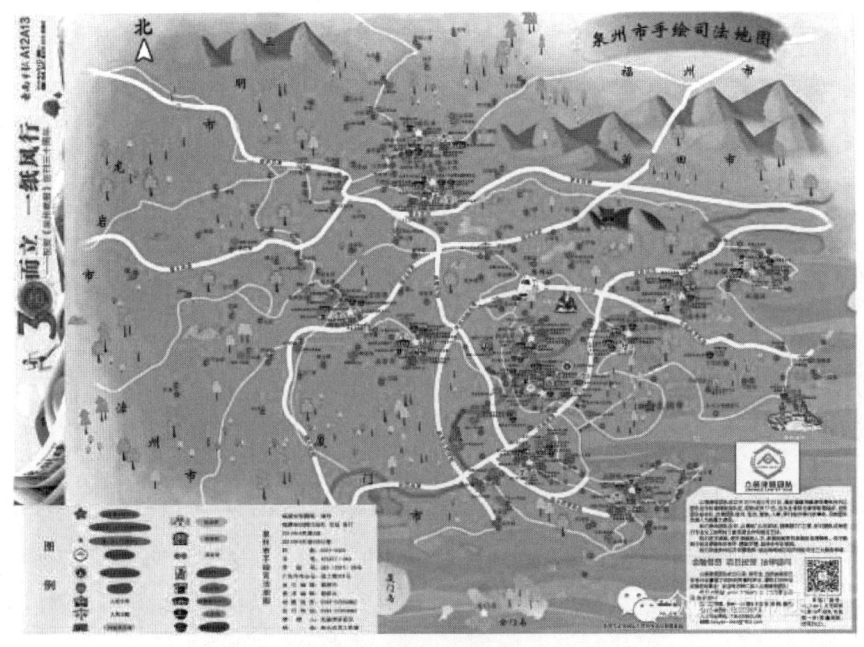

泉州市手绘司法地图

2015年,在承继以往优秀成果的基础上,众策律师团队将有新的规划,为泉州企业提供传统法律服务的同时,联动北、上、广等一线城市,与北、上、广多家律师事务所建立长年合作关系;与相关政府部门、从事投资银行业务的券商、泉州区域会计师事务所、评估师事务所、信用评级公司建立良好的工作关系。2015年4月,众策律师团队与西藏同信证券股份有限公司、福建华兴会计师事务所(特殊普通合伙人)达成战略合作关系,当企业有挂牌需求时,券商、会计师事务所、律师事务所可同时进驻企业,开启1+N服务模式,让企业省时、省力、省心、省钱的同时,强强联合为企业挂牌、转板保驾护航。

　　众策律师团队追求进步的脚步从未停歇,助力企业挂牌新三板,帮助发展中企业走上康庄大道。

福州一初二学生路遇车祸昏迷 实习律师热心救助

来源：福州晚报 2016年4月23日

"4月15日,福州时代中学初二学生小高放学路上,被一辆闯红灯的出租车撞倒后昏迷不醒,感谢这个好心人将他送入医院……"这两天,在福州时代中学的家长群里,不少家长被一封充满正能量的感谢信打动,大家纷纷点赞转发。这封感谢信讲述的是时代中学学生小高被出租车撞倒后,路过此地的见习律师翁启标立即上前对他进行救助的感人故事。

小高的母亲邓女士告诉记者,小高15日晚骑车经过首山路和上三路口时,被一辆闯红灯的出租车撞倒,飞出4米多远,当场昏迷。"当时现场有很多人,小翁第一个主动上前救人。他先把孩子唤醒,之后得到了我们的联系方式,电话联系了我们,小翁担心孩子一个人,就和他一起上了救护车,到医院还帮他办了入院手续,陪着做检查和输液,孩子受到了惊吓,他还一直安慰,一直到凌晨1点多才离开。"邓女士说,19日,小翁主动到交警大队协助警方调查取证。

记者联系到救人的翁启标,23岁的他今年刚刚从华东政法大学毕业,福清人,正在国浩(福州)律师事务所实习,8月份他就要返回上海继续攻读硕士学位。他告诉记者,当时他下班回家正好目睹了车祸。对于救人这件事,翁启标很谦虚,他说自己并没觉得做了什么了不起的事。"当时现场的群众很多,大家也是通过不同的方式来帮助小高,我是学法律的,考虑到肇事方如果不愿意承担责任,我可以做一个见证人。"

翁启标见义勇为的事在单位传开了,同事们纷纷赞扬翁启标做得好,对于这些赞美,翁启标看得很淡。"既然大家都说这样做挺好的,我也希望大家多做一些这种正能量的事,让更多的人都能帮助别人。"

铿锵脚步：他与法律同行
——记福建省十佳律师、福建启新律师事务所主任蔡启新

来源：闽北日报 2004年10月18日

有个案子在闽北影响很大，即"红蜻蜓杀虫剂毁容索赔案"。此案原告律师为受害人讨回了公道，一时间成了省内国内各媒体关注的焦点。

有个案子在法学界很典型：建瓯市人民法院审理的首例肖像权纠纷案，因为被告律师出色的代理，肖像侵权纠纷变更为肖像使用纠纷，使被告避免被判高额赔偿。这个案例被推荐到最高人民法院案例选。

这两个案子都出自同一个律师，他就是福建省十佳律师、福建启新律师事务所主任蔡启新。

他为弱者讨说法

"叶桂金"这个名字很普通，但一提到"红蜻蜓"，至今还有许多人记忆犹新。1997年5月，才二十出头的乡村女老师叶桂金在建瓯市城关城南市场买了一瓶广东澄海清晨化妆品有限公司生产的"红蜻蜓"杀虫剂。没想回家的路上，杀虫剂罐突然爆炸，叶桂金的右脸被炸得鲜血直流。容貌被毁对一个年轻女性来说，不仅是皮肉伤害，更是心灵的伤害。为此叶桂金开始了

"讨个说法"的艰辛路。她先是找了工商部门,"12315"投诉台立即为她索赔,可厂家除了支付1万元的医药费,对叶桂金的其他要求一概不理。当时,经人指点,灰心、无奈的叶桂金走进了建瓯市知新律师事务所。蔡启新在听完她的诉说之后,立即决定与同所的黄律师一同代理这个案子,他痛恨利欲熏心、为牟取暴利而生产伪劣商品的不法商家,他更希望通过这起案件让更多的消费者拿起法律武器维护自己的合法权益。

然而真要请律师打官司,对家境贫困的叶桂金来说可是一个不小的负担。为此,蔡启新决定为她提供法律援助。收集证据,查阅资料,分析法律法规,精心准备代理提纲,蔡启新全力投入这个案件,从产品质量的特殊性和精神损害赔偿的必要性两个方面为叶桂金依法据理力争。1998年8月,建瓯市法院经过公开审理,依法判决"红蜻蜓"杀虫剂生产厂家赔偿叶桂金6.38万元,其中包括精神损失赔偿费2万元。

蔡启新还办过许多漂亮的案子,在厦门国际联合投资公司金融诈骗案中,他为建瓯水西林场挽回108万元的经济损失;在建瓯市法院审理的首例肖像权纠纷案,他的代理意见被法院采纳,肖像侵权纠纷变更为肖像使用纠纷,不仅使被告避免被判高额赔偿,这个案例还被推荐到最高人民法院案例选。

对蔡启新的经历,有人不解,甚至好奇地问他:"从普通工人到律师,半路出家,你怎么就做得这么好呢?""兴趣。"蔡启新说他完全是因为兴趣,再加上受早年当律师的父亲影响,他才转而学习法律,立志做一名律师。1985年,还在建瓯印刷厂工作时,他就参加全国电大首批法律专业学习,1989年,他又顺利通过全国首次律师资格考试,成为一名专职律师。

他是政府的法律顾问,他是农民的"贴心人"

去年春季,建瓯市东峰、东游、顺阳、水源等乡镇200多户农民在购买辣椒种子时因受不法商贩的不实广告宣传误导,在东游一种子中心购买了一种名为"香椒一号"的种子1300多包。开花结果之时,这批辣椒开花后却落花落果。2003年3月,其他菜农的青椒都已上市,这批种子却没有动静。

眼见这一季的收成打了水漂,经济损失达30多万元。"得找人给我们做主!"200多户农民开始找消委会、到建瓯市政府上访。建瓯市有关部门找到蔡启新,要求他与建瓯市农业执法部门配合协调此事。他劝回了上访的农民,并多次向农民进行有关法律宣传,稳定了他们的情绪,他免费为农户代理,并指导农民依照诉讼程序维护自己的合法权益。

蔡律师与他的助手不辞辛苦地为这200多户农户奔波,运用充分证据和法律依据最终赢得一审二审法院的支持,依法判决种子经销商赔偿农民经济损失近15万元。

作为律师,蔡启新有着很强的社会责任感。除了律师这一身份,他还身兼数职,他是建瓯市政府常年法律顾问,常常要在政府与百姓间搭建桥梁,解决问题。他还参与市长接待日,充分运用法律知识说服疏导群众,做好群众尤其是职工及村民的调解工作,把大量民事纠纷化解在萌芽状态,维护了社会稳定。而建瓯当地的百姓,尤其是农民工朋友遇到难题,找不着方向时,都会想到:"找蔡律师去。"他们已把蔡启新当作了他们的贴心人。

义务普法,他使法律服务与社会脉搏同跳动

当了 15 年律师,蔡启新对"胜负"有自己的看法。律师的作用并不局限于法庭陈词是否精彩,是否维护当事人的合法权益,各行各业里总要涉及一些法律问题,律师在其中也可起到作用,如帮助行政机关规范行政执法,帮助企业树立起企业风险意识等。因为普法工作也是律师分内的事,因此,只要有时间,蔡启新就会在他的顾问单位中走动,同时还不失时机,形式多样地向社会进行普法宣传。

——他创办了南平律师行业第一份普法月刊《知新律师》,现今他又创办了《启新律师》,每月一期,无偿分发给建瓯市民和有关单位。

——他改变服务方式,由坐所等案转变为出去找案,每逢集镇的圩日,派律师轮流送法下乡,为村民提供法律咨询;为了方便市民尤其是农民找律师,他率先推出双休日、节假日律师值班制度。

——他开设免费法律咨询热线,免费为来人来电提供法律咨询,免费为行政机关、企事业单位、乡镇街道举办法律知识讲座,每月第一个星期六上午还组织该所律师上街免费为群众提供法律咨询。

——他还与当地媒体合作,开设"法律之窗",开设"民与法"专题节目。

——他与他的同事们还为有经济困难的当事人、残疾人、未成年人、老年人提供法律援助,得到社会广泛赞誉。

——为了使人大代表增强法制意识,更好地为人民行使好监督权,1999 年蔡启新为建瓯市 219 名人大代表送上一张法律服务卡,充实代表们的法律知识,并为代表们提供法律帮助。

有人说蔡启新管了太多的闲事。本来嘛,律师办好案子,办响名声足矣。可蔡启新却认为中国法制进程在发展,民众的法律意识也要跟上发展的脚步。站在法律天平的一侧,他要为当事人说句公道话,作为人大代表,他要维护百姓的利益。他笑说,自己是与新中国第一部宪法同年同月诞生,与法有缘。

崇尚公益的法律人
——访福建省政协委员、福建重宇合众律师事务所首席合伙人涂崇禹

来源:《中国统一战线》 2010年第6期

在如火如荼的海西建设中,新的社会阶层人士特别是自由择业的知识分子应当如何作为?他们对党的统一战线工作有哪些认识与感受?他们有什么需求与困惑?带着这个问题,记者走访了福建省政协委员、被媒体誉为"一个崇尚公益的法律人"的涂崇禹律师。

记者:近年来,许多社会精英纷纷改行当律师,听说您的律师生涯也颇为传奇,能否介绍一下?

涂崇禹:我虽然具有法学学位,从事律师工作却纯属偶然。作为一名70后,我从国际关系学院国际政治专业毕业后,先后在特区的企业和银行工作。为了不荒废专业8级的英语技能,曾多次替一家著名的律师事务所兼职翻译重要法律文件,由此萌发了为法治建设添砖加瓦的想法。

1994年底我通过全国律师资格统一考试并到信实所服务。我拼命工作,经常通宵达旦,到1996年业务量名列事务所第一,3年后又翻番有余,1999年被大家选为建昌律师事务所的主任,2000—2001年又参加首批"中国—欧盟法律与司法合作项目"赴欧盟八国进修。回国后我又于2002年通过国家首次司法考试,创办重宇合众律师事务所,目标是弘扬社会正义,参与中国法律服务产业化进程,融入国际竞争。

15年来我参与办理2000多件法律事务,曾为戴尔、林德、宝马、汇丰、福陆丹尼尔、普鲁士格等多家世界500强企业和易中天等社会文化名人提供法律服务;并两次参加中央电视台3·15维权进行时晚会;还主持编撰了《厦门市企业反倾销申诉应诉指南》和《厦门企业应诉国外反倾销案例汇编》;参与制订中国首个"律师办理涉台法律业务指引"和审订了《祖国大陆对台政策法规读本》;连续4年为厦门大学的学生讲授法律课程;并担任中国贸促会、国际商会调解中心商事调解员等。目前,重宇合众律师事务所也已发展成108人的团队,年受理案件超过4000宗,已先后设立莆田、福州、泉州等5家分支机构,成为福建省办理涉外涉台港澳侨案件、知识产权案件、公益案件、劳动争议案件最多、业务收入年均增长超过28%的知名律师事务所。

记者:新的社会阶层人士应当如何承担社会责任、如何服务海西建设?

涂崇禹:任何人和单位都承担着相应的社会责任,都应当作社会的良好公民,这是义务,更可以成为追求。新的社会阶层是改革开放的产物,新的社会阶层人士是改革开放的受益者和支持者,是我国社会主义事业的建设者,他们应当而且愿意承担社会责任,促进社会共同繁荣与进步。

作为律师,如果当事人最终没有实现其合法权益,将是律师最大的悲哀。有的老百姓一辈子可能只找你一次,可就是这一次,他会由于你的解释,信赖或失望于我们国家的法律。因此,当律师,不敢大意,我们要发挥自己的专长,为投资软环境的建设、为民生的保障和社会的稳定、为实现海西的法治尽心竭力。

同时,我们所的律师一直坚持利用广播、电视、报纸、网络、讲堂、车间、街道、村落等,数百次义务为普通群众、企业和社团组织宣讲法律常识,厦门凡能想到的涉法公益活动、公益单位、团体,我们几乎都参与了。本所每周都有律师深入各小区、街道,为各类活动提供义务法律咨询,近3年来仅在农民工法律援助站就已无偿为570多名农民工提供了法律援助服务,讨回工资、追索工伤赔偿款120余万元。我个人直接无偿办理的法律援助、公益案件累计超过190件;多年来担任公益团体、社区机构、农村、学校等困难群体的义务常年法律顾问超过60家次,免收法律服务费用超过200万元;而重宇合众所年义务办理公益与法律援助案件近400件,尽全力维护了平民的权利和国家的法治。

另外,我个人还将自己的劳动报酬共80余万元陆续捐献给社会用于扶贫济困和支持法律维权平台建设。其中从2006年起为设于本所的省律协农民工维权(厦门)工作站提供了超过30万元的工作经费资助,2007年捐资45万元在厦门大学嘉庚学院设立崇慧奖学金,至今已有70多名学生获得资助;在汶川、玉树地震灾害中,我所律师也多次踊跃捐款捐物,表达海西人的真情厚谊。

记者:作为一名无党派人士,应如何理解和支持党建工作?您所在单位是如何做的?

涂崇禹:重宇合众律师事务所于2003年就成立了重宇合众律师事务所党支部,聘请了专职党支部书记,目前在册党员22人。事务所先后被授予厦门市青年文明号、职工之家、司法行政系统先进集体、法制宣传教育先进集体、优秀青少年维权岗、文明行业创建工作示范点、创建文明行业"窗口"示范点先进单位和纳税大户等荣誉,2005年被福建省律师协会党委授予"先进律师事务所党支部"。我们加强党支部自身建设,创新和完善工作方法与机制,确立党支部在事务所工作中的政治领导地位,以党支部的战斗堡垒作用和党员的先锋模范作用支持和推动事务所及全体律师的工作开展与业绩提升。

作为受党关怀和教育多年的无党派人士,我积极支持事务所党建,重宇所是厦门首家同时建立党支部、团支部和工会的律师事务所,事务所为此安排专项资金、工作场所以及专门的行政人员,党员律师挂牌办公、旗帜鲜明地搞党建,将党建与事务所优化内部管理和提升对外服务结合起来,既保证了法律服务的正确政治方向,又改善了律师的专业素质,巩固了团队文化建设,使社会主义法治理念深入人心,党建成效明显。

记者:您认为在自由择业知识分子等新的社会阶层人士统战工作中面临什么困难与挑战?对海西建设有何建议?

涂崇禹:自由择业知识分子没有自己的专门组织,但不等于没有思想,不等于不需要发出自己的声音,不等于不需要党的关注与支持。他们爱国顾家,代表社会的一大方面,愿意与中共通力合作,希望融入我国社会的主流。我个人认为,统战工作应继续解放思想,深化对自由择业知识分子等新社会阶层人士心理和职业特征的认识,相信、团结和依靠他们,鼓励其依法有序地参与我国社会主义建设特别是政治建设进程,注意利用新兴媒体和社会组织平台加强与他们的联系和交流,重视和发挥其公信力和社会事务承载力,突出行业自律与基层自治,为其营造宽松的外部环境。

海西建设是我们福建的重大历史机遇,涉及政治、经济、文化和社会建设诸多方面。福建应在地缘特征、人文特色和先发优势上做足文章,从全国战略全局的高度来理解自身的示范和标杆作用。我认为关键是努力创新增长方式,推进城乡一体化建设,力争成为我国体制机制改革的排头兵,使我省成为科学发展之区、政通人和之区。作为自由择业知识分子,我们应服务基层,协调关系,促进沟通,向党和政府建真言献良策,在海西建设特别是在我省社会主义精神文明和政治文明等软实力的建设中发挥自己应有的积极作用。

后记:2013年4月9日,第四届"全国维护职工权益杰出律师"颁奖典礼在北京举行。涂崇禹律师获全国总工会、司法部、全国律协共同授予的"全国维护职工权益杰出律师"称号,同时荣获全国总工会授予的全国五一劳动奖章。此次获奖,也使涂崇禹律师成为新中国成立以来福建省首次同时获这两项殊荣的律师。

映日荷花别样红
——邵武市人大代表杨仁江助力法治建设

来源：闽北日报 2013年10月31日

　　花甲之年，对于绝大多数中国人来说，是淡出政坛颐养天年的年纪，但对于杨仁江这位人大代表、执业律师来说，却是宝剑出鞘的年龄。他用勤勉和智慧，一次次活跃在为社会事务、政府机关提供法律服务的舞台上，在法治政府建设中发出有力声音，为困难群体撑起法律的保护伞，他出色的工作赢得了上级领导和人民群众的赞誉。

　　20世纪80年代初，百业待兴，人民呼唤法律，社会呼唤法治，经济建设、社会管理呼唤法治保障，杨仁江对此深有感触。1986年，改革开放大潮涌来之时，仗义执言的律师还不被人们看好，富有远见的他就成了一名职业律师。从业28年，经手办理的民事、刑事、经济纠纷等案件无数，令其引以为豪的是，2000年起，连续四届受聘担任邵武市人民政府法律顾问。从受聘政府法律顾问那一刻起，深知肩上重任的杨仁江，就自加压力，不辱使命，在履职过程中，以自身的法律业务知识，在法治建设中发出法律工作者的声音，发挥了应有的作用。

　　邵武市100多家市属竞争性领域的小型国有企业改制能平稳有序推进，熟知内情者都说，政府法律顾问杨仁江功不可没。

　　2000年，邵武市国有企业改制，杨仁江参与"一厂一策"、投资项目对接、企业改制方案的认证和政策性措施的制定，在查阅相关资料，广泛征求各方意见，特别是跟职工代表座谈了解其所思所虑后,对改制过程中职工"纠结"的疑难、重大的法律问题,一些职工普遍关心、争议较大的问题现场解答。对历史上征地带劳力"土地工"解除劳动合同后的待遇等问题提出法律政策依据,让法律担负起扶贫济弱的使命。对改制企业职工利益总是最大限度地维护。他说,"比安抚职工情绪更重要的是让他们得到妥善安置。在市场经济条件下,一些上年纪、缺技能职工一旦失去'饭碗'从头再来是件很不易的事。"为此,他一次次向政府建议,在法律规定范围内,充分兼顾各方利益,多想办法从国有资产变现中争取再就业结余资金解决下岗职工拖欠的社保和安置费用等,并为他们争取再就业岗位,税费减免等扶持政策,最大程度减少企业改制给社会和职工带来负面影响,杨仁江的意见得到政府职能部门负责人和企业管理者的一致赞同。杨仁江的精心构思,多角度提出解决问题的方案,促进了国有企业改制有序推进。

杨仁江参与重大招商项目的协议审查,在相关合同中设置"防火墙"条款,有效地防范了5起协议标的巨大的投资陷阱。为武邵高速公路、邵光高速公路、经济开发区等重大建设项目出台征地政策,对涉及征地补偿标准、征地程序、法律责任、相关行政措施等进行逐一审查,提出建设性建议。为政府破解出租车行政管理改革提出衔接规章、政策性文件的实用性意见,促使邵武出租车公共管理走在全省县级市前列。

"每个代表都有自己的特长,我既然被选为代表,就应当发挥特长。"2010年杨仁江当选邵武市人大代表后,他将履行代表职责作为对律师工作的延伸和提升。二十多年的律师生涯为杨仁江履行代表职责奠定了扎实的基础。

2011年2月4日(大年初二),新春佳节期间,316国道邵武段发生一起国内外关注的死12人伤7人的特大交通事故。在死者亲属万分悲痛,赔付标准难以确定的情况下,具有担当意识的杨仁江代表,放弃与家人团聚,不仅找来一系列关于交通赔偿方面的法律法规进行研究,逐一比照,经反复推敲论证后,连夜起草有详细具体项目的赔偿方案和争取调解的技术性建议,还多次奔走在当事人之间了解情况,倾听诉求,解疑释惑,把工作尽可能做到极致,使事故单位与受害者亲属在短短5天全部达成赔偿协议,实现生者无怨,死者安息。

在参与处理一些群体性突发事件,如房屋拆迁户冲击市政府、公共免费游泳场建设场地学生溺亡,亲属迁怒冲击政府机关、征收国有老企业厂区宿舍老职工病故迁怒政府等,杨仁江陪同政府领导与群众对话,结合工作实际,分析群众的合理合法诉求,对个别不切实际的要求,从法律和政策上予以解释,引导群众理性处理、依法维权,对缓和政群关系,妥善处理涉法涉诉上访件发挥积极作用。林权、林地使用权及土地流转承包等在新形势下可能引发群体上访事件,杨仁江及时将国家新政策的制定背景与相关法律规定传达给农村相关部门和群众,以求理解和配合执行。

在杨仁江看来,人大代表、律师、法律顾问、代政府草拟规范性文件,受托就社会管理、依法行政中的难点问题进行调研要结合自身职业特点,把握好监督、服务和法务的关系;把握好公共权力和公民权利之间的关系;坚持不问不顾,有问有顾,顾者优质。不但要提出问题,还要根据新时代法律精神提出解决问题的思路。在参与书记、市长大接访中,杨仁江从顶层思维,底层视角创新性地提出通过走访取代控访,变被动为主动,密切联系群众,聆听百姓心声的建议。杨仁江说,"及时沟通,倾听诉说,无形中可以化解一些社会矛盾","很多信访都涉及法律问题,运用法治思维和法治方式,许多有碍稳定的事件就可以解决在萌芽状态中,解决在基层。"

为拓宽代表履职视野,提高履职水平,杨仁江勤于同省、南平市人大代表联系,虚心向他们学习,与他们一起探讨交换意见,上下联动,合力把群众高度关注的热点问题及时反映到各级人代会上。

20世纪50年代,为推动林业产业发展,各地在远离城镇的乡村僻野组建采育场,仅福建省就有132个,总人口达7万多人。这些人为林产建设,社会经济发展和生态环境改善作出了重大贡献。但近年,随着林业产业政策的调整,企业的改制,他们的生存压力加大,大多数采育场经济收入仅能维持职工"吃饭"的简单运转。一些年轻时背井离乡随夫从山东、浙江等地到采育场的家属工,工资低,企业改制时享受不到养老保障,来自生存的压力和改革困惑,使这部分人群引发群体性越级上访和不稳定因素,生产受到极大影响。

杨仁江通过对家属工的历史形成、性质归属、实际困难进行调研,多次和有关部门到省社会劳动保障厅反映,提出解决其合理诉求的办法意见,被连续两届省、三届南平市人大代表罗群荣注意,于是相关问题连续五年成为福建省人代会上的代表建议,引起省领导和省直有关部门的关注,推动了用电、饮水、道路、棚户区改造、家属工养老保障、生态补偿机制建立等问题的解决。

"作为一名人大代表、律师,不仅要主动配合上级有关部门做好政策宣讲和群众的思想工作,更应该成为法律的遵守者与宣传员。"杨仁江告诉笔者。他在联系选民过程中发现,群众对法律知识的需求十分强烈。为此,他充分发挥自身特长,主动担负起法律宣传责任,常常根据不同时期、不同对象,把加强法治与推动依法行政工作有机结合起来,送法到机关、进社区、入学校、下乡村。仅今年,先后受邀到南平市委党校、南平市司法局、邵武市公务员局、乡镇街道、学校等单位宣讲新时期党和政府工作,举办与群众日常生活密切相关的十八大精神和宪法法律实施、宪法理念和相关法律对执行公务员法的作用和影响、党的农村工作路线和农村土地法律制度、企业投资经营风险的法律管控等法律讲座10余场。听众达3000余人,很受大家的欢迎,因为讲的都是公务人员和选民日常生活紧密联系的法律法规,实现了民声、政声共振。

淡泊名利,是同行对杨仁江的评价;执着为民,则是杨仁江对代表职责的坚守。他身体力行,积极参与各级的法援工作,帮助打造经济、高效、快捷工作模式,为农民工维权,为困难群体撑起法律保护伞,扩大了邵武法援工作的影响力和知名度。

杨仁江心系于法、情系于民的精神和实际行动,诠释了一名人大代表和律师在法治政府建设与和谐社会建设中的责任与担当。

用行动诠释真情
——中国好人榜"诚实守信"好人翁凡律师

来源:海峡法治在线—法制今报 2014年11月19日

一个人做一件好事不难,难的是一辈子做好事。虽然难,"做好人、办好事"的故事在我们的身边还是真实发生着。

翁凡,福建宇凡律师事务所的资深律师,他虽已年过五旬,两鬓稍有白发,但看上去神采奕奕,一双炯炯有神的大眼睛,高鼻梁,说话的口气很温和。他说:"可能因为自己是一名律师,所以那股执业的气质还在……"在执业20多年中,他代理的案件不计其数,帮过不少人,也得罪过不少人。回首自己20多年的执业生涯,翁凡面带微笑淡定从容地说:"我从业以来,一直秉承着一个原则,就是'诚实守信',一步一个脚印办好自己经手的每一个案件。"

他向记者回忆起他十几年前经手的一起案件。他说,那起案件让他印象特别深刻,他认为他的选择是一名合格律师的表现。

他说,2001年6月的一天,福清江阴新港盐场遭受台风袭击,损失惨重。在认定损失时,盐场与某保险公司发生了分歧,双方相持不下。后来,盐场一方慕名找到了他,希望由他来代理这案件,欲把保险公司告上法庭。

调解促和谐

翁凡在仔细分析案情后,认为案件中重要证据——露天堆放的半成品盐受自然影响已经灭失,证据不复存在,如果莽撞上了法庭,索赔缺乏证据,对盐场一方不利。在权衡诉讼利弊之后,他建议当事双方进行调解。

翁凡说,如果案件起诉,该案的代理费用是1万多元,而案件通过调解费用则只需1千多元。这笔账他心里当然有数。但如果打起官司,当事人在人力、财力上的损失却是无法估量的,而且还不一定能胜诉。为了保护当事人的利益,他毫不犹豫地建议调解。

在他的精心调解下,盐场和某保险公司达成了协议,盐场获得补偿20多万元,双方握手言和。为此,盐场一方非常感激他,还专门敲锣打鼓地给他送来了锦旗。

翁凡说,这个案件最后虽然是调解结案的,也没让他从中获得多大的利益,但他很自豪。

帮当事人摆脱困境

翁凡讲起了四年前他经手的另一个案件:17岁的王某从泉州回福清看望父母,在福清市过人行道时,被迎面而来的小轿车撞倒,花了近12万元医疗费,而车主仅垫付了少量费用。2011年8月25日,王某来到福建宇凡律师事务所,一开始,王某只是说,自己遇到了麻烦,想聘请律师为自己打官司。

刚好那天是翁凡在律所里当班,交流中,他了解到,王某父母因身患重病没有任何经济来源,全家仅靠他一人打工维持生计,家庭生活极度困难,根本没有多余的钱请律师代打官司。

翁凡认为王某的情况符合法律援助条件,当即决定给予法律援助。最后,王某通过诉讼获得了26万元赔偿金,摆脱了困境。

筹办"专门的窗口"

事后,翁凡想,如果自己的律师事务所能有个专门的窗口,专门为困难群众提供法律服务,这样不仅可以帮助到当事人,还可以为律所赢得好口碑。就这样,翁凡开始紧锣密鼓地筹办起自己的法律援助站。2010年12月31日,福清市首家律师事务所法律援助站——福建宇凡律师事务所法律援助站挂牌;今年5月6日,福建宇凡律师事务所法律援助站在福州市仓山区金山街道石边路正式揭牌成立。

"律师不仅要诚实守信,还要真,真情就是用实际行动做出来的。"翁凡说。

多年来,翁凡长期坚持捐款资助十几名贫困生,金额累计近10万元。他组织律所员工多次慷慨解囊、捐款捐物,金额达数万元。同时,自2011年起至今,坚持数年组织所工会配合市妇联、总工会等相关部门看望慰问贫困家庭及社区矫正对象,共计40多户,为他们送去生活用品和慰问金,让他们感受到党的温暖。

活跃在"民间"的法治倡导者
——记福建谨而信律师事务所律师陈立新

来源:《中国女律师》

她奔忙在基层一线,对社情有着"春江水暖鸭先知"的切身感触;她敢于直言,是反映民意的"绿色通道";她善于协调,是缓解社会矛盾的"润滑剂";她参与立法,为推动社会的法治进程鼓与呼……她是律师陈立新。对于很多人来说,律师是一群高高在上的人,尤其对那些从未经历过官司的人来说,律师似乎和自己没什么关系。但陈立新,却用自己的行动向人们诠释,律师一直在为人民的权利而努力着,他们正在中国社会的法治化进程中扮演着重要的角色。

向"一案多判"开炮

提起"一案多判",陈立新律师的眼中闪过一丝锐利的光:"这是应该从制度上防范、杜绝的不正常现象,不然,损害的不仅是群众利益,更是法律的公平和正义"。2005年前后,陈立新代理的几起案件出现不同程度的"一案多判"。福州市某区一个家具城因台风被淹,现场评估,财物损失约18万元,但老板向保险公司索赔100万元。双方协商无果,告上法庭。一审法院判保险公司赔付20万元左右,保险公司不服上诉,二审法院发回重审,此次保险公司却被判赔付60万元左右。"这绝非孤例。同一类型的案件,中级法院与基层法院、不同基层法院之间、同一法院不同法官之间判决不一致,甚至同一法官在不同时间做出的判决也不一致,这让老百姓很不理解,甚至对司法公正提出质疑"。陈立新分析其中的客观原因,"社会在发展,各种新型法律纠纷层出不穷,涉及建筑、房地产、金融、医疗、知识产权等很多领域,专业性越来越强。法官毕竟不是无所不知的全才,司法鉴定也只能解决一部分争议问题,仍有很大一部分问题,只能由法官根据自身的审判经验进行自由裁量,一旦对案件作出的事实和法律认定与案件涉及的专业知识不符,就容易出现偏颇。""专业问题,请专家解决!"2007年2月,身为福州市政协常委的陈立新撰写了《关于福州市中级人民法院设立专家学者库的建议》,建议在法院系统内部设立专家学者库,在案件出现专业性问题时,由专家、学者提供专业意见,作为司法审判的参考依据。福州市中级人民法院采纳了陈立新的建议,率先在全省建立专家学者库,陈立新被吸纳为成员之一。时任福建省委常委、政法委书记鲍绍坤对陈立新律师的提案作出批示,批转福建省高级人民法院办理。2011年3月,福建省高级人民法院也设立了专家学者库,并在全省各地法院中逐步推行这一做法。当年,《福建日报》、福建电视台都以此为题作了专题报道。

为改善律师执业环境"鼓与呼"

2008年1月,为了更好地贯彻实施修订后的《律师法》,陈立新撰写了《关于进一步保障律师在刑事诉讼中依法执业的建议》,希望公检法等相关部门就修订后《律师法》的实施制订相关的配套规定,切实保障律师的权利行使。此后,福州市中级人民法院和福州市人民检察院分别发布了《关于在刑事审判中进一步保障律师执业权利的通知》和《关于贯彻执行修改后〈律师法〉的若干意见》。但是很快陈立新就发现,律师与两院法官、检察官之间的沟通和联络仍不顺畅。2008年9月12日,陈立新促成福州市人民检察院时任检察长陈承平一行12人到其所在的福建谨而信律师事务所进行为期半天的专题调研。这是律师制度恢复30年以来,省会城市检察长首次到一家律师事务所进行专题调研,是福州市律师执业环境改善和形成和谐法律共同体的象征。2009年10月,陈立新起草并促成福州市人民检察院、福州市司法局及福州市律师协会联合出台《关于建立检察机关与律师行业沟通联系制度的若干规定》,建立了联席会议制度、司法信息的共享机制、不当行为相互通报制度、诉讼监督线索受理机制、公诉人和律师论辩赛制度以及学术及实务交流机制。2010年10月,陈立新又起草并促成福州市中级人民法院、福州市司法局及福州市律师协会联合出台《关于建立法院与律师行业沟通联系制度的若干规定》,建立了定期座谈会制度、定期走访制度、共同参加"平安福州"活动机制以及学术及实务交流机制。现在,福州市律师协会与福州市中级人民法院、福州市人民检察院不定期召开联席会议,解决了律师进入法院的门禁问题,市、区(县)两级法院签收律师举证材料问题,以及律师持法院函进行调查取证等问题,解决了律师办案中的困难。

几个回合下来,陈立新俨然成了福州律师界的"民意"代表。2012年9月13日,陈立新参加了福州市第一看守所召开的福州市公安监管部门贯彻新《刑事诉讼法》律师座谈会,就法律修改后的律师会见以及目前过渡时期的做法提出意见和建议。会议经讨论后决定除看守所接受律师电话、QQ预约之外,从2012年10月起,还将延长工作时间,利用周六上午的时间,满足律师会见的需要。没想到,周六会见制度施行不到一个月,就有律师投诉看守所许可外地律师在周六上午会见,而对本地律师的会见不予以安排。陈立新了解到这些情况之后,马上向福州市律协反映,并由律协牵头与福州市第一看守所进行了沟通,最终妥善解决了本地律师的会见问题。

争当行业领头羊

从事律师执业23年来,陈立新律师办理了涉及民商事、知识产权、房地产等一千多件诉讼案件及大量的非诉讼法律事务,担任福建省无线电管理律师顾问团、福建省台商投诉协调中心、福州市医患纠纷调解处置中心、福州市环境保护协会、福建医科大学附属协和医院等数十家机关、团体、公司的常年法律顾问,为当事人提供了高效、优质的服务。陈立新成功办理的某保险公司与某旅游开发公司保险合同纠纷一案,2008年入选《保险法典型案例精解》;代理的福建省某集团与福州某铅笔文具有限公司商标侵权、不正当竞争纠纷一案的二审《代理词》,被收录人民法院出版社出版的《出庭在最高人民法院》,实现了当事人利益与社会效益的共赢,对相类似案件的办理起到一定的指导和规范作用。在实践中,陈立新注重思考、总结提高,她撰写的论文《配偶权的精神损害赔偿及实践中值得注意的问题》《海上保险合同被保险人的告知义务》《未成年人肖像权索赔案的实践与思考》《中澳少年司法制度探索研讨会论文集》《试论遗嘱执行人制度的建立》等多次在福州市律师论坛、福建省律师论坛上获奖,她还多次参加华东律师论坛以及中华全国律师协会未成年人保护委员会的研讨会,被称为"学者型的律师"。

在业务能力之外,"作为律师不仅要有良好的业务素质,同时还必须具有一颗善良的心,主动履行社会义务"。多年来,陈立新心中始终坚定这一信念。她常年积极参加法律援助工作和社会公益活动,关心并积极帮助困难群体,不求任何回报。在不遗余力地为那些无经济能力的人提供法律服务之余,陈立新还积极资助贫困生,其中一位受她资助的学生如今已成为一名大一新生。

在她的倡导下,福州市法律援助中心于2010年2月在她所在的律师事务所设立了第一家"法律援助联络站",联络站自成立以来共办理了100多件法律援助案件,这其中,陈立新起到了带头模范作用,为未成年人、妇女、残疾人等社会困难群体提供法律服务。作为福州市法律援助中心专家学者库的成员,陈立新还多次给志愿者律师们讲授法律课程和办案实务经验,花费大量的时间和精力指导年轻的志愿者律师办案,提高他们的办案能力和水平,为树立福州市法律援助中心这一全国先进品牌贡献自己的力量。

2011年,陈立新受福州市法律援助中心指派,担任菲律宾籍被告人LILIA涉嫌走私毒品罪一案的辩护并取得了良好的效果。为此,菲律宾驻中国领事馆总领事向福州市法律援助中心寄来感谢信,高度评价陈立新律师的表现。陈立新还曾作为宁化社区"新市民之家"法律服务站的志愿律师,给团中央领导及各省来福州参加会议的代表介绍了法律服务站对宁化社区进城务工青年及其子女提供法律服务的流程及详细情况,获得团中央领导的高度评价。此外,作为福建省律师协会未保委委员,她积极主动承担社会责任,充分发挥自身特长,配合有关部门在维护未成年人的合法权益、促进未成年人的健康成长方面投入大量的时间、精力,取得了良好的社会效益。

参政议政为民请命

身为福建谨而信律师事务所主任的陈立新,还兼任许多社会职务:福州市第十一届、第十二届政协常委、福州市政策咨询研究会特约研究员、福建省律师协会教育委员会民事法律专业委员会副主任、福建省法学会民商法学研究会副秘书长、福建省人事争议仲裁委员会仲裁员、福州市公安局特邀监督员。在本职工作以外，她积极地献言献策，为福州市、福建省的经济发展和法制建设贡献自己的一分力量。

自2007年2月陈立新当选福州市第十一届政协常委以来，她充分发挥在法律知识和社会联系方面的优势，注重深入调查研究，客观反映社情民意，积极建言献策。她以解决民生问题为出发点和落脚点，提出了多个侧重于保障及改善市民生活质量的提案。其中，针对飞速增长的汽车数量与泊位严重不足的日趋尖锐的矛盾现状，她提出吸收社会资本，建立立体停车场的建议，将汽车分层"叠放"，不但占地少、容量大、空间利用率高，而且环保安全。针对福州市政府大力倡导"低碳减排"后，自行车、电动车增多而公交车、私家车时常挤占非机动车道造成混乱、拥堵、不安全因素增加的现状，她提议应从体现"以人为本"的核心价值出发，充分考虑骑车族的合理利益，确保广大市民拥有一个安全的出行环境；借鉴上海世博技术，她提出了"垂直绿化"的新观点，建议用大片的绿叶和花朵把冷色的城市建筑墙覆盖，这样既能满足福州市民对绿色空间的需求，又解决了绿地与建设用地之间的矛盾。2011年10月，根据中共福州市委的布置，福州市政协开展了弘扬"马上就办"精神专题调研。陈立新作为课题组九个成员之一，先后参加了多场座谈会，并深入市行政服务中心和杭州等地调研和考察。2012年3月，课题组形成《大力弘扬"马上就办"精神，为建设开放文明和谐幸福的新福州提供强大动力》向市委书记进行现场汇报，其中，关于学习杭州建议建立"市民之家"，健全行政机构考评机制和社会参与评价机制等建议，得到了时任福建省委常委、福州市委书记杨岳的赞许。

可以说，陈立新以实际行动说明，律师不仅仅是法律的实践者，建立更是城市发展、社会法制建设的有力参与者。从2007年开始，福州市政协与福州市人大联合建立了立法协商会制度。在这一平台上，陈立新就福州市人大一些地方性法规，如《福州海域水下文物保护若干规定》《福州市环境噪声污染防治的若干规定》《福州市城市公园管理办法》《闽江河口湿地自然保护区管理办法》《福州市物业管理若干规定》《福州市荣誉市民称号授予条例》的修订等开展立法前协商，就这些地方性法律法规的合法性、均衡性以及可操作性等，提供了许多专业性的修改意见，大部分意见和建议得到福州市人大的吸收和采纳。同时，她还建议将《福州市养犬管理规定》《福州市城市规划管理条例（修订）》《福州市保护城市中学小学幼儿园建设用地若干规定（修订）》《福州市保障台湾同胞投资权益若干规定（修订）》等法规列入市人大立法计划。

由于陈立新的突出贡献，她被福州市人民政府授予"三八红旗手"荣誉称号；2007年获得"福建省优秀青年律师"荣誉称号；2008年被福建省委政法委、福建省司法厅和福建省妇女联合会评为"优秀女律师"，荣获"福建省巾帼建功标兵"称号；2009年10月，荣获福建省律师协会"当代律师风采奖"；2011年3月，荣获福建省司法厅和福建省律师协会授予的2007—2009年度"福建省优秀律师"称号；2012年1月，被福州市政协评为"优秀委员"。然而，陈立新并未停步，她说："作为一名委员律师，诚信执业，维护法律的正确实施，推进律师行业的发展，推动相关职能部门执法水平的提升及政府公共管理规定的不断完善是我义不容辞的责任。"今后，她将继续发挥自己的专业优势，为改善律师执业环境不断努力，为依法行政当好参谋助手，为社情民意建言献策，为推动社会的法治建设贡献自己的光和热。

大爱书写社会责任
——访福建如贤律师事务所主任廖爱清

来源:海峡法治在线—法制今报 2014年10月11日

第一次走进福建如贤律师事务所主任廖爱清的办公室,让人感到环境洁静典雅,透着职业女性干练、娴雅的气息。从书橱中摆放的书籍和奖状中可以看到,她在26年律师职业道路上的磨炼痕迹,记载着年复一年的成功与收获。这是廖爱清给人留下的第一印象。

1986年,廖爱清从西南政法学院毕业。两年后,她开始从事律师工作。1999年,获高级律师职称。现在,廖爱清是福建如贤律师事务所主任,福建省律师协会副会长,省律师协会女律师工作委员会主任,三明市律师协会党总支副书记、第一务副会长,并当选为三明市第十、十一、十二届人大代表。

26年的律师生涯,廖爱清以一个中共党员的身份严格要求自己,在三明律师界突出的表现和优异的成绩受到当事人、上级领导和有关部门的广泛好评。作为一名人大代表,她积极充当传声筒,让群众的呼声变成政府的施政纲领;作为一名热心公益的社会人士,她以自己的专业知识帮助需要帮助的人们,以自己有限的力量,捐资助学,帮扶贫困。她的善举如涓涓细流,滋润着人们的心田,得到社会的赞许。

敬业精神　让人竖起了大拇指

廖爱清说,从事律师工作26年,每当触碰到当事人的期待眼神,她就感觉自己身上的担子分外的沉重。廖爱清坚持想当事人所想,急当事人所急。为了维护当事人的合法权益,她经常放弃节假日,有时候工作忙起来,连续加班10多个小时也是常有的事。

2011年7月,她代理3户农民与建设局打官司,因这是个涉及重大拆迁项目的案件,廖爱清一边依照法定程序维护当事人合法权益,一边为了双方达成共识,多次帮助双方修改协议,连续工作到深夜,最终促成协议地签订,圆满解决了长达数年未解决的难题,达到双方满意的效果。她的敬业精神让当事双方都竖起了大拇指:专业、敬业!投资商感动地说:"我今后在三明有事就找你了。"

1999年,作为第一批参与三明市人大常委会主任接待日、三明市政府市长信访接待日的律师,廖爱清一直义务参与信访接待工作。2013年开始,她又参与市委主要领导的信访接待。同时她还担任市政府的法律顾问,为三明市的重大项目建设、重要法律事务的处理出谋划策。

廖爱清发现,信访反映的内容五花八门,涉及的问题政策性、法律性强,情况复杂。她分门别类,区别对待,既当好接访领导的参谋,又尽力为当事人排忧解难。

日常工作中,廖爱清律师也尽可能化解社会矛盾。一位当事人因夫妻吵架,一气之下提出离婚,并要求委托她办理案件。她仔细询问了委托人要求离婚的诉求后发现,其实他们之间的问题远未达到离婚的程度。廖爱清主动找到双方分别详谈,从家庭、孩子、社会等方面分析离婚造成的负面影响,劝说当事人和好。在她的努力下,委托人主动表示不再离婚,一个家庭得到了挽救,孩子也有了健康成长的好环境。

许多人愿意找廖爱清解决法律问题,不仅仅是她有亲和力,更因为她有着缜密的思维和专业知性女性的魅力。

人大代表　为三明发展建言献策

廖爱清是一个多面手,除了律师,她还是一名"为民请愿"的人大代表。

她在连续三届的人大代表任职生涯中,广泛收集民意,积极建言献策,先后提出了数十条建议、意见,突显出一位律师的干练和代表的责任担当。其中,《关于加强对城市道路挖掘方案审批管理的建议》《关于保留列东现有体育场馆,给市民和青少年保留有限活动空间的建议》等多条建议被列为重点建议。

"以前经常可以看到我们的城市道路为了埋填各种管道,挖了填,填了挖。这样做不仅浪费财力,影响市容市貌和交通,也给行人造成一定的安全隐患,很多市民都有意见。我想,作为一名人大代表,有责任、有义务反映民意,因此提出了《关于加强对城市道路挖掘方案审批管理的建议》。"廖爱清说,建议提出后,三明市政府高度重视,很快责成有关部门予以落实。对需要埋放管线的单位,在道路开挖后,统一集中埋放,从而改变了一些市政管理模式。

作为律师,她还经常就律师行业的建设、发展向有关部门提出建议或意见。根据中共中央办公厅、国务院办公厅下发的《关于转发〈司法部关于进一步加强和改进律师工作意见〉的通知》的文件精神,她提出了《关于充分发挥律师队伍在我市经济建设、社会事业发展中的作用的建议》的建议。

作为律师,她特别关注当地的经济建设、社会管理,关注企业的生存与发展。"社区建设也是社会管理的一项重要内容。"她提出了《关于建设居民住宅示范小区,探索小区管理模式和经验,促进社会和谐的建议》;她关注人民群众的安全,提出了《加快在列东片区建设自然灾害避难点建设和管理的建议》。2014年两会期间,针对三明的总体经济建设和企业融资难的问题,她又提出了《完善梅列区中央商务区配套建设的建议》《尽快妥善解决商会大厦土地证、房产证办理,帮助企业解决融资难问题的建议》,受到有关部门的高度重视。

热心公益　廖阿姨是贫困学生的亲人

作为一名中共党员,廖爱清时刻不忘自己身上背负的社会责任,在需要帮助的人心中,她是这样被需要着,她还是热爱公益的廖阿姨。

"廖阿姨,谢谢你,我期中考试在班上上升了三名,演讲比赛获得了二等奖。我要像你一样,长大后当一名律师。"前不久,廖爱清接到了宁化县某中学小丽同学的来信,5年前因为家境贫困面临辍学的她,多亏了廖爱清的帮助,如今,每逢自己生活、学习上有进步,她都要"汇报",廖爱清俨然成了她的亲人。

2009年,廖爱清从市妇联了解到很多孩子因为贫困面临辍学时,她马上资助了5名女初中生,并且承诺将一直资助到她们高中毕业。小丽就是其中的一名。现在虽然对这5名孩子的资助已经到期了,但廖阿姨的临时资助从没间断过。

2012年,残疾儿童生活物品紧缺,廖爱清二话不说带领同事们购买物品并送到儿童福利院;梅列区陈大镇某村的新农村建设遇到了困难,作为人大代表,她捐款10000元;小学返修资金紧缺,她号召同事、同行倾囊相助,并带头捐款5000元,小区建设遇到资金困难,她带头捐款2000元。她认为,作为一名真正的共产党员,就要从身边事做起,从小事做起。

学校、儿童福利院、敬老院、灾区,处处都能看见廖爱清忙碌的身影,人们时刻感受着她充满无私的大爱。

26年来,廖爱清先后20多次获得优秀律师、优秀共产党员、先进个人等荣誉称号。她还被评为"福建省十佳律师"、"福建省优秀律师",省政法委、省妇联、省司法厅三次授予她"福建省优秀女律师"称号,省妇联授予"福建省巾帼建功标兵"称号。律师制度恢复三十周年时,她被省司法厅、省律协授予"当代律师风采奖";她还被全国妇联授予"维护妇女儿童权益先进个人";被全国律协授予"全国律师行业争先创优先进个人";2012年,她被评为"三明市优秀共产党员";2014年6月,被中共福建省委评为"优秀共产党员"。

黄家焱：情系弱势侠骨柔肠的好律师

来源：福建文明风　2011年11月9日

人物名片

黄家焱，男，1964年10月出生，研究生，高级律师，民建会员，福建省上杭县人，福建金磊律师事务所律师，农民工法律援助志愿者，他情系弱势，"帮助别人，快乐自己！"他尽其所能，依法维护国家利益和当事人的合法权益，成绩突出，获得荣誉30多次，受到省级以上党政机关等组织表彰16次。荣获福建省十佳律师、感动福建十大人物、福建省劳动模范，福建省道德模范，福建省创建文明行业工作先进个人，福建省法制宣传教育先进工作者，全国优秀律师；入选中国好人榜。

2010年12月28日上午，司法部副部长赵大程在福建省司法厅副厅长薛育卿、龙岩市人民政府副市长郑如占等领导的陪同下到黄家焱所在的福建金磊律师事务所就所的党建工作和精神文明建设的成果进行调研。

2011年3月24日晚19:15分，中央电视台新闻联播和福建电视台海西劳动者栏目展播十六年来为农民工和困难群众奔走的福建律师黄家焱，几乎每位被采访的群众提到他时，都感激涕零，他用真实故事感染着现场的每一个人。

2011年9月1日，中共福建省委统战部在福州举行《树立和践行社会主义核心价值体系先进事迹报告会》，他作为报告人作事迹报告。

他助人为乐,捐资10万元作为首期办案经费,独资成立了专门无偿为农民工提供法律咨询、法律援助、法制宣传的福建金磊律师事务所农民工法律援助站。

"帮助别人,快乐自己!""尽我所能,促进社会的和谐进步!"是他此生不变的信念。

他带领全所律师坚持真理正义,维护法律尊严,恪守诚信,不畏艰辛,热心助人,表现了律师应有的品德行为,体现了中国法治的进步历程。2009年福建金磊律师事务所被司法部法授予"法律服务和法律援助工作为构建社会主义和谐社会服务主题实践活动先进集体",并蝉联龙岩市新罗区两届(2004—2006年、2007—2009年)文明单位称号。

他始终不渝,排除万难,唇枪舌剑,历经4年,终于使轰动全国的作了27次有罪供述的武平特大系列投毒案的犯罪嫌疑人刘日太,从被判处死刑到死缓再到无罪释放,该案件被写进福建省人民代表大会第二次会议工作报告,载入《人权》杂志,他成为国内外媒体关注的焦点人物,该案件也成为中国法治进程的标志性案件;

他敢于伸张正义,竭力抗争,为"中国世纪案",涉嫌故意杀人的厦门市公安局湖里分局民警陈剑玉,历经11年过堂6次,二次死刑到一次死缓再到15年有期徒刑,震撼厦门;

他诚信敬勉,坚信法治,为了年轻警官林一兵的政治生命,历经四年三审终审无罪,成为2006年福建省抗诉第一案;

他竭尽所能,为故意杀人犯梁海峰、赖长华、赖福兴等辩护,遂使梁海峰、赖长华改判死缓、赖福兴改判无期,挽回十多条生命;

他不畏权势、仗义执言,为民请命,为古稀老人李志文告县政府、退休教师谢国泰告市政府等做代理,终于打赢"民告官"官司;

他热心助人,为被9条"恶狼"侵害的打工少女和受猥亵的外来民工夫妻的女孩提供法律援助,使她们重新扬起了生活的风帆;

他坚韧不拔,维护当事人合法权益,使妻子遭人调戏、反被诬告打人受罚的连城庙前卫生院医生江开贤的冤情终于解开；

他17年如一日，在《闽西日报》设律师信箱，做客龙岩人民广播电台《阳光法制》节目，义务做法律咨询，宣传党和国家的政策和法律法规，使广大读者听众受到法制教育；

他撰写的《让无辜者免受法律惩罚》《律师为何沉默》《为年轻警官作无罪辩护》等文发表在《人权》《法学杂志》《中国律师》《上海法治报》等杂志上。

维护司法公正，澄清刷洗人间沉冤

感动是年终岁末一段温暖的话题，也是新春伊始一股蓬勃的力量。中央电视台、海峡都市报、东南电视台经过一个多月的人物征集、评选，黄家焱以自己敢冒风险的精神，给更多公民一份安全感；维护司法公正，保护困难群体，以事实为依据，以法律为准绳，是福建律师的标杆；在他身上，倾情流露的是一名律师的道德和良知，维护的是法律的尊严和司法的公正。

"救一个人，就是救一个世界"。轰动全国的"武平刘日太特大系列投毒案"，公安机关认定武平县湘店乡湘湖村的刘日太先后向12名儿童投毒，共造成4人死亡1人残疾7人中毒。刘日太对此供认不讳，作了27次的有罪供述。

在黄家焱为刘日太提供法律帮助的四年时间里，他差点被诱供，和他一起参与辩护的张世穆律师突然蹊跷地被公安传唤，随后退出了辩护。过了不久，村里最早请他出来当律师的73岁刘集珍老人，被治安拘留，后又因涉嫌投毒被刑事拘留。刘集珍老人从看守所出来不久，就因病去世了。他没能等到刘日太洗清冤屈的那一天。

而刘日太的家人也连遭不幸，刘日太的父亲、妻子、弟弟也分别以涉嫌投毒被刑事拘留，连村支书也被请去"问话"。

是进还是退？黄家焱登上了龙岩的天马山，他眺望着龙岩人民广场上的"公正在"雕像，内心汹涌澎湃。思考良久，黄家焱还是选择了继续为刘日太作无罪辩护。

他说，当公正还没有体现的时候，只能是律师为它呼吁，自己作为律师，必须尽心尽责，迎刃而上。

刘日太最终被判无罪释放。福建省律师协会在嘉奖令中写道，黄家焱律师在这起特大系列投毒案件中，从龙岩市中级人民法院一审判处刘日太死刑，发回重审时改判为死缓，到福建省高级人民法院二审终审判决刘日太无罪；从公安起诉机关指控刘日太投毒10起，不久认定为6起，而后又改为1起，最终认定事实不清，证据不足，历经4年时间，14次往返于龙岩和武平之间，进行了深入细致的调查取证，13次与刘日太会见，查阅高达40多厘米厚的案卷材料，最终把刘日太的27次有罪供述推翻了。经过4次审理，律师辩护意见最后被二审法院采纳，忠实地履行了一个律师应尽的职责。

福建省高级人民法院将刘日太案写入了省十届人大第二次工作报告，成为中国法治进程的标志性案件，载入《人权》杂志。黄家焱认为：如果辩护律师只会作求饶式的罪轻辩护，不敢问津无罪事由，司法公正的天平能真正平衡吗？

为困难群体呐喊，永不言弃

黄家焱说，为了真理和正义，为了国家和法律尊严，我宁愿抛家舍业，付出再多的艰辛和代价，也在所不辞。刘日太从死刑到死缓，最后到无罪，黄家焱深感法律的天平需要千千万万律师的努力才能确保平衡。为此，他真诚、勤勉为当事人辩护，一次又一次地把生命从刑场上挽救回来。

17年来，经黄家焱律师辩护的史建军雇凶杀人、黄玉发抢劫、张日恒故意杀人、罗永秀投毒等近五十多起案件免刑、撤回起诉、不起诉、撤销案件、无罪，使他们恢复了自由。

闽西监狱年轻警官林一兵被判因虐待被监管人罪，面对强大的司法机关，黄家焱律师历经4年，最终福建省高级人民法院判决其无罪，使林一兵回到了人民警察队伍，此案成为2006年福建省抗诉第一案。

"法律援助，为受援人赢回了生命！"这是《闽西日报》给黄家焱律师的赞誉。

长汀濯田羊赤村农民赖长华杀害养女黄某并抛尸河中，被判处死刑。黄家焱律师提供法律援助，辩护提出赖长华从3岁抚养残疾养女11年，早已建立了父女感情，只是迫于生活，在万般无奈下作出令他永远后悔的事。省高院终审判决改判赖长华死缓。还有故意杀人犯梁海峰、弑父的赖福兴、挪用公款被判死缓的章宁，黄家焱律师凭着他的执着、敬业、负责，终使梁海峰改判死缓，赖福兴从死刑改判无期，章宁从死缓改判有期徒刑10年。

武平县退休老人李志文，因房屋拆迁安置补偿，为维护自己的合法权益而书写《紧急呼吁》，被县公安机关以"破坏旧城改造"实施异地监视居住、治安拘留10天。老人找到黄家焱律师，委托他作为状告县政府的代理人。官司打了5年，老人终于得到补偿。李志文全家给他送来"硬骨头"律师的铜匾。

新罗区退休教师谢国泰与漳平市政府就万兴店的所有权及拆迁安置一案,纠纷20多年,经手的法官、律师、当事人已故7人,案子经过7审,先后聘请了5位律师,但终未了结。黄家焱律师担任代理后,不畏艰辛,伸张正义,历经5年,经一、二审,谢国泰终于胜诉,从漳平市政府手上获得安置补偿款本息20多万元。

连城县庙前卫生院医生江开贤,因妻子遭人调戏,反被诬告打人受县公安局治安处罚。黄家焱律师代理后经过一年多的漫长诉讼,市中院终于作出了撤销连城县法院、县公安局对江开贤作出治安处罚的决定……

黄家焱律师敢于仗义执言,为民请命,维护司法公正。因此荣获福建省首届"十佳律师"称号。

法律援助,让没钱的人也打得起官司!

维护法律尊严,黄家焱律师突出一个"敢"字,但对于困难群体,他却竭力体现一个"情"字,让没钱的人也打得起官司!

1995年《劳动法》刚施行,当"法律援助"在很多人看来还是个陌生的词汇时,黄家焱就开始走上了免费为农民工等困难群众打官司的公益诉讼代理和辩护的道路,成了一名农民工法律援助志愿者,这一干就是17年。他为自己制定了"三三制"的公益原则:除了日常的生活和工作之外,他把三分之一的时间用在了无偿为农民工等困难群众提供法律援助上。他在《闽西日报》设立《律师信箱》,刊登法律援助热线,义务解答农民工生活中遇到的法律问题。2008年,他个人捐资10万元成立了农民工法律援助站,免费发放自己撰写的《为青少年答疑释惑法律问题》《农民工法律维权问答》等法律宣传实用书籍。据不完全统计,他参加法制宣传、法律咨询、法制讲座近百(场)次,义务法律咨询5万多(人)次,收到来信6000多封,整理回信文字100多万字,装订成册20多本。

1995年春节前夕,江西农民工黎育春在苏邦某煤矿的风井锯木头时,被头顶突然滑落的石块当场压死,70多岁的父亲要求赔偿,但老板却躲了起来。老人没钱住旅社,又没有文化,呆呆地守着孩子的尸体在煤棚里住了好几天,黄家焱律师得知此事后为他提供法律援助,最终使老人获得了赔偿。

残疾人范锦有是苏邦煤矿的农民轮换工,他在值夜班时被砸伤,左腿动脉断裂。煤矿单方解除劳动合同,不予工伤认定。黄家焱律师提供了法律援助,终使煤矿作出按工伤处理的决定。

2003年10月31日,参与"5.13"绑架杀害实小学生连某的杀人犯陈晓蒋被执行枪决,临刑前,他对黄家焱律师说:"谢谢!"

未满19岁的陈晓蒋,因家庭不和睦,从小他是在母亲的泪水和父亲的打骂中长大的,在他13岁时父母离婚。因为没有一个完整、幸福的家,致使他走上犯罪道路。此时的黄家焱律师成了陈晓蒋的救命稻草,像是别无选择陪伴被告人"满怀希望"走向刑场的"牧师",一、二审期间,他隔三岔五地会见了陈晓蒋10次。他就是要让被告人知道,法律已经一视同仁地为他提供了全部自救与他救的机会,法律已经听到了他最后的声音。面对死囚的求助,黄家焱律师尽力了,他说:"我是法律的代言人,而非罪犯的代言人。虽然我没能阻止生命的终结,但我通过自己的努力和全身心投入,维护了法律的尊严。"

"黄律师,让没钱的人也打得起官司!"

这是一位下岗的母亲拿到女儿罗娇迪救济费在感谢信中说的。小罗的遭遇是不幸的。为了得到应得的救济费,她进行了长达6年的维权之路。2002年,小罗向龙岩市劳动争议仲裁委员会申请仲裁,要求继父生前所在的某运输公司给付救济费,但该仲裁委员会以该申请不属申诉范围为由不予受理。2002年底,小罗将该运输公司告上法院,要求支付救济费,同年新罗区人民法院判决该运输公司给付小罗救济费,直到小罗成年。一审胜诉,小罗并没有得到救济费,该运输公司向龙岩市中级人民法院提起诉讼,二审小罗败诉了。小罗向龙岩市中级人民法院申请再审被驳回后,小罗向福建省高级人民法院提起申诉。2006年8月,省高院裁定龙岩市中级人民法院再审。而此时,收入原本就低的小罗母亲即使想要维护女儿的权利,也已经精疲力竭,再无精力和财力维护权益,小罗几次面临辍学。2006年,小罗得到黄家焱律师免费的法律援助,赢得了官司,得到了自己应得的救济费,生活自此有了保障,可以安心在学校读书了。

2005年,连城县妇女胡姬云因产后精神恍惚卖了亲生子,黄家焱法援万里,五次往返龙岩与江西瑞昌之间,垫付差旅费近万元,终使在2010年春节前夕让母子团聚。

2009年,湖北农民工万井平,在煤矿掘进打爆时,突发耳聋,煤矿不给予工伤待遇,致使万井平生活陷入困境。黄家焱律师提供法律援助,四审四胜,终使煤矿按工伤四级赔偿,使万井平有了后期的生活保障。

2010年春节前夕,上杭县女青年梁水金,因工伤无钱医治,黄家焱不辞艰辛六次与其所在公司调解,公司被其诚意打动,终于与梁水金达成工伤赔偿调解协议,使她顺利度过春节。

2010年10月,四川农民工雷树建,在劳动中被倒下的大梁压住造成半身瘫痪,大小便失禁,但谁都不承认与雷树建建立过劳动关系。生活无着,治疗无望,儿女辍学,妻子捡拾破烂,雷树建生不如死,好几次自杀未遂。工友用板车推着雷树建,打着白旗到龙岩市政府上访,扬言要报复。黄家焱律师无偿地提供法律帮助,终使法院判决雷树建与某公司存在劳动关系,为雷树建争取到63万元的赔偿款,让雷树建有了生活的保障!离开龙岩时,雷树建带着工友赠他一面写有"百姓的贴心人,人民的好律师!"锦旗,并又愧疚又感激地说:"上访不如靠法律!"

2007年,某公司解聘26名农民工,引发群体性诉讼,黄家焱律师一连法律援助26件,为他们赢得社医保退休金等经济补偿达300多万元,可获利益近1300多万。

2011年,某火电公司因政策原因关停企业,解除37名工人的劳动合同引起集体上访,黄家焱律师又无偿法律援助37件,为这37名工人赢得社医保退休金等经济补偿达400多万元。终使这一群体性上访案件得以平息,受到了省委、省政府、市委、市政府的赞扬。

重庆市的农民工蒋仕义在福建省永定县某煤矿因工伤导致全身瘫痪,煤矿矿主拒绝给予工伤赔偿,蒋仕义因支付不出医疗费,生命危在旦夕。无奈之下,蒋仕义的亲属在龙岩市的大街小巷散发"求助"的传单,并准备去福州、北京上访。黄家焱律师看到"求助信"后,立即与蒋仕义的父亲取得了联系,并为其提供了法律援助,积极促成调解,终使蒋仕义获得了45万元的工伤赔偿。

这样的法律援助案件,他做了一件又一件。17年里,黄家焱法律援助农民工等困难群体

100多件,为500多名农民工、困难群众提供过法律帮助,减免律师代理费150多万元,追讨医疗、社保、补偿等款项达8000多万元。

17年来,他为困难群体奔走,促进社会的和谐进步!黄家焱因此被评为"龙岩好人"、"中国好人"。

用法律和真情关爱未成年人

对于困难群体,黄家焱律师竭力体现一个"情"字。而关爱未成年人,他却用心凸现一个"帮"字。

2007年4月,连城姑田新街下岗职工吴大俭,带着儿子专程到黄家焱律师办公室表示感谢。

原来,2006年9月,未满18周岁的吴某在某娱乐城当保安时,因不满女同事被顾客调戏,纠集了六七名保安殴打顾客,造成一名顾客重伤、一名轻伤、4名轻微伤。吴大俭找到黄家焱律师后,黄律师经深入调查,写出《吴某适用缓刑的人格报告》,被法院采纳,予以减刑,判处有期徒刑2年,缓刑3年,维护了未成年人的合法权益。

永定高陂上洋村15岁的少年陈某被起诉奸淫幼女3起、抢劫3起,黄家焱律师接案后,经调查认为被告人行为实质是强拿硬要,属寻衅滋事、破坏社会秩序,属一般违法行为。法院采纳了律师意见,遂判决被告人的抢劫行为不构成犯罪。

2004年2月,来龙岩打工的重庆梁平合兴人曾某,女儿被新罗龙门湖村郭某猥亵、强奸,黄家焱律师以被害人代理人身份出庭,仗义执言,要求追究郭某数罪并罚,最终被市中级人民法院采纳,按审判监督程序,撤销过轻的原判,发回重审,终于判处郭某强奸罪有期徒刑4年,猥亵罪1年。

2003年8月23日,打工妹江某在连城城关遭遇九条"恶狼"轮奸,身心遭受严重摧残,有了轻生的念头。黄家焱律师济困扶危,无私援助,义务担任受害人的代理人,使"恶狼"受到严惩,维护了她的合法权益,使她重新扬起了生活的风帆。

挽救了孩子,就是挽救了希望

2005年4月,正在读高二的陈某一年内连续参与抢劫作案六起。面对量刑可能在十年以上的案件,黄家焱律师没有放弃,他以真情感动有关部门达成帮教协议,使陈某被判缓刑,得以重返校园。陈某的父母感动地声泪俱下:"黄家焱律师真情办案,挽救了我们的孩子,等于挽救了他的一生。"

黄家焱律师认为:"人的价值不是我唯一的追求,承担起社会的责任更为重要。如果大家都来关注困难群体,就能促进社会的和谐进步。"17年来,黄律师就是这样"帮助别人,快乐自己"!尽其所能,化解社会矛盾,促进社会和谐进步。

黄家焱律师带领下的福建金磊律师事务所以建设"平安龙岩"为己任,诚信办案,品牌立所,为人民群众提供法律援助,以维护广大人民群众的根本利益为出发点,屡创佳绩,先后荣获省司法厅"律师行业文明服务窗口",省、市级"优秀青少年维权岗",市政府"扶残助残先进单位"、法律援助工作先进集体,龙岩市总工会农民工法律援助先进单位,荣立集体三等功一次。2009年获司法部法律服务和法律援助工作为构建社会主义和谐社会服务主题实践活动先进集体。被新罗区连续两届(2004—2006年、2007—2009年)授予文明单位称号。

17年法律援助路,黄家焱律师赢得了党和政府的充分肯定以及群众的高度赞誉,也获得了许多崇高的荣誉:福建省十佳律师、福建省第五届创建文明行业工作先进个人、福建省法制宣传教育先进工作者、2004年感动福建十大人物、福建省劳动模范、福建省道德模范、全国优秀律师、入选2010年中国好人榜等。他的先进事迹在中央电视台新闻联播、新华社等新闻媒体广为宣传。

锦旗、铜匾、感谢信,是黄家焱凭着正义和非凡的智慧,澄清和刷洗人世间的尘埃和沉冤的证明,更是黄家焱对律师神圣职责的正义诠释。

志愿心得

"人的价值不是我唯一的追求,承担起社会的责任更为重要。如果大家都来关注困难群体,就能促进社会的和谐进步。17年法律援助路,快乐胜于委屈,也使我获得了许多崇高荣誉。但对我来说,我的法律援助之路只是刚刚开始,不管未来的道路多么漫长和艰辛,我都坚信自己能够克服和坚持。帮助别人,快乐自己!尽我所能,促进社会的和谐进步!将成为我此生不变的信念。!"

殷殷参政意　拳拳护法心
——记福建邱宁江律师事务所主任邱宁江

摘自：三明政协网　2007年11月2日

在三明市三元区谈到律师，人们都会提到一个人。

他，就是邱宁江，三元区五届政协委员，六届人大代表，三明市七届政协委员，福建邱宁江律师事务所创始人。

接触邱宁江，每个人都会深深地为他独特的个人魅力所吸引，清秀的面孔里流露出沉稳和自信，平和的举止中蕴含着热情和豪迈。他以敏捷的思维，严密的逻辑，洪亮的语调，尖锐的言词驰骋在法庭内外。

认识邱宁江的人都说，请律师，就请邱宁江，找到邱宁江就找到了安全感。可邱宁江总是说：律师，是法律之师，文明之师，正义之师，律己之师，就是要以保护当事人合法权益、维护社会正义为己任。

他是这样说的，也是这样做的。在律师的主战场和政治协商这个舞台上，他用非凡的智慧和胆识把博大精深之法和浩然正气之身演绎得淋漓尽致。

开拓奉献铸辉煌

1984年,三元区律师事务所一成立,邱宁江就开始了他的律师生涯,那年他还没满18岁。

二十年过去,弹指一挥间。有过艰辛,流过汗水,迎来辉煌。用邱宁江的话说:"一路风雨一路歌。"

执业之初,律师制度刚刚恢复,执业环境远不如今,邱宁江以他的顽强精神和不懈努力,在律师行业里"小荷已露尖尖角"。1986年,他被中共三明市三元区委、三元区政府授予"社会治安综合治理先进工作者";1990年被中共三明市三元区委、三元区政府授予"区先进工作者";1991年被福建省司法厅、省人事局授予"第三届全省司法行政先进工作者"(享受市级劳模待遇)。

命运往往垂青第一个吃螃蟹的人。1995年,我国《律师法》尚未出台,律师事务所改制无定性,28岁的邱宁江就大胆扔掉"铁饭碗",买断国资所,改制成立了福建省首批以个人名字命名的律师事务所。历经十载,邱宁江创建的律师事务所便从创业时的3人出资10万元租房营业成为如今拥有员工20人、固定资产近300万元、建成占地380平方米且内设局域网全电脑管理的现代化办公楼,成为三明市最大的律师事务所之一。

一个人一生有一次辉煌并不难,难的是不断辉煌,这才令人敬仰。邱宁江多年辛勤耕耘,换来硕果累累。2000年,邱宁江被三明市司法局评为"市优秀律师",被团省委、省司法厅、省电视台、福建法制报社、省青年法律工作者协会授予首届"福建省十大杰出青年律师";2001年邱宁江荣获首届全省律师辩论赛"最佳辩手"称号,荣获首届全国律师辩论赛"优秀辩手"称号;2002年邱宁江被中共中央宣传部、全国人大内务司法委员会、共青团中央、教育部、司法部评为第五届"全国保护未成年人优秀公民";2003年被中共三明市委组织部、宣传部、共青团三明市委等九单位评为"三明市十大杰出青年"。在邱宁江的精心经营下,福建邱宁江律师事务所1999年被三明市司法局评为首批市级"文明律师事务所";2003年,被评为福建省首批"诚信文明律师事务所"。邱宁江创办的律师事务所在百舸争流的律师行业里已脱颖而出,声名鹊起。

积极参政议政

作为三明市政协委员,三元区政协委员、对三明市政协、三元区政协安排的视察活动,邱宁江都积极响应参加。走进社区,走进农村,走进厂矿,认真调查研究,及时向政府反馈社情民意。他思想活跃,善于发表意见,坦诚观点,利用提案等有效方式积极为政府工作献计献策。在每年政协会议前,都充分准备,多方考察,征求群众意见,以法律人特有的思维,撰写出很多社会关注的提案。如2000年,针对私企文化生活贫乏的现象,撰写提案《关于引导个体工商户、私营企业参与各项文化活动的建议案》,被政协三元区委评为优秀提案;其他提案有《关于设立三元百货大楼停车场的建议》《关于旅游参观点公厕不应收费的建议案》《关于开展学习〈行政许可法〉的建议》,这些提案和建议具有超前性,有关部门和单位非常重视,市政府有关部门和领导一致给予好评。

作为一名律师,邱宁江一边办案,一边调查研究,收集材料,当他了解到青少年犯罪现象逐年递增,呈低龄化趋势,心急如焚,撰写了《加强法制教育,提高青少年法律意识》,并在2004年三明市七届政协二次会议上作大会发言,提出合理化的建议,有关部门予以极大的重视。

每当信访接待日,总可以见到邱宁江的身影。不管是在市区内,还是深入到县、镇、村,邱宁江陪同市长、区长、市人大常委会主任,认真接待群众来访,尽职尽责为政府当好参谋,为政府分忧,替群众解难。同时,邱宁江律师还应邀深入人大、公安、司法、税务等部门,开展《行政许可法》《宪法修正案》等法律讲座,为增强公务员法律意识,为全市的经济发展服务。

热心社会公益事业

经过二十年的奋斗,如今的邱宁江已是同行中的佼佼者。邱宁江三个字所代表不仅仅是他个人,而是品牌,是实力,是社会正义的象征。用老百姓的话说,邱宁江已不单是一名律师,也是一名人民的公仆。这话没错,邱宁江是个热心人,他把大部分时间投入了社会公益事业。

担任法律宣讲员,增强公众法律意识。作为三明市家庭教育中心讲师团讲师、三明市法制宣讲团宣讲员,他身体力行深入机关、厂矿等地开设普法讲座,先后为人大、政府机关、学校等单位开办了《宪法修正案》《行政许可法》《未成年人保护法》等普法讲座,至今已开设讲座数百场,参与者达数万人次。2000年起三明二中、三明高专先后在每年新生入学时,都要邀请邱宁江为新生们开讲法制教育第一课,2004年三明一中特邀邱宁江担任法律顾问。

全力维护社会安宁。1989年春夏之交,邱宁江主动地投身到维护本地区的社会稳定中去,并于当年被三元区评为政法先进工作者。自1993年起,三元区开始大规模的旧城改造,邱宁江担任全区5个旧城改造筹建处的法律顾问,有效地化解矛盾纠纷近百起,使整个改造工程进展顺利。1997年,三明市重点建设项目、三元区有史以来最大建设项目、标的3亿元的"竹洲水电站"与外商签订了合同。邱宁江作为政府的法律顾问,仔细进行了调查取证。在取证过程中,发现外商投资并无诚意,拒不履行合同。为此,邱宁江依法向区政府提出法律意见,因外商不履行合同终止其投资资格,从而有效地维护了国家利益,使建设项目进展顺利,深受区委、区政府领导的好评。

多年来,邱宁江律师积极参与三明电视台的《百姓问答》、《检察纵横》,福建电视台的《法治天下》等法律专题片制作;受邀庭审直播节目点评;投身于青年文明号、青年志愿者服务队;身兼民盟三明市委委员、福建青年联合会委员、福建省青年法律工作者协会副会长、福建省律师协会刑事法律专业委员会委员、三明市青少年法律咨询服务中心副主任、三明市律师协会常务理事等职,为社会公益事业鞠躬尽瘁。

致力维权护法

维权和护法都是律师的天职,是邱宁江律师工作的两个主要方面。他用自己的实际行动,在维权和护法道路上,尽职尽责,奋斗不息。

维护合法权益。作为市青少年法律咨询服务中心的事务所,1999年就已开通"青少年维权热线",接受来电来访达5000余人次。他身兼青少年法律咨询服务中心副主任、未成年人刑事案件的义务辩护人,带领全所律师减免服务费达1000多人次。他每年都为三明市学生、教师、家长数万人开展法律讲座,增强他们的维权意识。邱宁江悉心研究青少年心理学,撰写了《俨女孩,你为何参与抢劫》等文章。2002年邱宁江被评为"中国保护未成年人优秀公民",邱宁江律师事务所1999年被授予三明市首批"优秀青少年维权岗"称号;2003年再次获得市"优秀青少年维权岗"称号。

　　为大众护法。邱宁江自1984年从业以来,先后为三元区政府、永安智胜化工有限公司、三明烟草专卖局等30余家单位担任常年法律顾问,为国家避免和挽回经济损失达3.2亿元。他参与三元区旧城改造、"竹洲水电站"等数十桩大型项目法律事务,有效地维护了国家、集体、个人利益。他带领全所律师直接参与永安智胜化工联合公司、市轧钢厂、市开关厂、市化工设备厂等17家企业的破产、解散、清算和改制工作,涉及资产17542万元,负债总额9000多万元,安置职工1000多名,为维护社会的和谐稳定立下了汗马功劳。

　　提出真知灼见,推广护法经验。邱宁江执业之余,不断总结实践经验,他撰写的《普通刑案侦察阶段国家秘密的理解》《城市社区律师法律服务》等多篇文章被《福建律师》采用,对全省律师同行起到借鉴作用;2003年在全省律师论文研讨会上,邱宁江律师撰写的《品牌律师事务所构成因研究》,将多年的律师事务所管理经验跃然纸上,向全省律师同行推广,被评上优秀论文,《福建律师》杂志全文刊登,《上海律师》杂志转载。

　　任重道远——这是邱宁江作为一名政协委员、人大代表、一名执业律师的真实内心感受。"殷殷参政意,拳拳护法心",邱宁江以开拓创新的精神、当仁不让的气魄、青春如火的热忱,在他的法律天地里和政协的舞台上拏云下攫,纵辔驰骋!

省劳模兰子禄被称为"红土地上农民工的好律师"

来源:人民网—福建频道 2016年4月28日

兰子禄是民建会员,福建省律协未成年人保护专业委员会副主任,福建汇才律师事务所主任,福建省劳动模范,福建省首届优秀志愿者。近年来,兰子禄情系农民工,在帮助农民工维权、服务企业和服务社会等方面做了大量的工作,谱写了许多创先争优的感人事迹。

2006年3月,兰子禄成为一名农民工法律援助志愿者。他先后被龙岩市总工会、龙岩市司法局聘请为龙岩市农民工维权法律顾问团成员,负责、帮助农民工维权。这些年来,兰子禄成功地为近300名农民工合法维权,帮助他们获得赔偿款,成功地办理了一些具有良好社会反响的经典案例。

2008年7月29日,在永定区某煤矿务工的广东省兴宁市黄槐镇下宝龙村的农民工何万云来到福建汇才律师事务所办公室求助,诉说由于生产场所没有安全生产措施,导致其严重受伤,经福建闽西司法所鉴定为L1椎体压缩性骨折,伤残等级为工伤八级;左侧肋骨第3－8肋骨折,伤残等级为工伤九级。其多次向包工头讨要工伤赔偿款,不仅分文未得,反而被老板赶出了矿山。兰子禄接受委托后第二天就和何万云到用人单位协商,但协商未果。之后,兰子禄律师只好多次往返于永定,经过不懈努力终于何万云讨回了10多万元的工伤赔偿款。事后,何万云特意让人做了一块"农民工的好律师"的匾牌送给兰子禄律师,以表达其对兰子禄的感谢。

2009年1月,来自四川省的农民工李政权经重庆某劳务有限公司介绍到某隧道集团公所属的某铁路一标段龙岩工地从事开挖工作，约定每月工资3000元。2009年3月1日，李政权在工地上班时，被突然滑落的巨石砸中头部、脊椎等多个部位。事故发生后，李政权被送往医院抢救治疗，后经福建闽西司法鉴定所评定为一级伤残。因李政权与用人单位未签订劳动合同，故未能与该隧道集团有限公司就工伤赔偿事宜达成协议。听了李政权的遭遇，兰子禄当即向所里申请为其提供法律援助，并经所里同意免去其律师服务费。接受李政权委托后，兰子禄律师带着助手深入工地，多次到李政权居住的工棚了解案情。在兰子禄的大力帮助下，2010年12月29日，农民工李政权终于拿到了期盼已久的损害赔偿款80万元。

欣喜的同时夹杂着心酸，兰子禄不知还有多少何万云、李政权事件在生活中上演？农民工自身文化素质低、法律意识淡薄等种种因素导致农民工与用工单位的劳资纠纷频频发生，往往这时候"人微言轻"的他们若要凭一己之力去抗争、去维权是多么的艰难！正是出于对农民工的这份浓浓的真挚情怀，多年来，兰子禄始终奔波在法律服务第一线，无怨无悔地为农民工兄弟提供法律援助，替他们排忧解难，让贫弱者不再感到无助。

兰子禄深知，仅仅提供法律援助是不够的。因为律师的能力、精力有限，不可能帮助到每一个人，不可能对每个人都提供及时的法律援助，最好的援助途经就是普法教育，这样才可以避免资源的浪费，从而达到效益的最大化。所以在为农民工提供法律援助之余，兰子禄经常义务进工厂为农民工朋友讲授法律知识，特别是讲授《劳动法》《劳动合同法》《工伤保险条例》等与农民工朋友切身利益密切相关的法律法规，以便在自身合法权利受到侵犯时，及时运用法律武器维护自己的利益，从而避免冲突事件的发生。

执业十二年来，兰子禄一直奔波在为农民工维权的第一线，其先进事迹被《中国律师与未成年人权益保障》、中央电视台、龙岩电视台、闽西日报等众多媒体报道，具有广泛的社会影响力。由于兰子禄业务能力出色，责任心强，事迹突出，先后被相关部门评为"龙岩市农民工法律援助先进个人"、"福建省当代律师风采奖"、"法律援助工作先进个人"、"福建省五一劳动奖章"、"福建省劳动模范"等。

无私奉爱心　行动释情怀
——记省律协未成年人保护专业委员会专职公益律师佘春香

来源：青少维权网

做能让自己有激情的事情就是事业，做别人希望你去做的事情就是工作。无论是事业还是工作，我们都要负责；不同之处就在于事业是对理想负责，工作只是对薪水负责。

佘春香律师，现任福建省律协未成年人保护委员会（以下简称未保委）的专职公益律师，是福建省第一位未成年人保护专职公益律师，也是首批全国专职公益律师中最年轻的一位。2006年毕业后，她本着找一份工作的心态，幸运地赶上了福建省律协未保委对外招聘专职公益律师的活动，经考核、试用，有幸成为本省第一名专职公益律师。一开始佘律师仅仅把它当成一份工作，听候差遣，定期完成各项工作。但是随着工作地深入以及组织的培养，她越来越认识到个人价值，特别是看着孩童一张张舒展的笑脸，她对这份工作逐渐有了激情。这是一份伟大的事业，需要她及成千上万个她（他）的共同努力。为此，佘春香每天都在不断充电，坚定地前行着。

佘春香所在的福建闽天律师事务所为她提供了免费的办公场所及力所能及的优待条件，为她的公益事业提供了保障。从事本职工作以来，佘春香便在省律协领导、未保委主任曹卫的支持下，对外开通"青少年公益维权热线"，并通过福建教育电视台、福建电视台新闻频道及其他媒体进行了宣传。从此,她每天必备工作便是接听电话咨询,通过电话咨询,不仅为大众答疑解惑,还受理了多起援助案件。2009年,佘春香还作为福建省法律援助中心的值班律师,每周三定期接听该中心的咨询电话。除了电话咨询外,她还通过接待来访人士,通过邮箱、QQ等方式解答各类咨询,据不完全资料统计,4年以来,她解答咨询达651次。

佘春香律师在未成年人保护研讨会上发言

除了日常电话咨询外,佘春香还承担了机构与人员之间的沟通和联系工作。从全国到地方,以及不同机构之间的跨部门联系,小到仅发送一封电子邮件或邮寄一封信件,她都亲力亲为。做着这些类似"行政"的事务,佘春香几经思想斗争,也曾想放弃,正常地做一名执业律师,但考虑到长远利益以及工作性质,她又默默地承受着一切。长期以来,她通过沟通、协调,已在本省建立了一支骨干志愿律师队伍,覆盖九个地市,遇有地方个案,则马上由地方律师介入援助,节省人力,提高成效;此外,她还定期编写活动简报,在律师之间进行信息共享,好的做法、经验在各地之间相互借鉴,有效地推动了各地、市未成年人保护工作的发展。

佘春香深知,未成年人保护工作是一项社会综合工程,需要全社会的齐心协力,也需要相关部门的密切配合。几年工作下来,她推动了未保委与省妇联、团省委、省教育厅等部门建立了良好、密切的合作关系,并共同开展了数场大型活动:如由省司法厅、省教育厅、团省委、省综治办及省律协五家单位共同发起的"律师普法进校园"活动,该活动取得丰硕成果,其经验纷纷被各省所借鉴;与福州影亚文化传媒有限公司共同发起"百爱学子,绿色网络"为主题的青少年公益关爱活动,该活动通过《青涩记忆》影片播放和相关主题座谈会、图片展等形式,引起社会各界强烈关注;与团省委、文明办等部门共同开展新《未成年人保护法》的宣传活动;还组织律师们形成工作小组,作为福州电视台"热线777"栏目等媒体机构的法律专家,定期解答大众提出的法律问题;她本人也接受媒体采访,如涉及外来务工子女犯罪问题,进行个案点评。在与《中学生时代》《小学生周报》的合作中,每期四篇的稿件,从主题的挑选到安排律师写稿,再到稿件的收集、整理、汇总等一系列工作,她都亲力亲为。同时,佘春香还多次参加或推荐律师参加由省妇联与《海峡都市报》合作开展的"婚姻观察"系列活动,作为法律嘉宾为广大妇女、儿童解答法律问题,提供可行的法律建议。

作为一名专职公益律师,佘春香还办理了多起未成年人法律援助案件,她以无私的爱心行动践行着律师为民服务的情怀。

2009年底,地处福州仓山一偏僻地方的外来务工子女学校,二年级学生小阳阳在下课前往厕所途中与同班同学发生碰撞,造成胳膊骨折。事发之时,小阳阳刚刚递交医保申请,尚未生效。事情发生后,对方家长及学校拒绝承担赔偿责任。佘春香接手本案后,认为在没有任何证据的情况下,调解是解决本纠纷最好的方法。于是,她数次不辞辛苦前往偏僻的学校,一遍遍约见对方当事人,不厌其烦地讲解法律关系,在她的不懈努力下,终与对方家长、学校达成赔偿协议,对方家长一次性当场给付赔偿款3000元,学校一次性支付4000元。案件终于圆满解决。

看似"普通"案件,佘春香还办理了多起,也曾碰到难缠、蛮横无理的当事人。2010年1月初,福州市区某小学四年级学生辰辰在上课时被前桌同学小荔用铅笔盒砸到门牙,后续牙齿治疗、修复费用约花了3万元。因涉及后期不可预估费用,辰辰家长要求小荔家赔偿,但小荔家长态度强硬地坚称该事件与他们无关,不但拒接赔偿,还拒绝与律师进行任何形式的沟通协商。于是,佘春香在第一时间约谈了班主任,并取到对方家长的基本信息,几经波折,数次电话沟通后,对方家长终坐在了圆桌会议上,令事情有了转机。

在办理大量民事案件的同时,佘春香还办理了多起未成年人涉及刑事犯罪的案件。其中一起案发泉州南安市某小镇,几名未成年被告人(其中一人刚满18周岁)经预谋持刀抢劫出租车,并数刀刺死司机。其犯罪手段残忍,后果严重,一审几名被告分别被判处死刑、死缓及十年以上有期徒刑。佘春香律师接受委托后,第一时间前往南安会见被告,了解案情,调查犯罪原因,并出具调查报告,终以原审判决事实不清、证据不足为由要求改判。其辩护意见得到采纳,本案最终发回重审。

在维权过程中,佘春香深刻认识到,要想从源头上维护未成年人的各项合法权益,加强立法保护是最根本、最有效地的手段。2009年,福建省律协未保委接受了团省委的委托,负责《福建省实施〈中华人民共和国预防未成年人犯罪法〉办法》草案的起草工作。未保委主任曹卫与佘春香多次就草案的制订,从名称到内容,从总体框架到章章条条与团省委负责人座谈,并召集委员召开"实施办法征求意见"座谈会,在未保委副主任邱宁江等人的共同努力下,草案顺利完稿。对此,佘春香及未保委全体委员付出了大量的时间与精力。

随着工作地深入,佘春香也意识到,工作不能总停留在表面上,需不断拓宽工作思路,提升工作高度。2009年,在省律协领导、未保委主任曹卫及各委员的支持下,福建省律协未保委开展了专项调研活动。佘春香律师了解到,在未成年人犯罪案件中,由不良行为转化为违法犯罪行为的占很大比例,校园内未成年人不良行为逐渐升级,暴力事件时常发生。而现行只注重升学率的应试教育体制难以对这些具有不良行为的孩子予以特殊教育。基于这种现状,未保委发起了关于中、小学生德育行为的问卷调查,佘春香负责了该项工作的筹划、具体安排、数据统计及结果分析等工作。最后,根据调查结果,给出了"关于福建省中、小学生德育行为的调查报告——兼探讨专门学校的发展问题"的报告,并利用其自身未保委委员、人大、政协委员的身份,就专门学校的设立向主管部门提交议案。

2010年初,在与省未管所的交流活动中,佘春香与其中两名未成年犯结了对子。通过频繁的信件沟通、跟踪其整个改造过程,用两个孩子的话,那就是"佘春香姐姐让我们感受到了社会的亲情,有了改造的动力";佘春香也认为,这些"犯错"的孩子更需要社会的理解与关爱,下一阶段她还要推动更多志愿律师参与到关爱未成年犯的行动中来。

时光飞逝,走上公益的路上已有四个年头,在这四年光阴里,佘春香律师说,她要感谢一直关心和支持她的未保委主任曹卫律师,因为她含辛茹苦、孜孜不倦的教诲,她才有今天的成长。走在公益的路上,她觉得任重而道远,在今后的工作中,她将以更专业、更积极的态度来从事未成年人保护工作。

一次触电带来人生价值取向的重大转变

来源:《中国律师与未成年人权益保障》 2004 年第 5 期

曹卫,1989 年毕业于重庆西南政法大学法律系,法学学士,厦门大学 2002 届法律硕士。1990 年通过全国律师资格考试,目前,执业于福建闽天律师事务所,二级律师,系该所合伙人。擅于房地产、公司、金融等民商法律事务,在十五年的律师生涯中,以专业、尽职、勤勉、敬业的执业风格赢得业界和社会的好评;先后发表过十多篇有关公司、物权及台湾法方面的学术论文,并多次在省内外获奖,还参加过两本法律专著的撰写。现任福建省律师协会常务理事、中华全国律师协会未成年人保护专业委员会委员、福建省律师协会未成年人保护专业委员会主任、福建省律师协会省直分会女律师工作委员会主任等。

2004 年 6 月,曹卫律师受福建省律师协会的委派到北京参加中华全国律师协会未成年人保护专业委员会举办的有关未成年人保护方面专业知识及如何组建各地方未成年人保护专业委员会的培训,这次培训对她的影响非常大,用她自己的话说是"受到了震撼"。她第一次看到有这么一批律师特别是中国青少年维权中心的律师们在全身心地为维护未成年人合法权益做着大量的工作,很受感动;与佟丽华主任简短的交流、沟通后,她感觉到他们所做的这项事业非常伟大,非常崇高。

她开始检讨自己十几年的律师生涯,似乎是只顾着低头拉车,虽然,在埋头做好业务的同时,也承担了一些公益的事务,但往往浮于表面,投入的时间,精力也很有限。如:她担任过福州市妇联维权中心的法律顾问。每年六一节都会参加律师协会安排的固定慰问儿童福利院；参加全国妇联发动的"春蕾计划"；多年来一直资助福建贫苦山区的多位失学女童等。但这些活动她觉得都属于被动式的，缺乏主动参与的热情和积极性。近年，包括福建省在内的全国律师业面临的执业环境恶劣、律师的社会评价和地位每况愈下等问题，也偶有引起她的思考，却始终未能深度地思考解决的途径和摆脱的办法。但参加了这次培训之后就不同了。中华全国律师协会未成年人保护专业委员会将律师参与保护未成年人领域的工作，让她感觉到确实是作为律师行业重塑社会形象的一个很好的亮点。同时，她也充分意识到这是律师的历史使命和社会责任。我国有3.8亿的未成年人，未成年人是国家、民族的未来和希望，他们权益的保护工作不但影响着他们能否健康成长和社会稳定，而且影响着我国法治化的进程和中国未来的发展。近年来未成年人权益被侵犯的事件不断增多，未成年人的犯罪率又逐年上升，这个问题已经引起了党和国家领导人以及各级政府的高度重视。因此，佟丽华主任所说的"律师参与保护未成年人领域的工作一定会受到党和政府的支持，人民群众的欢迎，也会极大地提高我们律师的社会地位"的这番话引起她的强烈共鸣，她真切地感到这的确是自己作为法律工作者责无旁贷的义务，而且确实到了自己该为福建律师业做点事的时候了。

她的这种想法和认识得到了福建省司法厅领导以及律师协会领导的大力支持，特别是时任福建省司法厅分管律师工作的陈勇厅长的支持。福建省律师协会未成年人保护专业委员会从成立到之后的每项重大活动他都亲临现场做重要讲话，福建省律师协会会长洪波也多次过问有关的活动和安排，秘书长肖仁辉亲自主持委员会的成立大会；副秘书长刘瑞兰不仅带队参加了2004年全国律师协会未成年人保护专业委员会在3月和6月举办的会议，且更是亲自抓这项工作的落实。这些都为福建省律师协会未成年人保护专业委员会日后工作地顺利开展奠定了重要的基础。

善用外援　共同推动福建未保委工作的发展

未成年人的保护工作是一项社会综合工程，需要全社会的齐心协力，也需要很多部门的相互配合，仅律师一个行业是不可能做好的。曹卫主任一开始就已经充分意识到了发挥党政及相关部门作用的重要性，因此，不管从福建省律师协会未成年人保护专业委员会顾问的安排，还是之后多项活动的开展，她都善于取得党政及相关部门的支持。如：除了取得上述本司法行政和律师协会领导的支持外，福建省律师协会未成年人保护专业委员会还聘请了福建省关心下一代工作委员会、省文明办预防青少年犯罪领导小组、团省委、省妇联、省人大、省教育厅以及省法院等相关部门的领导作为该委员会的顾问。在2004年9月25日福建未成年人保护专业委员会举行成立仪式时，曹卫主任自己亲自给这些领导送去请柬，陈勇副厅长专门给顾问们颁发聘书。这为日后福建省未成年人保护专业委员会在工作地开展中取得顾问单位的支持、协助，起到了很有利的作用。

又如：福建省律师协会未成年人保护专业委员会已经启动的为期三年的"律师普法进校园"活动，是在今年5月底启动的，不仅启动仪式暨培训活动得到作为顾问单位的团省委等的资金上的帮助，活动地顺利开展也得到了很大地支持。早在此前的3月份，团省委、省司法厅、省教育厅、省综治办预防青少年违法犯罪工作领导小组办公室、省律协就联合给全省各地的各自系统下了红头文件,定出三年内请律师普法的课时量、指标以及评优等规定,为下一步律师普法做了很好的铺垫。尤其是福建省司法厅和福建省律师协会,在"律师普法进校园"活动启动之前就召开了全省各级司法行政系统的有关"三进(普法进乡村、进社区、进校园)"、"四贴近(法律服务贴近生活、实际、基层、群众)"动员的电视、电话会议,不仅要求福建各级律师协会和司法行政系统都要支持这项活动,还成立了从省厅到地方的工作组,专门负责,定出各律师事务所在各阶段要完成的各项指标等。这为福建律师普法进校园活动地开展创造了非常好的外部氛围。

福建的志愿律师目前已近700人,这与充分发挥各级律师协会的力量来推动这项工作是分不开的,这也充分体现了善用外力的巨大作用。去年9月,在福建省律协未保委成立前夕,曹卫律师写了封给全省律师同行的热情洋溢的《倡议书》,之后通过省律师协会将《倡议书》和《承诺书》发给各地、市的律师协会,通过他们将这些《倡议书》和《承诺书》发给各个律师事务所,由律师事务所进行张贴、发动本所的律师加入志愿律师队伍。由于动员工作的力度大,各级协会领导予以了高度的重视,各地律师的报名非常踊跃,在很短的时间里报名人数就达到了600多人。这次趁"律师普法进校园"活动开展之机,又通过行业协会发动了一批新的律师加入志愿律师队伍。

还比如:充分发挥新闻媒体的作用也是外援的一个重要的方面。福建省律师协会未成年人保护专业委员会不仅在成立时,且在之后的几次大型活动上都邀请新闻媒体的介入。这既宣传了福建律师,也为开展工作营造良好的舆论氛围,甚至还有一定的推动的作用。如"律师普法进校园"启动伊始就确定与福建教育电视台全程合作(也是该电视台主动请缨的),不仅对福建各地律师开展该项活动的情况给予及时的报道,且该台利用自己与教育系统长期合作、对福建各地的学校情况非常了解的优势,积极帮助联系普法的学校;同时,该台还将自己近年来报道过的全省范围的各种校园事件、案件、学生存在的问题等的资料分类刻成光盘提供给福建省律协未保委用作律师进校园普法的参考教材,有时还与普法的律师现场合作,电视台播片子,律师对播放的案例涉及的法律问题进行现场讲解等。这不仅丰富了普法的形式,受到师生的欢迎,收效很好,也减轻了律师的工作量。这都是善用外援助力的结果。

构建平台　协调发挥各级组织网络的作用

律师参与未成年人保护工作要做的事或能够做的事太多了,不是靠个人的力量所能完成的,需要靠大家齐心协力共同完成。作为一个地方律协的未保委领导,关键还是要在中间起协调的作用,把大家的优势和力量调动起来。曹卫主任对这一点从一开始就有充分的认识,所以,她非常重视如何协调、调动团队的作用,如何动员更多的福建律师志愿参与到未成年人保护工作的事业中来。因此,她对福建省律协未保委领导架构的设置以及发动志愿律师的细节上向福建省律协提出了很多、很好的建议和做法。

由于福建有九个地、市,地理的分布也较为分散,彼此相距较远,各地的交通也不是很顺畅。因此,在40多名委员名额的分配上保证每个地、市的委员人数都有2到3名;考虑到由于资金匮乏等因素,目前,福建未成年人法律援助的案件只能依托各级法律援助系统来完成,故委员的名额中也考虑各地法律援助系统吸收一名骨干律师加入,以加强未成年人法律援助个案工作地开展。同时,由于受理保护未成年人的工作的很多相关部门主要集中在省会城市福州,且福州的省直律师事务所集中了全省四分之一的律师,联系、开会等相对方便且成本较低,在委员的人数上省直和福州的律师相对较多,将近占了二分之一。另外,福建省律协未保委在副主任的设置上也充分考虑如何能有利地调动、协调各地工作的开展。原先最初有两名副主任,加上主任曹卫都在省会福州,这种架构刚开始是可以的。因为刚开始的工作主要是开展与省教育电视台联办"青少年维权热线"以及负责福建省教师进修学院主办的《中学生时代》(全国发行的CN杂志,分初中和高中两版,每月2期)以案释法的专栏——"法在你身边"。但随着在全省范围全面展开的"律师普法进校园"活动,这种架构难以适应形势的需要。对于闽北、闽南、闽西的工作开展难以形成辐射,故经福建省律师协会的批准,又增设了分别负责闽北、闽南、闽西的三位副主任。而在内部,主任和副主任间又进行了明确的分工,同时,福建未保委还将各委员、主任、副主任详细的通讯、联系方式包括电子邮箱等信息资料,发给每一个委员和当地的律师协会以及合作的相关单位,以求沟通的方便和及时,有关的信息、资料也可以及时发送,便于加强交流、学习,资源共享。

充分发挥福建省志愿律师的作用是扎实、深入开展未成年人保护工作的重要基础。曹卫主任非常重视加强网内志愿律师的联系,经过几次的修改调整,她叫自己的助理编出了全体志愿律师的《通讯录》,不仅分发给各地律师协会、法律援助系统,还以电子版的形式发给各地的委员,特别是各副主任,通过各副主任和委员与各地的志愿律师及时加强沟通、进行工作的部署和交流。有新的志愿律师加入时,各副主任和委员也及时在网上交换。

各地在未成年人维权中遇到的困难,需要通过政府或其他有关部门来协调、支持时,各地的志愿律师会通过各地的副主任或委员及时与曹卫主任或分管个案维权的郑巧玲副主任联系,由他们与有关部门进行沟通。最近,由于一个县级法院怠于执行一个涉及未成年人合法权益的案件又反馈到曹卫主任这儿,她正通过福建省高院积极协调该案。

求精、务实，甘于奉献，迎接新的挑战

"既然做了，就得做好"，而且得精益求精，这是曹卫主任做人做事的风格。最近，她发现她们承担的《中学生时代》"法在我身边"的专栏，由于前期都是由杂志社直接与未保委安排的律师联系，由该律师将写好的稿件直接给杂志社，在案例的编写、宣传的主题上较为杂乱。为了能将该栏目办得更好，体现福建律师的水平，并与当前开展的"律师普法进校园"活动紧密配合，突出宣传的主题。她经过与分管的副主任、委员的沟通，确定由委员会里理论功底较深、实践经验丰富的三个委员（黄岩平、温长煌和林辉委员均有研究生的学历）负责统稿，并定出宣传的主题，把好第一关。为此，她还专门与三位负责统稿的委员一起走访了杂志社，与对方进行沟通，充分听取并采纳他们的意见和建议。访谈中，我们发现曹卫主任在考察了香港的未成年人保护工作后，对今后如何更好地开展未成年人法律援助工作以及进校园普法的方式如何进一步改善等又有很多新的想法，她确实是一个做事非常讲究质量的人。

务实，曹卫主任认为是她们执业律师的风格。做未保委工作与代理法律事务一样来不得半点的虚假，"作秀"只会增加社会和群众的反感，不仅于事无补（甚至还会坏事，影响到这个事业的发展），且没有任何意义。我们从上面的访谈中已经可以看出她的这种处事态度。目前，福建为何将未成年人的法律援助案件与各级法律援助中心紧密配合，也是从当前的实际出发采取的一种务实的典型做法。福建省律协未保委除了上述从各地、市法律援助中心的骨干律师中挑选出一名作为委员外，还将全省加入志愿律师网的律师名册提交给法援中心，在遇到未成人需要援助的案件时，由中心在志愿律师名册中指派律师，维护未成人的合法权益。据初步统计，自福建省律协未保委成立以来，通过全省法援中心办理的涉及未成年人的援助案件有1050件（宁德等2个地区的数字未在其中）。

从一个只知埋头做业务的律师到今天带领福建广大的志愿律师投身未成年人权益保护的未保委主任，她为此付出了很多的辛劳和汗水。她以身作则带头做很多具体的事情（如：今年第3期两本初、高中版的《中学生时代》"法在你身边"专栏的稿件就是她亲自执笔撰写的；6月28日她又带头到福州第十一中学开讲"福建律师普法进校园"的第一课，并被该校聘为常年法律顾问），她也调动了很多自己的资源、人力在做这项工作（如：她的助理陈菲至少有一半的工作时间都是在为她处理有关未保的各种事务性的工作等）。往年的这个时候她早已与朋友、家人外出旅游度假了，但今年她根本无暇去享受这种休闲时光，这其中的付出只有她自己最清楚。尽管如此，她还是觉得从事未成年人保护工作是自己的一项使命和责任，能够让自己的人生更有意义，这项事业也一定能够成为福建律师业最亮丽的一道风景线。所以，她为自己的付出和奉献找到了最好的诠释的理由，让自己有了一种支撑的力量。当然，她的工作也得到社会和政府的认可，2004年底，福建省人大常委会妇女儿童工作组授予她"福建省维护妇女、儿童权益先进个人"称号。

从更长远的角度说，她也希望不久的将来，能有专门的人员来帮她打理未保的事务性工作，能有专业的人员来建设福建律师的未保协助网站，让福建的这项事业能开展得更好。

为了正义 锲而不舍
——记福建泾渭明律师事务所蔡丽礴律师

来源：中国律师网 2013年2月6日

人物名片

蔡丽礴，女，1968年7月生，福建漳州龙海市人。1986年9月考入厦门大学法律系就读，1988年3月在厦门大学法律系加入中国共产党组织，1990年7月厦门大学法律系毕业，获法学学士学位。1999年10月通过全国性考试，被厦门大学研究生院录取为99级法律硕士专业研究生，2002年7月获法律硕士学位。福建省第十一届人民代表大会代表，漳州市第十五届人民代表大会代表，一级律师。漳州市律师协会副会长，福建泾渭明律师事务所党支部书记、主任。

一、爱岗敬业高尚操守，树良好社会形象

蔡丽礴自1990年9月大学毕业分配到律师事务所以来，在业务上精益求精，具有强烈的事业心和对当事人极端负责的责任感。不论案件大小难易，都认认真真办理，努力维护当事人的合法权益。从漳州市第一起治安行政案件开始，至今成功代理几十起各类行政诉讼案件，在行政诉讼代理方面取得突出成绩。由于在执业中，不为钱，不畏权，只唯法，以事实为依据，以法律为准绳，深受当事人的信赖。良好的综合素质赢得政法部门的一致赞誉。深知律师应为正义而奋战。模范恪守律师职业道德和执业纪律，尊重公、检、法等有关部门的工作，尊重、团结同行，努力维护律师良好社会形象。

蔡丽礴正是通过自身善良、正直、热情、谦逊以及在执业中的不卑不亢、自尊自爱、真诚刚直、求真务实和业务能力强树立了律师的良好社会形象，改变了一些人对律师的偏见。执业22年来，承办过多起在全市乃至全省、全国都有较大影响的案件（包括新闻媒体的名誉侵权纠纷案件、公安干警名誉维权案等），各级媒体曾有多次相关报道。

二、以法律知识奉献回报社会，树良好社会形象

由于有坚定的政治信念作基础，所以始终坚持正确的政治方向，自觉学习、贯彻党的路线、方针、政策，努力发挥自己的专业优势，服务党的中心工作，服务社会主义经济建设。自漳州市开展机关效能建设的1999年起至今，蔡丽礤持续被聘请担任中共漳州市委、市人民政府机关效能建设监督员，成为监督员队伍中任期最长的一位；长期担任漳州市公安局警风监督员；曾任漳州市国家税务局、漳州市地税局稽查分局机关效能建设监督员等。为推进漳州机关效能建设、促进行政机关依法行政，加快依法治市的进程做出了积极的贡献。2004年，在漳州市全市机关效能建设五周年纪念暨表彰大会上，由于蔡丽礤的突出表现，被漳州市委、市政府授予"机关效能监督工作积极分子"的荣誉称号，这是市委、市政府对律师队伍为全力打造服务型、法治型机关，进一步推动政府职能转变，不断提高依法行政水平所作贡献的充分肯定。

2000年3月，蔡丽礤参加由漳州市政协社会法律委员会组织的漳州市女性犯罪问题调研组，该调研组调研后形成了《关于漳州市女性犯罪问题的调研报告》一文。

为了更好宣传法律知识，增强公民法律意识，蔡丽礤除平时积极参加各团体组织的法律义务咨询活动外，还利用周末休息时间，自1998年7月5日起连续两年与所里其他律师共同参与由该所与漳州人民广播电台联合创办的"空中律师事务所"节目，义务主持节目43期，解答群众咨询信件91封，讲解法律专题43次。1998年11月，江西一位女性听众邱某，来信诉说其母亲被强奸，凶手畏罪自杀，索赔无望，准备杀凶手全家为母报仇。蔡丽礤即在当期节目中对邱某晓之以法、动之以情，打消了她的报复心理，避免了一场悲剧发生。

2004年7月12日，一档以案例、专家访谈的普法性电视栏目《法在身边》在漳州电视台开播。首期开播的《法在身边》聘请蔡丽礤作为法律专家就家庭暴力问题进行分析、评说。2005年11月25日，蔡丽礤应漳州市人大的邀请，为漳州市维护妇女儿童合法权益联席会作了学习新修订《中华人民共和国妇女权益保障法》的专题辅导报告，取得了很好的效果。

1999年2月，"漳州110"及其联动单位的三位同志护送生命垂危的江西籍民工返乡，途中因车祸三位同志不幸因公殉职。"漳州110"的这种义举在全省乃至全国引起强烈反响，深得各界赞誉。

受"漳州110"社会联动单位的委托，蔡丽礤义务为三位烈士的遗孀提供无偿法律服务，不顾重感高烧，二上福州，参与道路交通事故责任重新认定申请与索赔工作，使三位烈士遗孀及孩子深感社会大家庭的温暖，更深受"漳州110"社会联动单位的广泛好评。

1998年12月，13岁的农村少年谢某因被电击伤导致双目失明及肢体残疾，引发出一起人身损害赔偿案件。得知谢某伤残后无钱医治，蔡丽礤主动上门为其提供法律援助，免费代理提起民事诉讼，直至最后将执行款交到少年手中。其家属感激万分，在寄来的明信片上写着"不畏权贵，仗义执言，扶弱援贫、令人敬佩"，道出了受害少年及家人的一片心声。

1999年初张警官在依法抓捕犯罪嫌疑人杨某的过程中，杨某因惧怕公安机关抓捕，跳入江中欲游水而逃，不慎溺死于江中。对此，当地政府相关部门组成联合调查组对此事开展调查，结论为，后果由犯罪嫌疑人杨某自行负责，公安机关对此事件不负有任何责任。犯罪嫌疑

人的母亲不服调查组的调查结论,开始四处到省市有关部门控告反映。在此后的三年时间里,多次把写有失实内容的文字,以"大字报"形式吊挂在身上,并选择市重要会议或上下班高峰期间,站在市政府大门口、宾馆等重要地点,公开告示与会者、政府机关工作人员和市民,造成张警官及其家属精神压力巨大,其父亲还因此多次住院治疗。2002年初,蔡丽碟代理张警官以犯罪嫌疑人的母亲为被告向法院提起名誉权诉讼,后法院判决被告在当地报纸上登报恢复原告张警官的名誉,消除其在社会上造成的负面影响。此后,被告停止了侵权行为,张警官得以正常工作生活。这是福建省首例警察状告嫌犯亲属侵害名誉权案,有力地维护了警察的合法权益。2002年8月13日的《福建日报》还专门作了报道。

作为省律协未成年人保护专业委员会副主任,蔡丽碟积极投身共青团福建省委、省综治委预防青少年违法犯罪工作领导小组办公室、省司法厅、省教育厅联合发起的"律师普法进校园"大型活动。

不计报酬承担大量社会工作,对外树立律师良好社会形象。目前蔡丽碟兼任的社会职务有:全国律协未成年人保护专业委员会委员、福建省律协未成年人保护专业委员会副主任、中共漳州市委漳州市人民政府机关效能监督员、福建省青年法律工作者协会理事、福建省法学会会员、福建省人民政府侨务办公室法律顾问团特邀律师、漳州市青年联合会副秘书长、漳州市公安局警风监督员、厦门仲裁委员会仲裁员、漳州市知识产权协会副秘书长、福建省司法厅福建省律师协会海峡西岸经济区律师服务团成员等。

为了表彰蔡丽碟在漳州市青年中的表率作用,2006年12月,共青团漳州市委、漳州市人事局、漳州市青年联合会《闽南日报社》、漳州电视台和漳州人民广播电台等六家单位联合授予蔡丽碟第六届"漳州市十大杰出青年"荣誉称号。这是漳州律师首次也是唯一获此殊荣的,大大提升了律师社会形象。

蔡丽碟在省人大代表履职期间,表现出良好的政治素养和专业技能,改变了一些人对律师的偏见,提升了律师的社会形象,深获领导好评。蔡丽碟参加了《福建省实施〈中华人民共和国妇女权益保障法〉办法》(修订)(草案修改二稿)《福建省安全生产条例》(草案修改二稿)《福建省促进闽台农业合作条例(草案)》等地方性法规、条例征求意见座谈会,提出了个人的意见,受到与会领导的肯定。在省人大代表履职期间每年都提出较高质量的建议,内容都是全省大局性的,站位较高。在2008年元月福建省第十一届人民代表大会第一次会议上,蔡丽碟提了两项建议,即《关于加大力度提升福建港口竞争力的建议》及《关于在全省各级法院推广在法律文书后面附注所引用的主要法条及执行申请提示的建议》。这些建议都得到了有关部门的重视和肯定。其中《关于在全省各级法院推广在法律文书后面附注所引用的主要法条及执行申请提示的建议》还得到了福建省高级人民法院的采纳,省高级人民法院于2008年11月5日作出《关于在全省推行在裁判文书后附注引用的主要法律条文及执行申请提示工作的通知》,在全省法院推广实行。该建议促进了司法的公开公正,方便了老百姓,受到高层的充分肯定。2009年1月15日的《海峡都市报》还以《她的建议让判决书更人性化》为题作了报道。蔡丽碟履职期间提出的建议还有:2009年1月提出的《关于尽快制定出台我省行政处罚听证程序规定的建议》;2010年1月提出的《确实严厉查处涉及手机淫秽色情信息案件的建议》和《关于开展对〈福建省农村"六大员"管理办法(试行)〉立法及实施效果评估的建议》;2011年1月提出的《关于允许、鼓励新社会阶层人士报名参加公开选拔领导干部考试的建议》；2012年1月所提建议有《关于将2012年确定为"福建省文化建设年"的建议》和《关于尽快出台我省医疗机构医学证明行为规范性文件的建议》。

积极参加历次会议、视察、调研及座谈会，以法律人的独特思维发表高质量的意见。平时，蔡丽磴很注重学习与思考。喜欢阅读各种书籍，特别是法律专业之外的社科类、财经类等书籍。律师的战场不仅是法庭上的唇枪舌剑，这只是律师最原始的基本技能。律师还应该是企业、政府决策机构的智囊团成员，更应该是立法团队中不可或缺的一员。每次会议前，蔡丽磴都要提前做好准备，包括背景资料、专业知识等。发言时内容简洁、条理清晰、逻辑性强，深得好评。2010年3月30日，最高人民法院院长王胜俊就新形势下的人民法院如何更好地服务经济社会发展大局，更好地发挥司法职能作用到漳州调研，并与各界代表座谈。蔡丽磴参加了该座谈会。会上，蔡丽磴对各级法院的司法服务工作归纳成12个字——能动司法、阳光司法、公信司法，并就能动司法、阳光司法、公信司法展开简要论述。王胜俊院长在最后的总结发言中三次提到"蔡律师"，对蔡丽磴的发言给予很高的评价，最后还特别提到"我们要加强接受监督的自觉性。另外，我认为，我们还要接受律师的监督，今天不是说好话给蔡律师听。……"王院长的一席话，让蔡丽磴倍受鼓舞，也是对所有律师的鼓舞！

由于本职工作是律师，平时接触基层机会很多，蔡丽磴注意收集基层民情，以人大代表身份向上反映群众诉求，促进行政机关依法行政；有的群众由于对法律政策不了解，导致对司法机关、政府的一些做法不理解，这时，蔡丽磴就发挥法律专长，以律师身份向群众宣传、解释法律政策，引导他们接受司法机关、行政机关合法合理的处理方案，或正确表达自己的诉求。这样，在官民之间架起沟通的桥梁，为社会和谐作出一名律师的贡献。

蔡丽磴以专业律师的身份活跃于各项社会活动中，积极参政议政，以法律专长奉献回报社会，改变了一些人对律师的偏见，受到社会各界的赞誉。多年前，一家著名的台商集团公司总裁因为认定蔡丽磴"是个好人"而聘请其担任法律顾问；有一位刑侦公安干警认识蔡丽磴后对她说"你让我改变了对律师的看法，以后律师在侦查阶段要求会见的，我不会再刁难了。"还有一位领导认识蔡丽磴后也说出类似的话。这三件事对蔡丽磴触动很大，对其他律师也很有启发。

三、以身作则当表率，科学管理出成效

在律师事务所的管理上，蔡丽磴提出"文化铸人、制度管人、质量服人"的管理理念。文化铸人，用先进的文化陶冶律师情操，铸造积极向上、和谐团结的律师队伍；制度管人，用健全规范的制度来管理律师队伍；质量服人，用优质的法律服务质量、服务效果取信于当事人。先进的文化是灵魂，健全的制度是保证，过硬的质量是根本。三者有机结合才能科学发展。

注重党建工作。2000年"五一"节前夕，在当时全市23家律师事务所中率先成立党支部。2004年"七一"前夕，中共漳州市委市直委员会授予该党支部"先进基层党组织"。这在全市的律师事务所中也是仅有的一家。2011年7月中共漳州市司法局机关委员会授予该所党支部

为"2008—2011年度先进基层党组织"。2012年8月6日蔡丽碳书记代表漳州在"全省律师行业党组织书记培训班"上作交流发言。2012年10月该支部成为漳州唯一一家基层党支部荣获福建省司法厅授予的"全省律师行业创先争优活动先进集体"荣誉称号。一位台商来到律师事务所，看到"先进基层党组织"的牌子，竖起大拇指说，想不到大陆律师事务所也有党支部，真了不起。

2004年1月，福建泾渭明律师事务所被省司法厅授予"诚信文明律师事务所"；2007年12月被漳州市司法局、漳州市律师协会授予"2002—2007年度办理法律援助案件先进律师事务所"的荣誉称号；2004年3月18日，中共芗城区委巷口街道工作委员会、芗城区人民政府巷口街道办事处联合授予事务所"2003年助学献爱心单位"；2004年8月19日，漳州市芗城区关工委和芗城区巷口街道关工委联合发证给事务所，以鼓励他们在2004年度开展"扶贫助学献爱心"活动中，成绩显著。所里先后有2名律师被团省委、福建省司法厅、福建省电视台、《福建法制报社》和福建省青年法律工作者协会等五家单位联合授予"福建省优秀青年律师"荣誉称号。蔡丽碳带领全所律师积极参政议政，以法律专业之长回报社会。该所现有省人大代表一名，市人大代表二名，先后有三名律师担任区（县）政协委员，为当地的经济建设和法制建设献计献策。这在漳州也是仅有的。

四、多年耕耘，成绩显著

多年的努力，使蔡丽碳取得了一系列的成绩：2000年1月被福建省司法厅授予1999年度"优秀律师"的光荣称号；2000年7月被市司法局授予1996—1999年度学习"漳州110"先进个人；2000年8月被共青团福建省委、福建省司法厅、福建电视台、《福建法制报社》和福建省青年法律工作者协会联合授予首届"福建省优秀青年律师"荣誉称号；2004年7月被中共漳州市委、漳州市人民政府授予"机关效能监督工作积极分子"；2005年10月被省政法委、省妇联和省司法厅联合授予"优秀女律师"荣誉称号；2006年12月被评为第六届"漳州市十大杰出青年"；在漳州市律协组织的2007漳州律师"优秀辩护词、优秀代理词"评选中荣获优胜奖；2008年7月被中共漳州市委市直机关工作委员会授予"优秀党务工作者"荣誉称号；2008年12月漳州市人民广播电台、漳州市律师协会联合授予其"2006—2008年度积极参与'法在身边'广播电台节目为民服务先进工作者"荣誉称号；2009年10月19日在福建省律师协会召开的"纪念律师制度恢复30周年"大会上，荣获"当代律师风采奖"；2010年7月23日，在首届漳州市公诉人、律师论辩对抗赛中，取得律师个人第一名的好成绩，荣获"最佳辩手"；作为第五届全国特奥运动会火炬手，蔡丽碳参加了2010年8月29日在漳州市的火炬传递活动（第二棒）；2011年5月被共青团漳州市委员会、漳州市青年联合会和漳州市青年企业家协会等三家单位联合聘请为漳州市青年创业导师；2011年7月被中共漳州市委市直机关工作委员会评为2008—2011年度优秀党支部书记；2011年9月23日作为10名参赛队员之一，蔡丽碳参加了漳州市精神文明建设指导委员会主办，市委宣传部、市文明办承办的"爱我漳州·行业风采"文明礼仪展示活动，获得"优秀奖"；2011年10月被中共漳州市委、漳州市人民政府评为2006—2010年全市法律宣传教育先进个人。

特别是2012年3月,中华全国妇女联合会授予蔡丽碳"全国妇女创先争优先进个人"荣誉称号,蔡丽碳光荣地成为全国1084名"全国妇女创先争优先进个人"中的一员。

强烈的社会责任心、娴熟的执业技能和良好的职业操守塑造了蔡丽碳律师良好的社会形象。为了正义事业,蔡丽碳一直以其母校厦门大学的校训"自强不息 止于至善"激励自己,锲而不舍!

生命之花绽放
——记全国优秀律师王桂英

来源：《中国律师》 2016年第6期

> **人物名片**
>
> 王桂英，福建旭丰律师事务所合伙人、常务副主任。社会职务包括：厦门市第十一届、十二届政协委员、厦门市政府行政复议委员会委员、厦门市委政法委法律专家库专家、厦门大学法学院兼职研究生导师，福建省及厦门市律师协会行政法专业委员会主任、教育委员会副主任、女律师工作委员会副主任等。曾获得"全国优秀律师"、"全国优秀党员律师标兵"、"全国创先争优先进个人"、"福建省创先优优秀共产党员"、"福建省文明诚信先进律师"、"福建省十大杰出青年律师"、"福建省优秀女律师"、"厦门市三八红旗手"、"厦门市妇女维权先进个人"、"厦门市五四青年奖章（标兵）"等荣誉称号。

无论是性格还是气质，王桂英都是一个颇具魅力的女律师。她的性格特点和做人准则与律师职业有机地融为一体，形成了属于她自己的独特和精彩。对律师事业的追求，对法律信仰的坚定，对社会大众的回报，使她的律师生涯充满斑斓的色彩。志趣与职业的统一，又让她始终充满激情、自信和快乐，在20年的职业生涯中，不断放飞梦想，播种希望。

铿锵玫瑰——专业精湛　深耕学术　不让须眉

用王桂英的话说，她是上大学阴差阳错地学了法律。由于老师的无心，本该保送到"国际经济系"的王桂英进入了"国际经济法系"，开始接触法律。大学毕业后，王桂英到了当时的厦门对外经济律师事务所实习，在实习过程中参与了一些有影响案件的办理，实实在在感受了理论与实务碰撞的魅力，见识了张斌生、高燧涛等老一辈律师的成就，这让她对律师工作产生了浓厚的兴趣，于是定下心来正式进入厦门对外经济律师事务所工作。说到这儿，王桂英感慨，"现在看来这是命运的安排，是我律师生涯开始的际遇"。

现为福建旭丰律师事务所常务副主任的王桂英从1996年起从事律师工作至今已20年，期间代理了大量诉讼和非诉讼案件，并且逐渐在行政法律服务领域获得越来越多的认可，现担任厦门市数十家政府、企、事业单位的常年法律顾问。执业20年来，她不断开拓创新、与时俱进，并坚持一专多能的服务方向，在法律服务领域辛勤耕耘，用其丰富的法律知识和较高的执业水平，以实际行动谱写了一曲让青春在律师职业中闪光的生动篇章。分析案情时，她思维敏捷、应变能力强，善于从纷繁复杂的案件中寻找突破口；整理案卷时，她擅长周密分析、去伪存真，形成切实可行的律师代理意见；法庭辩论中，她善于敏锐地找到对方法律上的错误，利用其思维上的混乱，以坚定、流畅、严谨的法律逻辑语言陈述、质证，使对方无懈可击。

王桂英在行政法、金融法、房地产法领域积累了丰富的法律服务经验，承办了大量重大、疑难、典型案件，受到媒体的关注和多次报道。例如，王桂英代理的厦门市某区政府与施某的强制拆迁行政赔偿案件，施某诉求100多万元的国家赔偿，在王桂英律师的不懈努力下，一审、二审法院最终采纳了王桂英律师的观点，驳回了施某的全部诉讼请求；王桂英代理新加坡50多位购房人向福建省高级人民法院起诉东山太平洋房地产有限公司违约的案件，该案经过最高人民法院二审，最终判决因开发商违约、购房人可解除购房合同并追究开发商的违约责任，此案引起中国和新加坡媒体的关注和报道；王桂英律师代理厦门市政府海洋管理办公室参与厦门西海域整治过程中的第一起违法使用海域的行政诉讼活动，对于其中行政机关作出的行政处罚在历经两审之后，维持行政机关的行政处罚。该案件的成功，使政府能顺利实施西海域整治清理工作，为整治违法搭建、违法用海等起到了良好的示范效果，也为厦门西海域的成功整治提供了法律上的指引；王桂英代理某医院向市政府申请复议撤销某区财政局作出的招标决定，在复议过程中就政府采购行为的违法性从事实和法律两方面提出充分的意见，最终均被采纳并使区财政局的违法决定被撤销。

律师行业是一个专业性、实践性很强的行业，除了丰富的办案经验，还需要律师必须具备较高的职业素养。律师的职业素养取决于两个方面：法学理论和应用知识的掌握程度、对实务经验的总结积累程度。由此可见，做一名好律师必须擅长学习和总结。王桂英能在众多女律师中脱颖而出，与她在学术领域的不断辛勤耕耘是分不开的。忙碌的业务之余，王桂英从不放松对法学专业的学习和理论研究。她除了大量阅读法学方面的论著和各种案例外，还对办理的每一个案件都及时总结、思考，寻找案件背后的法律奥秘。通过对新型或典型法律纠纷的深入研究，使她对某个或某类法律问题有了系统的掌握，并形成自己独到的见解，撰写业务论文，参与评选与交流，获得业内同行的高度评价。自1997年至今，王桂英平均每年都有一篇论文获得省级以上律师实务研讨或论坛优秀论文奖。理论研究上的成绩也使得王桂英在行政法专业领域逐渐被公认为"专家",王桂英补充道,"当然,这对业务的增长也不无裨益"。无论本地或外地的律师,只要他们的客户需要在厦门或福建找行政法领域的律师,都会第一时间推荐王桂英,也有很多律师同行不吝赞美之词向相关部门推荐王桂英在行政法律服务方面的造诣。除了精湛的专业能力,为人要诚信、不断进取并与律师同行无私地分享,也是王桂英立足律师行业最重要的品德。

作为一名职业律师,她刚强、一身正气;作为一名女性,她自尊、自信。办案时,她雷厉风行,有礼有节,但又不失严谨、细致;在法庭上,她舌灿如花、剑胆琴心,竭力维护当事人的合法权益。王桂英犹如绽放在法律界的玫瑰,刚强柔美,情法兼容。

空谷幽兰——热心公益　责任担当　无怨无悔

王桂英始终认为,只要坚持专业上的不懈努力,并且合理安排时间,还是可以做到工作、生活两不误。就律师业务而言,只要在专业能力上不断自我提升,并坚守服务品质,自然可以在纷繁复杂的竞争中立于不败,也能得到当事人和公、检、法等部门的认可。她曾有过到公务员队伍工作的机会,因为出于对律师职业的这份热爱,她放弃了这个机会。她说:"律师职业是一个可以通过不断的学习和经验积累、在法治中国的道路上发挥重要作用的工作。在从业过程中,对我影响很大的是前辈张斌生律师,他的谆谆教诲如'做律师要以律为师'、'要做学者型的律师'等我一直铭记在心,对我20年的职业生涯影响深远。"

千古幽贞是此花,不求闻达只烟霞。兰花,虽不艳丽也不张扬,却如谦谦君子,淡雅而坚贞,心中充满了对梦想和生活的热爱,给人带来美好的希望。为人爽朗、处事果断的王桂英不仅业务能力精湛,还有一颗积极、善良的心。她说,律师是法治社会的重要推动力量,除了在日常案件代理过程中坚守法律,还要尽量回馈社会,宣讲法律。

王桂英自1997年担任厦门市委、市政府信访局法律顾问至今,除了参与信访局日常的接访工作外,还参与一些集体信访案件的协调工作,运用法律专业知识为上访的群众答疑解惑。2009年,王桂英被抽调到厦门市重大疑难信访案件审议组工作,协助处理六起涉及面较广、较复杂的征地拆迁行政类案件,为市政府处理相关纠纷提供合法可行的审议意见。2011年起,王桂英作为厦门市市长专线的顾问律师,多次亲自参与市长专线接听信访者的热线电话,义务为信访者排忧解难。2007年至今,王桂英在担任厦门市政协委员期间,结合工作实践提交了《关注农村妇女在集体财产权益分配中的权益保障》《建议厦门市建立刑事案件被害人救助制度》《建立厦门市拆迁安置房建设质量监管机制》《建议厦门市法院网开设律师服务平台》《建议厦门市设立统一的诉讼立案中心》等提案,其中部分被列为重点提案,受到政府部门的重视。她还经常为政府行政机关开展执法培训,讲解依法行政的注意事项,协助制定一些行政执法规定,提升执法机关的执法水平和规范执法。

除此之外,王桂英作为厦门大学法学院兼职研究生导师,多次为学生讲授律师实务课程,参与研究生论文答辩,为国家培养合格法律人才贡献自己的力量。作为福建省及厦门市律师协会教育与培训委员会副主任,每年都要参与组织行业内律师的继续教育培训和各种律师论坛活动,尤其在海峡两岸律师论坛和交流活动中发挥积极作用。对此,王桂英深感自豪,她说:

"律师是一个最需要终生学习、最强调时时更新知识的行业,律师协会为律师服务的重要工作之一就是业务培训。慈者爱,出于心,恩被于业。"公益事业,无关乎财富,无关乎地位,只要有爱心,只要愿奉献。王桂英认为,律师是一个日积月累、厚积薄发的职业,律师的声誉、社会形象、社会认同度和信任度,不是办理一两个大案就能得到的,需要点点滴滴的积累,参与公益事业是这些点滴积累的重要组成部分。做公益看起来是帮助别人,其实也温暖了自己。

作为一名优秀党员律师,王桂英始终以法为先、以律为师,坚守诚信、严谨的执业理念,并在法学学习中不断提升法学素养。无论是在代理案件或是履行政协委员职责还是参与公益活动时,王桂英都力尽职责,以党员身份践行诚信正义、严谨求实的法律服务价值,将维护社会公平、匡正社会风气的法治理念传播到群众中去。作为一名女性律师,为妇女群众提供法律帮助一直是王桂英律师不懈坚持的追求。她积极参加省、市两级律师协会的女律师工作委员的工作,组织女律师参与妇女维权工作,多次跟随厦门市妇联到偏远农村、社区作法律知识讲座和义务法律咨询,参与妇联日常接访工作和妇女儿童维权沙龙的活动,以自己的绵薄之力为妇女、儿童等困难群体提供法律服务,帮助他们争取到最大的合法权益。近年来,王桂英在担任厦门市高层次人才中心顾问期间,也为市政府引进的高层次人才在创业中遇到的法律难题提供帮助。

当与记者聊到青年律师培养的话题时,王桂英说,律师职业是一个需要传、帮、带的职业,她建议刚入行的青年律师首先应当本着谦虚的态度,积极主动地向前辈律师请教和学习;要以认真、负责、严谨的态度对待每一项工作,哪怕是最简单的复印等事务性工作也应确保不出错,只有养成严谨、细致、严格要求自己的工作习惯才能为以后长远发展打下良好的基础。律师的核心竞争力是专业能力,青年律师在学习诉讼技巧、待人接物等技能时,更重要的应当是沉下心来不断学习新的法律、法规和新型案例,这是青年律师未来发展的关键要素。

女律师除了工作,扮演好家庭角色亦很重要。"所谓家和万事兴,家人的支持是我事业发展的最大动力"。工作之余,王桂英尽量拿出更多的时间陪伴女儿和家人。陪女儿一起运动、学琴、练书法,还一起参与一些环保志工、书轩志工的工作,在相互陪伴过程中累积起来的幸福感和彼此传递的正能量使得自己的身心得到放松和修炼。

作为厦门市律师界史上唯一获"全国优秀律师"殊荣的女律师,王桂英依旧谦逊。正是这样一个刚柔并济的女子,用理性演绎着女律师的正气与柔情,用辛劳诠释着律师工作的神圣与庄严,用爱心点亮了被帮扶者心中的希望之光。王桂英不期望自己的生命能够开出多么灿烂的花朵,只求心中能够永远照耀着阳光。虽然生活不可能每日里都是阳光明媚、风和日丽,酸甜苦辣、风雨雷电也是人生躲不开的际遇,但若心中向往阳光,就会时时感受到美好。无论法律服务,还是公益事业,王桂英总能运用自己的专业知识和法律信仰帮助更多的人,变被动为主动,化腐朽为神奇。

邱兴亮：作为律师应当关注公共福祉

来源：东南网 2016年3月15日

律师应当关注公共福祉，善尽社会责任。

在美丽的鹭岛，有一个拥有15名成员的团队，成员们来自不同的律师事务所，有着专业的法律知识以及一身正气，常常为合法权益受到侵害的消费者们发声，他们关注消费争议纠纷，为完善消费者权益保护法律制度建言献策。这个团队，就是厦门市消费者权益保护委员会的"消费维权律师团"。

律师邱兴亮是这个团队中的骨干成员之一，他目前也是福建联合信实律师事务所合伙人、福建省律师协会第九届理事会理事。2003年至今，邱兴亮倾注了大量时间和精力，兢兢业业地襄助厦门市消保委维护广大消费者合法权益，提升了消费者的自我保护意识和维权意识，赢得消费者的高度赞誉和政府的充分肯定。

近年来邱兴亮获得过的荣誉很多：消费者权益保护工作先进工作者、消费维权先进个人、厦门市消费维权优秀律师。面对荣誉，邱兴亮依然谦虚而平和地表示，律师应当关注公共福祉，善尽社会责任，参加消费者合法权益保护等社会公益活动，义不容辞。

邱兴亮告诉记者，在过去的大部分时间里，他常常参与消费争议的调解，为重大、复杂、疑难的消费争议提供法律意见和指导，其中不乏"七天无理由退货"、"最低消费"、"预付费消费"等热门话题。此外，经常针对普遍现象或具体个案发表专业、严谨的法律意见，从法律层面深入剖析损害消费者合法权益行为的实质，督促经营者整改不公平、不合理的做法。

曾经有媒体形容他是"敢啃硬骨头的法律代言人"。事实证明，邱兴亮的法律意见和观点效果明显，反响极大。例如："公民合法财产岂能随意占为己有"的维权观点，促使电信公司对电信充值卡"过期视为用户自动放弃卡内金额"条款进行整改；"实名制车票遗失应否补票"的意见，引起厦门火车站的重视并改善管理，有效缓解了火车站与乘客之间的紧绷关系。

2015年，邱兴亮将注意力聚焦于铁路运输企业强行要求遗失动车车票的旅客补票这一热点问题上，并为此撰写了万余字的文章，深度剖析现行补票做法损害了旅客的合法权益，并提出了有针对性和可操作性的建议，希望推动交通运输部及时修订完善原铁道部制定的《铁路旅客运输规程》及《铁路旅客运输办理细则》，对包括但不限于旅客丢失车票的补票规定等进行调整，推动铁路运输企业尽快实施合法、合理、科学的补票做法，以加大对旅客消费者合法权益的保护力度。

  在前述文章的基础上，邱兴亮与厦门市消保委通力合作，最终形成4000多字的《关于动车车票遗失补票做法亟待完善的意见》的建议函，寄给中国铁路总公司并得到积极回应。2016年1月14日上午，中国铁路总公司、南昌铁路局以及厦门市火车站一行六人专程到厦门市消保委反馈情况，进行交流，对建议函的内容及形式给予高度评价，表示将积极采取改进措施保护消费者的合法权益。邱兴亮律师全程参与上述交流会，交换了观点和意见。

  像这样的例子不胜枚举。邱兴亮表示，在坚持"常规"消费维权活动之外，他也重视消费维权的立法建设和制度建构，积极参与立法，截至目前，他已撰写了多项与消费者权益保护相关的立法、司法方面的建议、课题和论文，为完善消费者合法权益保护法律制度建言献策，得到有关部门的高度重视和采纳。

邱芝杰：事实为据勇担当

来源：闽北日报　2015年1月19日

新年前夕，福建省南平市委人才工作领导小组正式公布第八批153名优秀人才名单，福建弘袍律师事务所主任邱芝杰榜上有名。从1999年通过全国律师资格考试至今，邱芝杰已在律师岗位奋斗15年，取得了不俗的业绩。

作为律师，邱芝杰勇于担当社会责任。他每年都要参加武夷山市委书记、市长接访日及一般性的信访接待10多次，市司法局安排的法律援助工作，他也义不容辞率先完成，受到市委、市政府及有关部门的肯定。武夷山市崇安街道城南村一村民小组因农用地转用和土地征拨，引发矛盾纠纷，要求行政复议，作为市政府法律顾问，邱芝杰承接任务后，反复查找有关法律法规，深入一线调查取证，最终认定南一小组提出的行政复议程序违法，政府有关部门所作出的具体行政行为符合法定程序，省人民政府作出的批复合法有效，建议国务院依法维持福建省人民政府的复议决定。

积极为贫困困难群体提供法律援助，邱芝杰律师乐此不疲。几年前，家住武夷山华侨农场附近的邱某、黎某夫妇在野外劳动时，因触高压电身亡，留下17岁的儿子和14岁的女儿，当时，他们均在上学。在赔偿上，农场与电力部门不能达成协议，一审仅判处农场赔偿近22万元，电力部门未担责，农场不服判决，上诉南平中院。面对两位未成年人，为给他们将来学习成长创造必要条件，邱芝杰义务担任兄妹俩辩护律师，而对方也请了4名律师，展开激烈辩护。当时，南平中院开庭时，通知所有法庭旁听，成为少有的观摩庭，其借鉴效果不言而喻。经邱芝杰竭力辩护，南平中院判决原赔偿金额不变，但由农场和电力部门分别赔偿13万元和9万元，赔偿金很快执行到位，2位孤儿对邱律师的无私援助非常感激。

设立在武夷山市区的武夷学院，是闽北唯一的高等本科学府，拥有2万多名师生。几年前，邱芝杰受聘该院常年法律顾问。他经常参与学院重大工程招投标、招工合同等拟定和审查。经他在法律上从严把关，使学院一系列的合同在签订和履行过程中有效避免了法律漏洞的出现。邱芝杰律师勤勤恳恳、认真负责的工作精神，得到武夷学院师生一致点赞。

角落里也有春天
——记福建省十大红十字爱心公益人物郭培律师

郭培,是福建浩辰律师事务所的律师,也是"80后"中普通的一员。

2004年,刚刚大学毕业的郭培走上工作岗位。拿到第一笔工资后,他来到福建省红十字会捐款。这以后的5年,福建省红十字会办公场所从鼓楼区湖东路搬到晋安区湖前路,再搬到鼓楼区华林路,可无论搬到哪里,每个月都能见到这个年轻人的身影。

向红十字会捐款早已成了郭培每月拿到工资后必做的一件事。他说:"在我的思维意识里,是把每月捐款当作一件事情来做,就好像学生应当完成的功课,生产线需交付的产品那样。尽管我不是大款,也不是富翁,只是平平常常的工薪阶层,尽管我所能做的事情很有限,我的能力也很有限。但我知道,我在努力做着对社会有用的事。"

郭培捐款的目的性很强:红十字帮困、红十字助学、红十字义诊、红十字复明、红十字赈灾。5年来,郭培的捐款从未间断过,他用自己持之以恒的行动,阐释"人道、博爱、奉献"的红十字精神。"一想到我的付出能让小朋友读书,能让病人康复,能给灾区一点救助,我就感到由衷的高兴。"在他的感召和影响下,周围的同事、朋友也加入到这一行动中来。

2008年他以高票当选"福建省十大红十字爱心公益人物";2009年荣获"福建省红十字人道荣誉奖",活动主办方给他的颁奖辞是:他快乐而充实,温和而坚定。他让温暖传递,他让爱心汇聚,直到更多的人向弱者张开双臂,直到角落里的人们看到春天。

2012年7月,国浩律师(福州)事务所郭培律师因表现突出,被中共福建省司法厅委员会授予"全省司法行政系统创先争优优秀共产党员"光荣称号。

全国法律援助先进个人陈向伟律师二三事

来源：《福建律师》 2008年第五期

【按】日前，司法部表彰福建省福州市法律援助中心、福建省泉州市法律援助中心和福建省漳州市漳浦县法律援助中心为"第三届全国法律援助先进单位"。同时，我省还有三名律师马思远（福建省厦门市思明区法律援助中心主任）、徐旭（福建省宁德市福鼎市法律援助中心主任）、陈向伟（福建建达律师事务所律师）荣膺"第三届全国法律援助先进个人"。本期选登陈向伟律师从事法律援助的二三事，以期能给读者以激励和启迪。

林志钦、陈向伟、吴剑峰律师获司法部颁发的赴西藏无律师县进行法律援助荣誉证书

陈向伟（左三）

陈向伟，福建建达律师事务所律师。建达所曾在2003年被福建省司法厅授予"年度法律援助工作先进集体"，同年9月被司法部授予"第二届全国法律援助工作先进集体"称号。在这一优秀集体中，陈向伟是在法律援助工作方面成绩比较突出的一位。在近三年中他成功办理省法律援助案件达16起，另采用多种形式义务办理法援事务30多件，受到了广泛的赞扬。

他可以在严冬，为了一起法律援助案件，坐5个多小时的大巴，辗转到闽北，又坐了1个多小时的摩的去当事人所在监狱会见。

众所周知，法律援助工作是公益性法律服务，不收费无报酬，这也是许多社会律师不愿意接受法律援助任务的主要原因，特别是很多年轻律师，比较浮躁，对法律援助更是敬而远之。难能可贵的是，陈向伟作为一名年轻律师，却热心公益，不受拜金主义影响，积极参与法律援助活动,不辞辛劳,为法律援助案件四处奔波,恪尽职守,勤奋工作,树立了法律援助在社会中的良好形象。

陈向伟主要承办的是福建省高级人民法院指派和福建省法律援助中心委托的刑事法律援助案件,援助的对象大多是福建省各地法院一审的死刑犯或未成年犯,因此,会见的地点分散在福建的各个基层看守所或者监狱。陈向伟律师几年来风尘仆仆,辗转于福建泉州、安溪、南安、晋江、漳州、惠安、厦门岛、厦门同安乃至闽北的清流等地办理法律援助案件,历尽艰辛。这些案件中,就办案过程而言,最辛苦的要算一起福建清流监狱在押犯人盗窃罪的法律援助案件。该案缘起福建清流监狱在押犯人雷某被张某揭发曾与吴某合作盗窃四起未被公安机关追究。此案事实模糊,案情复杂,福建省法律援助中心指定陈向伟为雷某辩护。为查明案情,陈向伟接到指派通知书后立即出发赴福建清流监狱与雷某会见。当时是2007年1月,清流又地处福建闽北山区,气候极其寒冷,并且清流监狱离清流县城还有70多千米距离,且在山沟沟里,极为偏僻,只有坐摩托车能到。于是在寒冬腊月的清晨,陈向伟冒着严寒打了摩的驱车一个半小时才到清流监狱会见到雷某。在清流监狱办理会见手续时,当监狱领导得知陈向伟是从福州坐了5个多钟头的大巴又到清流坐了1个多小时的摩的才到了清流监狱,并且还是承办不收费的法律援助案件时,不禁交口称赞陈向伟的敬业精神。

"刀下留人!"——一起法援案件,从死刑,到死缓

在其承办的16起法律援助案件中,一起改判,一起发回重审。

原先羁押在厦门第一看守所的杨某,因勒死女友被一审以故意杀人罪判处死刑,剥夺政治权利终身并处没收个人全部财产。陈向伟接受指派担任其辩护律师后,认真研究案情,提出受援人有自首情节以及被害人行为不检有一定过失两个辩护观点,被福建省高级人民法院采纳,二审改判死刑缓期两年执行。

发回重审的是一起人身损害赔偿案件。福州市马尾区肖某系一名下岗女工,因劳动争议与原工作单位发生冲突被原工作单位指派保安打伤,遂提起人身损害赔偿诉讼。马尾区人民法院一审判处驳回其诉讼,二审到了福州市中级人民法院。肖某因下岗,生活困难,向福建省法律援助中心申请法律援助,中心指派陈向伟为其代理。陈向伟认真研究了案情并出庭参加庭审,还提交了《要求免交案件受理费的申请报告》以及《代理词》,而福州市中级人民法院却以肖某未预交上诉费为由裁定撤回肖某上诉。陈向伟立即为肖某起草了要求中院重新启动二审程序的申请书并向省法律援助中心及时提交案情报告,希望通过中心向福建省高级人民法院反映,以维持司法救济和法律援助的正常衔接。最终福建省高级人民法院同意法律援助受援人不需预交诉讼费的请求,要求福州市中级人民法院启动审判监督程序重审此案,此案重审程序正在进行中。

"陈律师,你是个负责的律师"

陈向伟在办理法律援助案件过程中,认真负责,恪守诚信,从未受援人家属收费或收取任何形式的报酬、礼物等,也无群众投诉,受到受援人及受援人家属的好评。曾经他接受指派为

一起抢劫杀人案提供法援。在厦门市第二看守所在会见受援人时,就杀人的细节详细询问,由于其他同案犯均不知该案在逃同案犯的下落,在会见过程中陈向伟得知受援人与该在逃犯关系密切,就鼓励受援人争取立功,并告诉他这是他唯一活命的机会。受援人这时告诉他之前警察、检察官其家人聘请的律师都没跟他说过立功的事,并且他以为其他人说了,他再说也没用,陈向伟是第一个告诉他可以立功争取活命的人。陈向伟立即向监狱管理人员以及省高院的经办法官反映,为该受援人创造立功的机会。虽然最终由于该受援人太迟透露在逃犯的线索,这些线索已经断了,该受援人最终没有立功,但他还是诚恳地对陈向伟说:"陈律师,你是个负责的律师。"陈向伟为法律援助工作树立了正面的形象。

团旗下,法律公益活动中,处处活跃着他的身影

陈向伟是建达所的团支部书记,在事务所年轻律师特别是团员中起到了模范带头作用,并依托所党组和团支部开展了大量公益性法律服务工作。如 2003 年 10 月根据福建省律师协会的安排在福州五一广场参加大型义务法律咨询活动;2006 年 3 月 5 日参加福建省直团工委组织的学雷锋义务法律咨询活动;2006 年 10 月根据福建省律师协会的安排在五一广场参加大型义务法律咨询活动;2007 年 6 月福州市温泉公园"新《未成年保护法》宣传日"义务法律咨询活动等等。此外,陈向伟还积极组织团员开展了许多社会公益活动:2005 年 10 月,于国庆假期期间组织青年律师前往帮困小学政和县杨源乡希望小学捐款赠书,进行少年维权普法活动;2005 年初,组织律师为印度洋海难受灾群众捐款;响应省直团工委"送温暖,献爱心"的号召,2006 年 1 月向福建政法管理干部学院捐款 900 元资助三名困难学生。

《福州身边好人》——传播律师的正能量
——记陈海光律师
来源：福州市律师协会

陈海光律师是青年律师队伍中优秀一员。他于2010年先后加入福建义工俱乐部、福建红十字义工服务团，一直致力于法律咨询与援助、助老助残、捐款募款、安全宣传等公益活动，其在接受法律咨询的同时也为社区居民进行普法宣传，受到社区居民的普遍支持与社会的认可。2015年2月9日，被授予个人"中国红十字志愿服务四星奖章"。

2015年7月13日，福建电视台综合频道报道了《福州身边好人》——义工陈海光进社区为居民提供免费法律服务的新闻，引起强烈的反响，好评如潮。陈海光执业于北京中银（福州）律师事务所，是一名优秀的青年专职律师。陈海光律师自2010年起先后加入福建义工俱乐部、福建红十字义工服务团，一直致力于法律咨询与援助、助老助残、捐款募款、安全宣传等公益活动，其在接受法律咨询的同时也为社区居民进行普法宣传，受到社区居民的普遍支持与社会的认可。2015年2月9日，他被授予个人"中国红十字志愿服务四星奖章"。截至2015年1月，总服务时间累计1160小时，2015年6月经福州市律师协会推荐入选了福建省律师协会"全省优秀青年律师人才库"。

律师参与免费法律咨询走进社区的活动，既可以为居民在法律问题上答疑解惑，增强法律意识，又彰显了律师服务群众，服务民生的社会责任，真正拉近律师与群众的距离，增进他们之间的亲和力,有助于树立律师队伍良好的社会形象。

做一天义工容易,但陈海光律师能够坚持五年如一日做义工,这是非常难得的,也是值得我们学习的。我们应当以陈海光律师为榜样,积极参加各项社会公益活动,传播律师队伍的正能量,为建设和谐社会、实现中国梦尽一份绵薄之力。

青春在公益行动中闪亮
——记律政俏佳人吴武萍律师
来源：福建法治报

吴武萍，现为北京市盈科（福州）律师事务所执业律师，福建省教育援助协会监事兼法律顾问。工作中她是职业干练的律政佳人；生活中是温柔贤惠的南方淑女；对于公益事业，更是倾心付出，她是用自己的力量传递着满满爱心的人间天使。

青春与责任比肩，法律与公益同行

作为一名为社会提供法律服务的职业律师，吴武萍凭着对律师事业的执着追求和对社会公平正义的向往，诚信执业，得到众多客户的赞许。

2014年9月，5周岁的女孩"毛毛"（化名）疑因在医院输血感染了艾滋病毒，孩子的父母得知此消息后几近崩溃，亲属多次与医院、血液中心以及相关管理部门沟通均没有得到妥善的处理，生活一度陷入了绝望。在人民网记者帮助下，孩子父母慕名找到吴武萍律师寻求帮助。吴律师了解情况后当即决定为毛毛提供免费的法律服务。为了使孩子的病情及时得到的治疗，吴律师和她的同事一度处于高负荷运转状态，多次找医院和有关部门沟通。通过多方努力，省行政管理部门成立了调查组，对该事件开展公平公正的调查和处理。从2015年1月上旬直至

6月底，在吴律师及各方的努力下，当事各方进行了10多次的协商，最终达成一致意见：血液中心和医院共同补偿毛毛各项损失共计77万元。

吴武萍后来在接受人民网专访时说："孩子是无辜的，法律也不是冰冷的，民法的公平原则就是法律保护弱者精神的体现，希望多方当事人能够更加理性地看待这一事件，给无辜的孩子一个说法。"此案的处理也加快了在全国范围内覆盖血液筛查核酸检测的步伐，为我国血液安全管理相关机制的完善，起到了推动作用。

专业精湛敢攻坚，热血维护困难群体

在执业过程中，吴武萍律师始终坚持专业化发展的理念，以扎实的法学理论功底和锐意进取的拼搏精神，成功地办理了一系列民商事案件。5年的执业时间里，她承接了数百件的经济及民事纠纷案件，担任数家公司的法律顾问，为单位及个人挽回和避免经济损失上千万元。

2014年4月，一位81岁高龄的周姓老人找到了吴武萍律师。原来，1993年市政府征地扩建道路时，老人的房屋所在地正好在征用之列，必须搬迁。但是房屋是老人老伴的父亲所有，老伴又走的早，主持拆迁安置工作的房地产开发公司因各种原因没有及时兑现老人的安置房屋承诺。历史的问题造成了现实的难题，老人不得不在20多年后仍处于多年无房居住的困境。吴武萍律师接到老人的求助后，面对棘手的案件，迎难而上，以高度的责任心立即投入了工作，开展严密论证和周详准备。她冒着酷暑先后走访了档案馆、房管局、国土资源局、房地产交易中心和区法院调取相关档案，获得了大量有关房屋拆迁安置的信息；找到房地产开发公司和有关部门的负责同志，在尊重事实和法律的基础上进行充分协商；考虑到寡居老人的实际困难，提出了积极有效的建议，得到了有关方面的认可。最终法院支持了老人的诉求，各方矛盾得到了妥善的解决。

勤勉敬业的精神、坚忍执着的态度、德才兼备的修养是吴武萍律师赢得当事人信任与尊重的关键；而热心承办法律援助案件，关注和保护困难群体的合法权益，使委托人充分信赖，并得到法官的充分尊重，就是吴律师的魅力所在。

巾帼不让须眉志，爱心奉献暖寒冬

诚然，律师是围绕收入奔波的商业化法律服务群体。但是，吴武萍律师坚持认为：律师不能单纯地将服务视为手段，把获取报酬作为唯一目标，青年律师应怀百折不坠青云之志，当以"未来有我"之信念激浊扬清，求新、求进，不放乎一己之私，不忘乎天下之治。尽管平时业务繁忙，但是吴武萍律师从未忘记自己身为一名青年律师的社会责任，省、市律协等社会团体组织的各种捐赠活动无论是雅安地震，还是南方洪涝，她都在第一时间捐款捐物。各类公益活动，只要时间允许她都积极参与，并于2014年12月获得"福建省首届优秀公益（青年）律师"荣誉称号。

2013年12月吴武萍律师发起了为流浪人员"送棉衣、被子和食物"活动，得到社会各界人士的支持，共帮助了30多个流浪人员，让他们在寒冬里感受到一丝温暖；2014年春节前夕，吴武萍律师连续三天在福州火车北站参加共青团福建省委员会开展的以"青春美 爱相随"为主

题的活动,向返乡的务工人员发放爱心毛毯;同年4月,吴武萍律师因公益服务突出被邀请担任福建省教育援助协会的监事兼法律顾问,为监狱服刑人员的子女提供帮助。她和她的朋友们先后走进福州监狱、榕城监狱、福清监狱、泉州监狱、漳州监狱,为服刑人员中的贫困家庭及未成年子女送去慰问金及学习用品,以自己的实际行动去帮助需要帮助的小朋友,让他们在遭遇家庭不幸时,感受到社会的温暖,传递着社会的正能量。

吴武萍律师说:"虽然我能力有限,但是关爱也是热爱公益的一种态度,带动和传播也是积攒正能量的一种方式。对于弱者,与其在别处观望,不如在这里肩并肩。"从2011年起,她开通了新浪博客,积极通过关注弱者,传播和发起公益活动。她与同事们坚持每周抽出时间到社区开展法律服务,不遗余力地为那些无经济能力的人提供法律服务,并慷慨解囊献爱心,资助了很多困难家庭。

吴武萍律师就是这样一个人,靠着扎实的法律功底锻炼出敏锐的洞察力,抓住一切有利前提,使政策与司法紧紧相扣,在处理案件中既能化解矛盾、又保持着律师的仁心,使法律更具人性化。她锲而不舍、攻坚克难,于弱者无助之时伸出援手。"律师"这个称谓,对于吴武萍而言,不仅仅是法律服务者的代名词,更是法治进步的重要推动者,是中华民族正义与良知的代言人。

后 记

自1979年律师制度恢复重建以来,福建律师业经历了30多年的发展。律师队伍从小到大,由弱到强,这个充满智慧和代表神圣正义的职业群体,涌现出许许多多的先进人物和先进事迹。他们除了执业代理当事人打官司外,还热心社会公益事业。在社区服务、涉法信访、参政议政、法律援助、扶贫救灾、捐资助学等领域,常见于报端媒体的感人事迹只是沧海一粟,更多的事迹却被默默记录在律师自己的笔记本里。我们感觉这是律师界的一种正能量,他们弘扬的是"奉献、友爱、互助、服务"的志愿者精神!我们想将它汇集,使其源远流长。于是我们编辑了这本名为《温暖边地 情洒八闽——福建律师风采录》的图书。

本书分两大部分,前一部分收录了福建省历年来参加"1+1"中国法律援助志愿者行动和服务西部无律师县的志愿律师们的实践经历手稿;后一部分收录了福建省和中央各大主流媒体有关律师投身社会公益事业的报道。

随着资料收集的深入,我们一次又一次地被那些为社会、为人民默默奉献的律师的故事所感动,我们要将那些美好一一重现出来。这是一份律师厚实的情感,"寸心原不大,容得许多香"。我们感受到清风里那种温馨的淡雅芬馥,沁人心脾。用什么来表达我们的敬佩和感慨?于是我们向初识水彩画的曹卫律师索求了一幅《兰花图》作为本书的封面设计主题,希望通过我们的绵薄之力,能再现我省律师界那种传递人间大爱的精神。

本书在收集稿件过程中,得到了很多律师的无私帮助和支持,在此深表感谢!刘桂明先生特为本书作序,谨致谢意。同时,由于年代跨度大,可能很多资料和图片已丢失,加之编者能力水平有限,因此在收录文稿材料的过程中,难免出现遗漏、偏差和欠详尽之处,敬请广大读者谅解。

编 者

二〇一六年十月